BISA!!! Ver. 3

Bahasa Indonesia?
Saya Ahlinya!

비사 인도네시아어 회화 · 문법

양은심에블린 (Evelyn YES, MA)

Juno Sora Linda

Pak Iwan Ibu Shim Lusi Deni

한누리미디어

국립중앙도서관 출판예정도서목록(CIP)

BISA!!! (Bahasa Indonesia? Saya Ahlinya!) : 비사 인도네시아어 회화 ·
문법 : ver. 3 / 지은이: 양은심에블린. -- 서울 : 한누리미디어, 2017
    p. ;   cm. --

본문은 한국어, 인도네시아어가 혼합수록됨
ISBN   978-89-7969-756-8   93790 : ₩25000

안도네시아어[--語]

796.72-KDC6
499.221-DDC23   CIP2017022002

BISA!!!
Bahasa Indonesia? Saya Ahlinya!
비사 인도네시아어 회화 · 문법
·

지은이 / 양은심에블린 (Evelyn YES, MA)
발행인 / 김영란
발행처 / 한누리미디어
디자인 / 지선숙
·

08303, 서울시 구로구 구로중앙로18길 40, 2층(구로동)
전화 / (02)379-4514
Fax / (02)379-4516
E-mail/hannury2003@hanmail.net
·

신고번호 / 제 25100-2016-000025호
신고년월일 / 2016. 4. 11
등록일 / 1993. 11. 4
·

초판발행일 / 2017년 9월 1일
·

ⓒ 2017 양은심에블린(Evelyn YES, MA) Printed in KOREA
·

값 25,000원

ISBN 978-89-7969-756-8 93790

SEKAPUR SIRIH

Bahasa Indonesia sudah lama diminati oleh orang Korea, bukan hanya mahasiswa tetapi juga mereka yang berkecimpung dalam bisnis atau urusan diplomatik yang berhubungan dengan Indonesia. Buku yang masih jauh dari sempurna ini adalah sedikit dari usaha untuk membuat peminat bahasa Indonesia dapat 'merasakan' dan 'menikmati' bahasa tersebut. Buku ini lebih efektif jika digunakan dengan didampingi seorang guru bahasa Indonesia.

Penyusunan buku ini telah dimulai dari tahun 2003, yakni sejak penulis menyadari perlunya bahan kuliah bagi mahasiswa di Pusan University of Foreign Studies. Merasa bahwa menunda penerbitan tak lain adalah menunda penyediaan satu bahan kuliah, maka dengan segala pertimbangan penulis memutuskan untuk segera membukukan bahan-bahan dalam buku ini, yang kemudian diterbitkan untuk pertama kalinya pada Agustus 2009. Berdasarkan ujicoba dan masukan-masukan dari rekan-rekan, revisi buku ini dapat diwujudkan pada tahun 2013, diikuti dengan revisi ketiga pada tahun 2017.

Ucapan terima kasih penulis haturkan pada seluruh mahasiswa Pusan University of Foreign Studies dan Hankuk University of Foreign Studies, pengikut kursus bahasa Indonesia dari Samsung, Samtan, Hanil, Hyundai, CJ, LG, Kookmin Bank, KEPCO, KOWEPO, Lotte, dan sebagainya yang telah mengikuti kuliah penulis dan turut memberikan masukan yang berarti. Kepada Sdri. Park Sun Hye, Sdr. Jung Hee Chul, dan Sdr. Kim Young Yoo, yang telah menyediakan waktu menggambar dan mengedit ilustrasi yang mempermanis buku ini. Kepada Sdri. Jang Mimi (penasihat), Han Jun Beom dan Han Hee Seung (asisten kuliah daring), teman-teman pengisi suara Novi Tryana, Rizky Nurul, Fitri Meutia, Dwi Hestiningsih, Anggia Utami Dewi, Nurlia Mey, Rudolf Gultom, Rainur Pria, Muhammad David, dan Fredi, Studio Rekaman Aplsound atas partisipasi aktifnya. Kepada orang tua dan penulis yang selalu mendukung melalui doa dan perkataan. Kepada suami dan buah hati penulis yang selalu memberikan semangat. Kepada Tuhan Yesus, yang telah memberikan kekuatan dan mengirimkan penolong dan penghibur setiap kali penulis perlukan selama penulisan buku ini.

Akhir kata, semoga buku ini mendapat tempat di hati pembaca dan memberikan manfaat yang memuaskan. Kritik dan saran demi kesempurnaan buku ini akan senantiasa diterima dengan tangan terbuka. Terima kasih.

Gwiyeori, 28 Agustus 2017.

DAFTAR ISI

Bagian A: Mendengar Dan Berbicara

Unit I _ Perkenalan

Unit 2 _ Satuan

Unit 3 _ Hari dan Bulan

Unit 4 _ Bagian-bagian Tubuh

Unit 5 _ Rumah

DAFTAR ISI

Unit **6** _ Arah dan Lokasi

Unit **7** _ Negara Indonesia

Unit 8 _ Berwisata

Unit 9 _ Pergi ke Pesta

Unit 10 _ Perpisahan

DAFTAR ISI

Bagian B : Membaca dan Menulis

Bagian C : Daftar Kata

BISA!!! Daftar File MP3 ♬ ♪
MP3 파일 순서(트랙 & 페이지)

01. p23 (알파벳)
02. p24 (숫자)
03. p24 (숫자)
04. p25 (간단한 문장)
05. p26(공항에서)
06. p26(공항에서 – 이야기)
07. p27(캠퍼스에서)
08. p27(캠퍼스에서 – 이야기)
09. p28(사무실에서)
10. p28(사무실에서 – 이야기)
11. p29(이웃과 인사)
12. p29(이웃과 인사 – 이야기)
13. p30(소라의 이야기)
14. p30(주노의 이야기)
15. p30(심씨의 이야기)
16. p31(이완씨의 이야기)
17. p33(숫자)
18. p35(시간)
19. p36(시간 – 이야기)
20. p36(단위)
21. p37(린다의 가족)
22. p38(약속 정하기)
23. p38(생일)
24. p38(생일 노래)

25. p39(흥정하기)
26. p39(흥정하기 – 이야기)
27. p40(루시의 이야기)
28. p42(요일)
29. p42(요일)
30. p42(월 이름)
31. p42(소라의 일상)
32. p43(늦은 식사)
33. p44(식당 예약)
34. p45(왜 고장났어)
35. p46(주노의 일정)
36. p50(신체)
37. p52(모두 아프데)
38. p53(병원에서)
39. p54(약국에서)
40. p55(주노의 친구들이 아프다)
41. p56(바띡)
42 p59(주노의 집)
43. p60(이웃 방문)
44. p61(통근)
45. p62(소라의 집)
46. p63(인도네시아 전통 가옥)
47. p64(10년 뒤에)
48. p68(방향)

TIPS PENGGUNAAN BUKU
이 책의 활용법

1. Buku ini diperuntukkan bagi pelajar Korea yang ingin mempelajari bahasa Indonesia.

   이 책은 인도네시아어를 학습하려는 한국학습자를 위한 것입니다.

2. Sebaiknya digunakan dengan seorang guru bahasa Indonesia.

   인도네시아어 선생님과 함께 하시는 것이 더 효과적입니다.

3. Penjelasan tata bahasa dalam buku ini dibuat seringkas mungkin agar dapat dipahami sekali baca.

   이 책의 문법 설명 부분을 최대한 간략하게 하여 단 번에 이해되도록 구성하였습니다.

4. Untuk mendapatkan hasil optimal dalam bagian percakapan, dengarkanlah CD yang terlampir berulang-ulang sambil mengikuti ucapan-ucapan pengisi suara.

   함께 첨부된 CD에 성우들의 목소리를 많이 듣고 따라 하면 입과 혀에 발음이 익숙해져 회화를 보다 잘할 수 있게 될 것입니다.

5. Untuk bagian tata bahasa, pelajarilah sesuai dengan apa yang Anda butuhkan dulu. Tidak perlu sesuai dengan urutan dalam buku ini.

   문법은 필요한 부분부터 배우면 됩니다. 꼭 이 책의 순서대로 할 필요는 없습니다.

6. Buku ini berisi hal-hal yang dirasa paling dasar untuk diketahui oleh pelajar. Lengkapilah bagian yang kurang dari buku ini dengan membaca buku-buku lainnya.

   이 책에는 초보자가 가장 필요로 한다고 판단되는 내용들만 수록되어 있습니다. 하여 부족한 부분들은 다른 서적에서 참고하시기 바랍니다.

7. Di bagian belakang buku ini tersedia daftar kosa kata untuk bagian percakapan dan tata bahasa yang dilengkapi dengan kata dasar.

   이 책 뒷부분에는 회화와 문법 부분에 나오는 단어들을 정리하였습니다. 정리 단어들의 어근도 포함되어 있습니다.

Bagian A :
Mendengar Dan Berbicara

Unit 1 - Perkenalan

1. Alfabet dan Angka

Alfabet

A a   B b   C c   D d   E e

F f   G g   H h   I i   J j

K k   L l   M m   N n   O o

P p   Q q   R r   S s   T t

U u   V v   W w   X x   Y y   Z z

Coba eja kata-kata di bawah ini!

1. BUKU
2. PENSIL
3. BOLPEN
4. PENGHAPUS
5. TIPP EX
6. MEJA
7. KURSI
8. NASI GORENG
9. AIR PUTIH
10. SENDOK
11. GARPU
12. SUMPIT
13. BABI
14. AYAM
15. SAPI
16. ZEBRA
17. APEL
18. JERUK
19. SEMANGKA
20. MANGGA

Angka

♪ ♪ ♪ ♪

(1) satu, (2) dua, (3) tiga, (4) empat

(5) lima, (6) enam, (7) tujuh, (8) delapan

(9) sembilan, (10) sepuluh

Cobalah baca angka-angka di bawah ini!

1. 02-849-9923 :
2. 02-965-1305 :
3. 051-623-3111:
4. 064-880-7342:
5. 010-8781-3389 :
6. 070-8232-6302 :
7. 021-3495-9263 :
8. 0816-7384-2849 :
9. 001-62-21-523-7338 :
10. 126-84-8364-9 :
11. 215-85-82321 :
12. 1744-2838-8475-7561 :
13. 2950-9375-8661-9452 :
14. 1854-2490-5347-5824 :
15. 7482-8472-8374-6278 :

2. Kalimat-kalimat Sederhana

Ada pertanyaan?

- Ya, saya ada pertanyaan.
- Tidak, saya tidak ada pertanyaan.

Sudah mengerti?

Sudah paham?

- Ya, saya sudah mengerti/paham.
- Tidak, saya belum mengerti/paham.

Silakan buka halaman 10.

Silakan baca.

Silakan tulis.

Coba ikuti saya.

Maaf, bisa ulang sekali lagi?

Maaf, apa arti kata itu?

Mari kita istirahat selama 10 (sepuluh) menit!

Mari kita pergi makan siang!

Mari kita belajar bahasa Indonesia!

Saya pusing. Saya mau istirahat.

Saya lapar. Saya mau makan.

Saya haus. Saya mau minum.

Bagus!

Kemudian, giliran Anda.

3. Di Bandara

Petugas : Selamat pagi! Selamat datang di Jakarta.

Sora   : Terima kasih.

Petugas : Siapa nama Anda?

Sora   : Nama saya Sora Lee.

Petugas : Dari mana Anda datang?

Sora   : Saya datang dari kota Seoul.

Petugas : Di mana Anda akan tinggal?

Sora   : Saya akan tinggal di Pondok Indah, di rumah orang tua saya.

Petugas : Apa tujuan Anda datang ke sini?

Sora   : Saya mau belajar bahasa dan budaya Indonesia.

Sora baru sampai di Jakarta.

Dia datang dari kota Seoul.

Dari Seoul ke Jakarta makan waktu 7 jam.

Dia akan tinggal di Pondok Indah bersama orang tuanya.

Pertanyaan Bacaan
1. Siapa baru datang di Jakarta?
2. Dari mana dia datang?
3. Berapa lama dari Seoul ke Jakarta?
4. Dia akan tinggal di mana?

4. Di Kampus

Juno   : Halo. Kenalkan nama saya Juno.

Sora   : Saya Sora. Apakah Anda mahasiswa di kampus ini?

Juno   : Ya. Saya adalah senior Anda di jurusan kita.

Sora   : Senang sekali bertemu dengan kakak.

Juno   : Bagaimana minggu pertama di kampus?

Sora   : Menarik sekali. Maaf, Kak. Saya duluan. Saya ada kuliah.

Juno   : Ya, silakan. Jangan lupa, nanti sore ada orientasi jurusan.

Sora   : Ya. Saya ingat. Sampai jumpa lagi. Selamat jalan.

Juno   : Selamat belajar!

Sora   : Terima kasih, Kak.

Sora adalah mahasiswi baru.

Dia bertemu dengan seniornya di kampus.

Senior itu bernama Juno.

Sora merasa senang bertemu dengan Juno.

Juno ingin bertemu dengan Sora pada orientasi jurusan.

Sora ada kuliah. Jadi dia pergi duluan.

Pertanyaan Bacaan
1. Siapa nama senior Sora?
2. Bagaimana perasaan Sora?
3. Di mana Sora bertemu dengan Juno?
4. Ada apa sore ini?
5. Mengapa Sora pergi duluan?

5. Di Kantor

Lusi : Siang, Deni. Apa kabar?

Deni : Baik. Terima kasih. Sudah makan siang?

Lusi : Belum. Sekarang baru mau berangkat. Kamu sudah makan?

Deni : Belum. Ayo kita makan bersama! Hari ini ada rapat, kan?

Lusi : Ya. Nanti jam 2. Pak Direktur juga akan hadir.

Deni : Kita akan berbicara tentang apa?

Lusi : Tentang karyawan baru. Mereka perlu orientasi.

Deni : Oh, begitu. Ngomong-ngomong, kamu mau makan apa?

Lusi : Apa saja. Yang penting kenyang.

Deni : Ayo berangkat. Aku sudah lapar.

Lusi bekerja di bank. Dia sudah bekerja di sini selama 5 tahun.

Deni adalah rekan kantornya. Hari ini ada rapat di kantor.

Mereka akan berbicara tentang karyawan baru.

Sekarang adalah jam makan siang.

Mereka istirahat sambil makan siang di kantin.

Pertanyaan Bacaan

1. Apa pekerjaan Lusi?

2. Sudah berapa lama Lusi bekerja?

3. Siapa rekan kerja Lusi?

4. Mereka akan berbicara tentang apa dalam rapat?

5. Siapa yang akan hadir dalam rapat?

6. Dengan Tetangga

Iwan : Permisi, Bu. Saya tetangga baru Ibu. Saya Iwan.

Shim : Ya. Siapa ya? Oh... keluarga yang pindah kemarin, ya?

Iwan : Betul, Bu. Ini istri dan anak-anak saya.

Shim : Aduh, anak-anak Bapak manis sekali. Pindah dari mana, Pak?

Iwan : Kami dari Semarang. Ibu orang asli sini?

Shim : Bukan. Saya dari Korea. Saya orang Seoul.

Iwan : Oh ya? Ibu pandai sekali berbahasa Indonesia.

Shim : Ah, belum lancar. Saya hanya bisa sedikit-sedikit.

Iwan : Kapan-kapan main ke rumah kami, Bu.

Shim : Ya. Terima kasih.

Hari ini di rumah Ibu Shim ada tamu. Tamu itu adalah tetangga baru. Mereka baru pindah kemarin. Mereka datang ke rumah Ibu Shim untuk berkenalan. Ibu Shim bukan orang Indonesia. Dia datang dari Korea Selatan. Pak Iwan bukan orang Jakarta. Dia dan keluarganya berasal dari Semarang.

Pertanyaan Bacaan
1. Siapa tamu Ibu Shim?
2. Mengapa tamu itu datang ke rumah Ibu Shim?
3. Kapan mereka pindah?
4. Apakah Ibu Shim orang Jakarta?
5. Apakah Ibu Shim pandai berbahasa Indonesia?

7. Memperkenalkan Diri

Cerita Sora

Kenalkan, nama saya Sora Lee.

Saya datang dari kota Seoul.

Sekarang saya tinggal di asrama kampus.

Pada akhir minggu lalu, saya berjalan-jalan ke plaza.

Hobi saya membaca buku dan mendengar musik.

Senang bertemu dengan Anda.

Semoga kita bisa menjadi teman yang baik.

Cerita Juno

Halo, semua! Nama lengkap saya Arjuno Wibawa.

Tetapi teman-teman memanggil saya Juno.

Sejak kecil itu adalah panggilan saya.

Tahun ini saya sudah tingkat dua.

Impian saya adalah menjadi penerjemah atau diplomat.

Terima kasih.

Cerita Ibu Shim

Hai! Senang sekali berjumpa dengan Anda.

Saya mempunyai restoran kecil di dekat kampus.

Biasanya orang memanggil saya Ibu Shim.

Di sini saya menjual berbagai makanan Korea.

Saya dan keluarga tinggal di Pondok Indah.

Anak saya dua orang, laki-laki dan perempuan.

Anak laki-laki saya berumur dua puluh satu (21) tahun.

Dan anak perempuan saya berusia delapan belas (18) tahun.

Saya sayang pada keluarga saya.

Cerita Pak Iwan

Selamat siang saudara-saudara. Saya Iwan Siswanto.

Saya berasal dari Jawa Tengah, tepatnya kota Semarang.

Saya tinggal bersama keluarga saya. Dua anak saya masih kecil.

Baru-baru ini, mereka masuk di kelompok bermain.

Saya pernah ke Korea sebagai dosen.

Saya senang mengajar orang asing berbahasa Indonesia.

Pertanyaan Bacaan

1. Dari mana Sora berasal?
2. Sekarang Sora tinggal di mana?
3. Apa harapan Sora?
4. Apa nama lengkap Juno?
5. Sekarang Juno tingkat berapa?
6. Apa cita-cita Juno?
7. Di mana restoran Bu Shim?
8. Di mana Ibu Shim tinggal?
9. Berapa umur anak-anak Ibu Shim?
10. Siapa datang dari kota Semarang?
11. Apa pekerjaan Pak Iwan?
12. Apakah Pak Iwan pernah ke Korea?

8. Dramatisasi dan Diskusi

Dramatisasi

Buatlah dramatisasi salah satu dari situasi berikut ini:

- Anda adalah mahasiswa baru di sebuah universitas. Di dalam kuliah pertama, Anda berkenalan dengan seorang teman. Ternyata teman baru itu adalah anak direktur perusahaan terkenal.
- Anda baru saja tiba di Jakarta. Anda berkenalan dengan tetangga Anda. Ternyata tetangga itu adalah seorang bintang film terkenal.
- Di kantor Anda ada karyawan yang baru masuk. Anda memperkenalkan diri pada karyawan itu. Ternyata dia adalah adik kelas Anda.

Mari saling mengenal!

1. Bagaimana kabar Anda hari ini?
2. Apakah Anda bisa berbahasa Indonesia?
3. Siapa nama Anda?
4. Apa nama kecil Anda?
5. Berapa umur Anda?
6. Anda datang dari mana?
7. Di mana Anda tinggal?
8. Apa pekerjaan Anda?
9. Apa hobi Anda?
10. Apa harapan Anda?

Unit 2 - Satuan

1. Mengenal Angka

0   - nol / kosong

11 – sebelas

12 – dua belas

13 – tiga belas

20 – dua puluh

35 – tiga puluh lima

48 – empat puluh delapan

100 – seratus

1000 – seribu

10.000 – sepuluh ribu

100.000 – seratus ribu

1.000.000 – sejuta

1.234.567 – sejuta dua ratus tiga puluh empat ribu lima ratus enam puluh tujuh.

0,7 - nol koma tujuh

0,45 – nol koma empat lima

50% - lima puluh persen

½- setengah, seperdua, satu per dua

4 ¾ - empat tiga per empat

Coba tulis angka-angka di bawah ini!

1. 51 :
2. 47 :
3. 111 :
4. 413 :
5. 208 :
6. 879 :
7. 777 :
8. 4.395 :
9. 9.761 :
10. 6.449 :
11. 13.501 :
12. 78.982 :
13. 54.673 :
14. 505.707 :
15. 918.229 :
16. 17.998.256 :
17. 1/2 :
18. 4/9 :
19. 2 5/6 :
20. 0,2 :
21. 15,75 :
22. 20,99 :
23. 153,822 :
24. 75% :
25. 10% :

2. Mengenal Waktu

 Jam 9 tepat

 Jam 9 lewat 10 menit

 Jam 10 lewat 15 menit
Jam 10 lewat seperempat

 Jam 10 lewat 30 menit
Jam setengah 11

 Jam 10 lewat 45 menit
Jam 11 kurang seperempat

kemarin dulu	kemarin	HARI INI	besok	lusa

Hari ini tanggal 2 Mei.

1. Kemarin dulu tanggal berapa? _____

2. Kemarin tanggal berapa? _____

3. Besok tanggal berapa? _____

4. Lusa tanggal berapa? _____

tadi	baru saja	**SEKARANG**	nanti

Sekarang jam 9:00. Juno sedang belajar di kamarnya. Sepuluh menit lalu, Juno mandi. Sebelum mandi dia makan pagi bersama keluarganya. Pada jam 11 siang, Juno akan berangkat ke kampus untuk kuliah.

1. Sekarang Juno sedang apa? _____

2. Baru saja Juno melakukan apa? _____

3. Tadi pagi Juno melakukan apa? _____

4. Nanti siang Juno melakukan apa? _____

3. Mengenal Satuan

Sora mempunyai sebuah tas. Di dalam tas itu ada dua batang pensil, sehelai kertas, dan sepasang kaus kaki. Sebelum berangkat ke sekolah, dia makan sepiring nasi, sepotong ayam goreng, semangkuk sup sayuran, dan minum segelas jus jeruk. Karena banyak minum, dia selalu membawa sebotol air dingin. Dalam perjalanan ke sekolah, dia melihat seorang anak berjalan dengan seekor anjing.

Isilah bagian kosong di bawah ini!

1. Sepatu saya ada sepuluh _____

2. Saya membeli dua _____ buku.

3. Setiap hari, Lusi minum dua _____ susu dan dua _____ roti.

4. Charles membawa lima _____ jus untuk piknik.

5. Saya memesan dua _____ mi goreng.

4. Keluarga Linda

Sora   : Berapa jumlah anggota keluargamu, Linda?

Linda   : Jumlah anggota keluargaku 3 orang.

Sora   : Siapa saja anggota keluargamu?

Linda   : Orang tua, dan aku. Aku anak tunggal.

          Bagaimana dengan keluargamu?

Sora   : Orang tua, aku dan adikku. Kakek dan nenek juga tinggal

          bersama kami.

Linda   : Tanggal berapa kamu lahir?

Sora   : Aku lahir tanggal 29 Februari. Dan kamu?

Linda   : Sebenarnya, besok adalah ulang tahunku.

Sora   : Oh ya? Selamat, ya. Apakah besok kamu ada acara?

Linda   : Ya, aku ada kuliah. Dari siang sampai sore. Mengapa?

Sora   : Kita akan merayakan ulang tahunmu besok.

Pertanyaan Bacaan

1.   Berapa jumlah anggota keluarga Linda?

2.   Apakah Linda mempunyai saudara?

3.   Siapa saja anggota keluarga Sora?

4.   Sora lahir tanggal berapa?

5.   Apa arti 'tahun kabisat'?

6.   Besok Linda dan Sora akan melakukan apa?

5. Membuat Janji

Juno   : (Menerima telepon yang berdering). Halo?

Sora   : Halo? Ini dengan Kak Juno?

Juno   : Ya. Saya sendiri. Ini siapa?

Sora   : Kak Juno, ini Sora. Sedang sibuk, tidak?

Juno   : Oh, Sora. Ada apa? Kakak sedang santai saja.

Sora   : Besok Linda ulang tahun. Saya mau membuat pesta kecil buat dia. Besok bisa datang, tidak?

Juno   : Oh, begitu. Tentu saja bisa. Tapi pestanya jam berapa dan di mana?

Sora   : Di restoran Ibu Shim jam 5 sore.

Juno   : Sora, boleh Kakak mengajak Simon, Anang, dan Edo?

Sora   : Tentu boleh. Jangan lupa bawa kado, ya Kak. Sampai besok.

Besok Linda berulang tahun. Saya ingin menyanyikan lagu ulang tahun buatnya. Jadi saya mencari tahu dan mempelajari dua buah lagu ulang tahun. Saya berlatih sampai hafal. Mau dengar?

Panjang umurnya (3x)

Serta mulia (3x)

Selamat ulang tahun kami ucapkan

Selamat panjang umur kita 'kan doakan

Selamat sejahtera sehat sentosa

Selamat panjang umur dan bahagia

He...he... Jadi malu, nih! Bagaimana? Bagus tidak? Lumayan, kan?

6. Menawar Harga

Penjual : Cari apa, Dik? Ayo, bajunya. Saya kasih murah!

Juno : Saya mau melihat kemeja batik.

Penjual : Untuk siapa? Lihat, di sini ada banyak. Warnanya juga cantik-cantik.

Juno : Untuk teman yang ulang tahun. Yang untuk perempuan di mana?

Penjual : Oh, untuk perempuan. Ada di sebelah sini. Umurnya berapa?

Juno : Dua puluhan. Mana yang bagus? Tolong tunjukkan, Bu!

Penjual : Bagaimana yang berwarna merah muda ini? Motifnya bunga-bunga. Biasanya gadis-gadis membeli yang ini.

Juno : Berapa harganya? Kelihatannya mahal.

Penjual : Hanya Rp. 180.000,-. Murah, kan? Barangnya bagus!

Juno : Aduh, mahal. Bisa kurang tidak, Bu? Rp. 150.000,-.

Penjual : Wah... belum bisa. Saya tidak untung. Rp. 160.000,- saja, ya?

Juno : Rp. 150.000,-. Kalau harga itu boleh, saya akan ambil dua. Sekalian dengan warna yang biru muda itu. Bagaimana?

Penjual : Pintar juga Adik menawar. Ya sudah. Saya kasih. Mau dibungkus kado?

Juno : Ya, Bu. Tolong dibungkus yang cantik, ya.

Juno dan teman-temannya ingin membeli hadiah untuk Linda. Jadi mereka berpatungan. Mereka pergi ke toko busana dan melihat-lihat pakaian batik. Juno mencoba menawar harga pakaian itu. Akhirnya mereka berhasil membeli dua potong pakaian yang cantik. Sekarang mereka sudah siap untuk pergi ke pesta ulang tahun Linda.

7. Cerita Lusi

Lusi adalah seorang karyawan bank. Sejak bulan lalu, ia belajar bahasa Korea. Kemarin Lusi sibuk. Dia pergi ke Blok M dengan bus. Pertama-tama, dia pergi ke ATM BCA untuk menarik uang tunai. kemudian dia pergi ke toko buku Gramedia. Di sana, dia membeli kamus bahasa Korea-Indonesia. Harga kamus itu Rp. 75.000,-. Kedua, dia mampir di toko alat tulis. Dia membeli dua buku tulis masing-masing Rp. 3.500,-. Dia juga membeli 3 bolpen hitam Rp. 1.500,- per buah, stabilo kuning seharga Rp. 2.000,- , dan tipp-ex seharga Rp. 5.250,-.

Ia menghitung uang yang sisa. Ternyata dia masih punya Rp. 65.750,-. Dia pergi ke McDonald's. Di situ dia membeli paket hamburger seharga Rp. 15.000,-. Dia tidak lupa membeli pisang goreng kesukaannya seharga Rp. 5.000,-. Karena letih, ia memutuskan untuk naik bajaj ke rumah. Ongkos bajaj dari Blok M ke rumahnya adalah Rp. 13.000,-.

Pertanyaan Bacaan

1. Apa yang Lusi lakukan sejak bulan lalu?
2. Bagaimana Lusi pergi ke Blok M?
3. Apa saja yang dibeli oleh Lusi?
4. Bagaimana bentuk kendaraan yang disebut "bajaj"?
5. Berapa jumlah uang yang dihabiskan Lusi?
6. Berapa jumlah uang Lusi mula-mula?
7. Berapa sisa uang Lusi setelah dia tiba di rumah?

8. Dramatisasi dan Diskusi

Dramatisasi

Buatlah dramatisasi salah satu dari situasi berikut ini:

- Anda bertemu dengan seorang Indonesia yang hendak berlibur ke kota Seoul. Berikanlah saran dan nasihat kepadanya agar dapat berlibur menggunakan transportasi umum.

- Anda dan teman tinggal di satu rumah. Kamar teman Anda selalu berantakan. Pada akhir minggu, Anda memutuskan untuk mengajak teman Anda membereskan kamarnya. Tetapi teman itu merasa kamarnya cukup rapi.

- Anda pergi ke sebuah toko untuk membeli barang. Anda sudah memilih sebuah barang, tetapi harganya melebihi perkiraan Anda. Bujuklah penjual untuk menawar harga barang itu.

Mari saling mengenal!

1. Kapan dan di mana Anda lahir?
2. Apa kelebihan Anda?
3. Apa kekurangan Anda?
4. Apa golongan darah Anda?
5. Berapa nomor telepon Anda?
6. Ada apa saja di dalam dompet Anda?
7. Apa mata pelajaran yang Anda suka waktu masih kecil?
8. Apa yang Anda bicarakan jika bertemu dengan teman lama?
9. Berapa jumlah anggota keluarga Anda?
10. Kalau Anda bertemu dengan orang baru, apa pertanyaan pertama Anda?

Unit 3 - Hari dan Bulan

1. Nama-nama Hari dan Bulan

Senin, Selasa, Rabu, Kamis

Jum'at, Sabtu, Minggu

Itu nama-nama hari

❋❋❋❋

(1) Januari, (2) Februari, (3) Maret, (4) April

(5) Mei, (6) Juni, (7) Juli, (8) Agustus

(9) September, (10) Oktober, (11) November, (12) Desember

2. Kesibukan Sora

Iwan : Hari apa saja kamu datang ke kampus, Sora?

Sora : Saya datang hampir setiap hari, Pak.

Iwan : Kamu mahasiswa baru, kan? Kok sibuk sekali?

Sora : Ini gara-gara sifat saya. Saya tidak bisa diam di rumah.

Iwan : Jika tidak ada kuliah, kamu ada di mana?

Sora : Biasanya saya belajar di perpustakaan atau mengobrol
dengan teman di ruang jurusan.

Iwan : Apakah kamu tidak ikut aktivitas mahasiswa?

Sora : Saya pernah coba ikut, tapi aktivitas itu agak membosankan.

Iwan : Nanti di kelas saya ada kuis, lho. Sudah belajar?

Sora : Tentu saja, Pak. Belakangan ini, saya jadi banyak belajar
karena kuis itu.

3. Terlambat Makan

Shim : Aduh... maaf. Sekarang restorannya sudah mau tutup.

Sora : Oh ya? Masa? Restoran ini buka sampai jam 9 malam, kan?

Shim : Ya. Tapi hari Jum'at, tutup jam 6. Soalnya hari Jum'at mahasiswa tidak makan lewat jam itu.

Sora : Wah. Saya baru tahu. Kalau hari biasa, kapan buka?

Shim : Dari Senin sampai Kamis, buka dari jam 8 pagi sampai jam 9 malam.

Sora : Bagaimana hari Sabtu dan Minggu?

Shim : Jika sedang semesteran, saya buka dari jam 9 pagi sampai jam 5 sore.

Sora : Apakah kalau liburan tidak buka?

Shim : Buka juga. Tetapi hanya waktu makan pagi dan siang.

Sora : Oh, begitu. Bu... kali ini saja... saya lapar sekali. Boleh saya pesan nasi goreng sepiring, ya?

Shim : Baiklah. Kebetulan masih ada sedikit nasi tersisa di dapur.

Sora : Terima kasih, Bu. Untung saya bisa makan!

Ceritakanlah percakapan di atas dengan kalimat Anda.

_____

_____

_____

_____

_____

_____

_____

4. Sudah Pesan Tempat

Pegawai : Selamat datang di restoran kami. Sudah pesan tempat?

Ani : Ya. Atas nama Ani, untuk 4 orang.

Pegawai: Oh ya. Silakan ikut saya. Bagaimana dengan tempat di dekat jendela ini?

Ani : Oh? Saya sudah meminta ruang tertutup.

Pegawai: Oh, begitu. Mari saya cek lagi. Oh ya, maaf. Ternyata sudah disiapkan di Ruang Melati. Mari saya antar.

Ani : Ya, Terima kasih. Bisa minta menunya?

Pegawai: Ya, ini. Mau pesan apa?

Ani : Kami pesan paket makan siang ini. Apakah ini cukup untuk 4 orang?

Pegawai: Paket ini hanya berisi makanan saja. Terdiri dari sate ayam 40 tusuk, gulai ayam, sop buntut sapi, cah kangkung, lalapan, dan sambal terasi. Tidak ada nasi dan minuman.

Ani : Kalau begitu, kami mau tambah nasi empat piring dan es teh manis empat gelas.

Pegawai : Baik. Mau tambah acar atau kerupuk udang?

Ani : Apakah itu gratis?

Pegawai: Ada biaya tambahan sedikit, hanya Rp. 30.000,-

Ani : Ah, terlalu mahal. Rasanya tidak perlu, sudah cukup.

Waktu makanan disajikan, Ani melihat seekor lalat dalam piring sate ayam. Buatlah percakapan antara Ani dan pegawai tentang hal ini!

5. Kok Rusak?

Deni   : Kenapa wajahmu kusut? Ada masalah?

Lusi   : Ya. Komputer saya tidak mau jalan. Akses internetnya macet. Saya sudah coba cek virus, tapi tetap saja tidak berfungsi.

Deni   : Coba saya lihat. Sudah coba matikan dan nyalakan lagi?

Lusi   : Sudah dua kali. Tapi tetap tidak mau jalan.

Deni   : Hm... kelihatannya komputermu rusak.

Lusi   : Kok rusak? Tidak mungkin. Baru minggu lalu komputer ini ditukar dengan yang baru gara-gara terkena virus.

Deni   : Tapi.... seperti yang kamu lihat, sekarang layarnya malah mati sama sekali. Lebih baik kamu hubungi Tim Inventaris sekarang.

Lusi   : Aduh... padahal tugasku harus selesai sore ini. Yah, apa boleh buat. Kalau komputer rusak, toh aku tidak bisa kerja.

Deni   : Nanti pastikan komputermu bisa berjalan dengan baik.

Lusi   : Ya. Ngomong-ngomong, berapa nomor telepon Tim Inventaris?

Buatlah percakapan Lusi dengan karyawan Tim Inventaris!

_____

_____

_____

_____

_____

_____

_____

_____

6. Agenda Juno

Senin	Selasa	Rabu	Kamis	Jum'at	Sabtu	Minggu
1	2 Kuliah B. Ind.	3 Berenang jam 3 sore	4 **HARI INI** Kuis B. Ind.	5 Les B. Ing. jam 9 pagi. Kuliah	6 Makan siang dgn si dia	7 Membersih- kan rumah
8	9 Kuliah B. Ind.	10	11 Kumpulkan tugas B. Ind.	12 Les B. Ing. jam 9 pagi. Kuliah.	13	14 Membeli hadiah untuk Ibu
15 Ulang tahun Ibu	16 Kuliah B. Ind.	17	18 Kuis B. Ind.	19 Les B. Ing. jam 9 pagi. Kuliah.	20 Jalan-jalan ke kebun binatang.	21
22 Konsultasi dengan dosen.	23 Kuliah B. Ind.	24 Berenang jam 3 sore	25	26 Les B. Ing. jam 9 pagi. Kuliah.	27 Pergi orientasi jurusan.	28 Pergi orientasi jurusan.
29	30 Kuliah B. Ind.	31				

Ini adalah agenda saya bulan ini. Bulan ini saya mendaftar di kursus bahasa Inggris. Saya ingin pandai berbahasa Inggris. Orang tua dan dosen saya mengatakan bahwa bahasa Inggris penting. Karena bahasa Inggris dipakai oleh masyarakat internasional.

Awal bulan ini, saya berkenalan dengan seorang mahasiswi. Dia menarik perhatian saya sejak awal semester ini. Mulai semester ini, jurusan kami ada sistem mentor bagi mahasiswa baru.

Seperti mendapat durian runtuh, saya dijatah untuk menjadi mentor mahasiswi tersebut. Sabtu ini, saya akan bertemu berdua dengan dia! Wah... belum apa-apa, hati saya sudah berdebar tak keruan.

Pertanyaan Bacaan

1. Apa kegiatan Juno hari ini?
2. Apa yang Juno lakukan kemarin dulu?
3. Apa yang Juno lakukan kemarin?
4. Apa kegiatan Juno besok?
5. Apa rencana Juno lusa?
6. Juno akan melakukan apa pada akhir minggu?
7. Kapan saja Juno ada kuliah?
8. Kapan Juno harus mengumpulkan tugas?
9. Tanggal berapa ulang tahun ibu Juno?
10. Kapan Juno akan membeli hadiah untuk ibunya?
11. Apa yang akan dilakukan Juno pada tanggal 22?
12. Kapan ada kuis kecil?
13. Apakah Juno mempunyai pacar?
14. Jam berapa Juno belajar bahasa Inggris?
15. Apakah Juno berenang setiap hari?

7. Permainan Angka

A	B	C	D	E
01 03 05 07	02 03 06 07	04 05 06 07	08 09 10 11	16 17 18 19
09 11 13 15	10 11 14 15	12 13 14 15	12 13 14 15	20 21 22 23
17 19 21 23	18 19 22 23	20 21 22 23	24 25 26 27	24 25 26 27
25 27 29 31	26 27 30 31	28 29 30 31	28 29 30 31	28 29 30 31

Saya dapat menebak angka yang Anda pilih. Di sini ada lima buah kartu. Silakan pilih angka yang Anda suka! Jangan menyebut angka itu, tulis saja di secarik kertas. (Kita anggap Anda memilih angka 18).

Saya bertanya:
Apakah angka itu ada dalam kartu A? Tidak.
Apakah angka itu ada dalam kartu B? Ada.
Apakah angka itu ada dalam kartu C? Tidak
Apakah angka itu ada dalam kartu D? Tidak.
Apakah angka itu ada dalam kartu E? Ada.
Oh... jawabannya adalah 18.

Kunci jawaban ada di halaman 51.

Nah, sekarang giliran Anda!

8. Dramatisasi dan Diskusi

Dramatisasi

- Teman Anda membujuk Anda untuk pergi bermain pada akhir minggu ini. Tetapi Anda harus belajar untuk ujian. Anda ingin menolak tawaran teman Anda dengan halus.

- Anda berjanji untuk bertemu dengan teman pada jam 2 siang. Jam tangan sudah menunjuk jam 2.30, tetapi teman Anda tidak kunjung datang. Teleponlah teman tersebut.

- Anda memesan makanan di restoran. Tetapi makanan itu tidak kunjung disediakan. Pelayan memberi makanan kepada tamu yang memesan setelah Anda. Anda merasa kesal sekali. Panggillah pelayan.

Mari saling mengenal!

1. Apa kegiatan Anda bulan ini?
2. Apakah Anda mengikuti kursus atau les?
3. Apa hadiah ulang tahun yang Anda mau?
4. Bagaimana sifat orang yang Anda suka?
5. Bagaimana kalau Anda tersesat di luar negeri?
6. Apa musim yang Anda suka? Mengapa?
7. Apa buku atau film yang berkesan bagi Anda?
8. Bagaimana cara Anda melepas stres?
9. Apa kata atau kalimat yang Anda suka?
10. Apakah Anda bisa berbicara bahasa asing selain Bahasa Indonesia?

Unit 4 - Bagian-bagian Tubuh

1. Bagian-bagian Tubuh

Kepala	Badan	Tangan	Kaki
Rambut	Leher	Lengan atas	Paha
Dahi	Pundak/Bahu	Siku	Lutut
Telinga	Dada	Lengan bawah	Betis
Pelipis	Pusar	Jari tangan:	Pergelangan kaki
Mata:	Perut	- Ibu jari/jempol	Mata kaki
- Alis mata	Pinggang	- Telunjuk	Punggung kaki
- Kelopak mata	Pinggul	- Jari tengah	Telapak kaki
- Bulu mata	Punggung	- Jari manis	Jari kaki
Hidung	Pantat	- Kelingking	
Pipi		Telapak tangan	
Mulut:		Punggung tangan	
- Bibir		Pergelangan tangan	
- Gigi			
- Lidah			
Dagu			
Rahang			

Sebutkanlah bagian-bagian tubuh ini.

Kunci jawaban untuk halaman 48:

Jumlahkan angka-angka di ujung kiri atas kartu B dan E.

Misalnya untuk menebak angka 6, pada ujung kiri atas kartu B ada angka 2, dan pada kartu C ada angka 4. Jumlahnya adalah 6. Pada kartu lain tidak ada.

2. Semua Sakit

Sora   : Kak Juno! Tumben sendirian. Ke mana yang lain?

Juno   : Eh.. Sora. Apa kabar? Orang-orang sedang sakit semua.

Sora   : Oh ya? Apakah mereka sakit parah?

Juno   : Tidak. Sejak minggu lalu Simon mengeluh giginya sakit dan Edo ke dokter kulit.

Sora   : Syukurlah mereka tidak sakit berat. Tapi Kak Anang juga tidak kelihatan hari ini?

Juno   : Oh... kalau dia sih... bukan dia yang sakit. Tapi anjingnya. Katanya keracunan.

Sora   : Kok bisa keracunan? Memangnya Ripi makan apa?

Juno   : Kurang jelas juga. Mungkin dia makan makanan yang kedaluwarsa. Tapi, bagaimana kamu tahu Ripi?

Sora   : Ah, Kak Juno ini. Seperti tidak tahu saja. Kak Anang kan selalu cerita tentang Ripi.

Juno   : Memang. Si Anang menganggap Ripi sebagai adiknya.

Sora   : Yah... semoga semua yang sakit cepat sembuh.

<u>Ceritakanlah percakapan di atas dengan kalimat Anda.</u>

_____

_____

_____

_____

_____

_____

_____

3. Mengunjungi Dokter

Dokter : Silakan masuk. Mari duduk di sini. Ada keluhan apa?

Linda   : Ehem... Leher saya sakit sekali. Sejak kemarin terasa perih.

Dokter : Apakah susah juga waktu menelan makanan?

Linda   : Ya, Dok. Bahkan waktu minum airpun terasa sulit.

Dokter : Apakah ada demam atau meriang?

Linda   : Tidak. Tapi leher saya terasa panas. Badan juga tidak enak.

Dokter : Oke. Mari saya periksa lehernya. Buka mulut Adik sedikit
          lagi. Oh, kelihatannya leher Adik ada radang.

Linda   : Radang? Apakah itu berbahaya, Dok?

Dokter : Tidak. Leher Adik membengkak, karena itu terasa perih dan
          panas. Juga sakit kalau menelan makanan.

Linda   : Jadi harus bagaimana?

Dokter : Adik hanya perlu minum obat dan istirahat yang cukup.
          Juga kumur dengan air garam. Ini saya beri resep untuk tiga
          hari.

Linda   : Apakah dalam resep ini ada obat berbentuk sirup?
          Saya tidak bisa minum obat sirup.

Dokter : Oh... kalau begitu, obatnya saya ganti saja menjadi pil semua.

Linda   : Terima kasih, Dok. Permisi.

Ceritakanlah pengalaman Anda sewaktu sakit.

_____

_____

_____

_____

_____

4. Apotek

Apoteker : Selamat sore. Bisa saya bantu?

Linda　　: Ya. Saya mau minta obat dalam resep ini.

Apoteker: Oke. Silakan tunggu sebentar. Saya akan meramu obatnya.

(Setelah beberapa menit)

Apoteker: Ini. Obatnya sudah siap. Ada perlu yang lain?

Linda　　: Oh ya, ada. Saya minta salep terramycin.

Apoteker: Maaf. Terramycin tidak dijual bebas. Hanya bisa dibeli
dengan resep dokter.

Linda　　: Oh, begitu. Bagaimana cara minum obat ini?

Apoteker: Di sini ada 3 jenis bungkus obat. Masing-masing untuk pagi,
siang, dan malam. Minum 30 menit sesudah makan.

Linda　　: Apakah ada efek sampingnya?

Apoteker: Ya. Obat yang merah ini bisa menyebabkan pusing. Jadi,
kalau merasa pusing, harus berhenti minum obat ini.

Linda　　: Ada yang lain lagi?

Apoteker : Ya. Jangan minum obat ini dengan minuman soda atau
kopi. Paling baik diminum dengan air putih.

Linda　　: Terima kasih.

Apa saja obat yang dapat dibeli tanpa resep dokter?

_____

_____

_____

_____

5. Teman Kak Juno Sakit

Kak Juno mempunyai 3 sahabat kental. Mereka bernama Kak Simon, Kak Edo, dan Kak Anang. Waktu acara api unggun pada malam pesta jurusan, saya sempat ngobrol bersama mereka. Hari ini semua sahabat Kak Juno terpaksa bolos kuliah. Kak Simon ke dokter gigi untuk menambal giginya yang lubang. Kak Edo ke dokter kulit karena wajahnya berjerawat. Kak Anang membawa Ripi, anjingnya, ke dokter hewan. Ripi keracunan makanan, katanya. Kak Juno kelihatan sedih dan kesepian karena hari ini dia harus belajar sendiri.

Tadi di kantin, Kak Juno bercerita bahwa ia jadi teringat ketika dirinya terkena malaria. Waktu itu dia masih duduk di bangku SD. Sepanjang siang, seluruh tubuhnya menggigil dan berkeringat dingin. Waktu malam, temperatur tubuhnya lebih dari suhu normal. Hampir saja dia diopname. Setelah disuntik dan minum obat, beberapa hari kemudian ia sembuh. Tak dapat dipungkiri, kesehatan adalah harta paling berharga bagi siapa saja.

Pertanyaan Bacaan
1. Mengapa Edo ke dokter kulit?
2. Mengapa Simon ke dokter gigi?
3. Mengapa Anang ke dokter hewan?
4. Mengapa Ripi sakit?
5. Bagaimana gejala penyakit malaria?

6. Batik

Kata "batik" berasal dari kata Jawa "ambatik". Arti kata ini adalah "titik-titik". Untuk membatik, kita perlu alat bernama canting. Pembatik membuat berbagai jenis motif pada kain. Dengan canting, pembatik membuat titik-titik dari malam. Motif dan warna batik biasanya mempunyai arti yang dalam.

Pada zaman dahulu, batik adalah pekerjaan perempuan. Tetapi setelah ada "Batik Cap", laki-laki bisa bekerja sebagai pembatik. Kita bisa menemukan batik di Malaysia, Thailand, India, Sri Lanka, dan Iran. Batik juga populer di benua Afrika dan Eropa. Tetapi tetap saja, batik Jawa berada di urutan atas dunia.

Rakyat Indonesia sangat bangga pada batik. Batik terdaftar di Unesco sebagai warisan budaya pada tanggal 2 Oktober 2009. Setiap tahun hari itu dirayakan sebagai "Hari Batik". Sebenarnya sudah lama orang Indonesia memakai batik. Di sekolah-sekolah dan kantor-kantor biasanya memakai seragam batik setiap hari Jumat.

Pertanyaan Bacaan

1. Darimana nama "batik" berasal?
2. Apa alat yang digunakan untuk membatik?
3. Apakah membatik merupakan pekerjaan perempuan saja?
4. Selain Indonesia, di mana lagi kita bisa menemukan batik?
5. Apa bukti bahwa rakyat Indonesia bangga pada batik?

7. Sekedar Iseng-iseng!

Carilah kata-kata berikut ini:

Beliau	Misal	Keramaian	Kiri
Ramal	Sebelum	Contoh	Panggil
Sendiri	Becak	Kuda	Selamat
Baru	Malas	Melihat	Kanan
Nakal	Hati-hati	Jalan	Bara
Gusi	Kasir	Upah	Yakin

O	Z	P	K	T	A	M	A	L	E	S	Y
L	P	N	O	A	I	M	A	Z	E	E	N
H	A	T	I	H	A	T	I	B	U	N	I
S	N	Q	S	I	N	I	E	N	A	D	K
E	G	E	U	L	N	L	S	I	T	I	A
K	G	I	G	E	U	N	A	A	R	R	Y
A	I	D	U	M	C	M	O	I	D	I	U
C	L	R	N	O	A	D	I	U	Y	H	A
E	A	D	N	R	I	L	A	S	M	M	I
B	A	T	E	Y	Z	Q	A	L	A	J	L
N	O	K	U	D	A	I	J	S	A	L	E
H	I	B	A	R	A	M	A	L	W	A	B
T	K	A	S	I	R	R	A	T	Y	J	M
U	P	A	H	N	A	N	A	K	A	L	T

8. Dramatisasi dan Diskusi

Dramatisasi

- Suatu hari Anda merasa kurang enak badan. Walaupun sudah beristirahat dan minum obat, tetap saja badan terasa meriang dan demam. Anda memutuskan untuk pergi ke dokter. Dokter menyarankan agar Anda diopname.

- Dokter memberi resep untuk penyakit Anda. Anda pergi ke apotek untuk membeli obat. Tetapi setelah Anda sampai di rumah, ternyata ada satu obat dalam resep yang tidak ada dalam bungkusan obat.

- Waktu Anda sedang berolahraga, kaki Anda terkilir dengan keras. Teman Anda mengurut kaki Anda, tetapi kaki Anda malah semakin bengkak dan sakitnya sampai ke pinggang Anda. Anda segera pergi ke rumah sakit dan berbicara dengan dokter.

Mari saling mengenal!

1. Siapa saja sahabat Anda?
2. Sejak kapan Anda mengenal dia/mereka?
3. Apakah Anda pernah sakit keras?
4. Apakah Anda pernah dioperasi?
5. Bagaimana bentuk badan Anda?
6. Bagaimana cara Anda menjaga kesehatan?
7. Berapa jam Anda tidur sehari?
8. Bagaimana Anda membagi waktu istirahat dan waktu bekerja?
9. Apa warna kesukaan Anda? Mengapa?
10. Apa pakaian sehari-hari yang Anda suka?

Unit 5 - Rumah

1. Rumah Kak Juno

Linda   : Sor! Kamu tahu tidak rumah Kak Juno di mana?

Sora   : Tidak. Memangnya kamu tahu? (Pura-pura tidak tahu).

Linda   : Ah! Kamu ini bagaimana, sih! Masa tinggal sedekat itu tidak tahu? Bohong kamu!

Sora   : Iya... iya... aku bohong. Habis, kamu semangat benar sih!

Linda   : Eh, Sor. Aku punya ide. Bagaimana kalau kita belajar untuk kuis di rumahmu hari ini? Ide yang bagus, kan?

Sora   : Ah, aku malas belajar di rumah. Mending kita belajar saja di perpustakaan.

Linda   : Ayolah... (memelas). Lagipula apa sih susahmu belajar di rumah? Malah aku yang lebih susah karena rumahku jauh.

Sora   : Hm... rupa-rupanya kamu ada mau ya sama Kak Juno! Terus terang sajalah!

Linda   : Ih... siapa bilang aku ada mau? Kamu ada-ada saja! Jangan-jangan justru kamu yang ada mau!

Sora   : Sudahlah... jadi kamu mau kita belajar di rumahku hari ini, kan? Temanmu yang baik ini akan mengikuti maumu!

Linda   : Cihuy!!! Kamu memang sobat yang paaaaling baik, Sora.

Kira-kira apa yang terjadi selanjutnya?

_____

_____

_____

2. Bertamu

Iwan : Wah, ternyata rumah Ibu besar juga, ya?

Shim : Biasa saja, Pak. Kamarnya hanya tiga. Kamar mandi pun hanya satu.

Iwan : Ini foto siapa?

Shim : Oh, itu foto mertua saya. Tahun lalu kami berkunjung ke rumah mereka. Oh ya, Bapak mau teh? Biar saya suruh pembantu saya membawa teh dan sedikit kue.

Iwan : Boleh, asal tidak merepotkan.

Shim : Tidak sama sekali. (Memanggil pembantu) Sari! Minta teh manis dua gelas, ya. Sama kue yang di toples.

Iwan : Aduh, hampir saja saya lupa. Ini saya membawa rendang dari istri saya. Katanya sebagai balasan Kimchi dari Ibu dulu.

Shim : Wah, kenapa repot-repot? Sampaikan terima kasih saya.

Ceritakanlah percakapan di atas dengan kalimat Anda.

_____

_____

_____

_____

_____

_____

_____

_____

3. Antar Jemput

(Di kantor pada pagi hari, Deni sedang di mesin fotokopi. Tiba-tiba Lusi masuk sambil berlari.)

Deni : Aduh, kaget! Ada apa sih lari-lari seperti kakek-kakek kebakaran jenggot? Hampir copot jantungku!

Lusi : (Sambil mengatur napas) Hh...hh... sori. Hampir... terlambat...

Deni : Tumben hampir telat. Biasanya kamu tepat waktu, kan?

Lusi : Ya. Tapi hari ini baterei jamku habis. Jadi aku terlambat bangun. Untung ayam tetanggaku berkokok.

Deni : Ayam? Tetanggamu memelihara ayam?

Lusi : Ya. Memang tidak biasa orang di kota memelihara ayam. Tetanggaku punya sepasang ayam. Jantan dan betina.

Deni : Yah... yang penting kamu tidak terlambat. Kalau kamu mau, aku bisa mengantar jemput kamu.

Lusi : Ah, jangan. Rumahmu kan jauh. Kasihan kamu harus bangun pagi-pagi gara-gara aku.

Deni : Mulai minggu depan aku mau mendaftar golf dekat rumahmu. Tidak merepotkan, kok.

Lusi : Kamu sungguh-sungguh? Oke, aku pikir-pikir dulu, ya.

Pertanyaan Bacaan

1. Mengapa Deni terkejut?
2. Mengapa Lusi tergesa-gesa?
3. Bagaimana Lusi bangun hari ini?
4. Berapa jumlah ayam tetangga Lusi?
5. Apa ide Deni untuk membantu Lusi?
6. Apakah Lusi menolak ide Deni?

4. Rumah Sora

Ini rumah Sora. Atapnya berwarna merah. Dindingnya berwarna biru muda. Pintu dan jendela rumah Sora berwarna putih. Rumah Sora tidak mempunyai pintu gerbang. Tetapi ada pintu yang terbuat dari kayu berwarna coklat muda di pekarangan rumahnya. Pagar yang mengelilingi rumah Sora adalah pagar tanaman yang rajin dirawat oleh ibu Sora.

Jumlah kamar di rumah Sora tiga buah. Satu kamar untuk orang tuanya, satu kamar untuk Sora, dan satu kamar lagi untuk adik laki-lakinya, Rudi. Kamar Sora ada di sebelah kiri ruang tamu. Di belakang rumahnya, ada dapur dan ruang makan. Di setiap kamar ada kamar mandi. Di halaman depan banyak bunga dan pohon. Di samping rumah ada garasi dan gudang. Rumah Sora tidak besar, tapi cantik dan mungil. Keluarga Kak Juno adalah tetangga yang tinggal tidak jauh dari rumah Sora.

Pertanyaan Bacaan
1. Bagaimana bentuk rumah Sora?
2. Ada apa di pekarangan rumahnya?
3. Apa saja fungsi kamar-kamar di rumah itu?
4. Bagaimana bentuk rumah Anda?
5. Apakah Anda memelihara binatang atau tanaman?

5. Rumah Tradisional Indonesia

Indonesia memiliki beraneka bahasa dan budaya. Bahasa yang dipakai di Indonesia berjumlah lebih dari 720 buah. Juga ada sekitar 365 adat budaya yang berbeda. Salah satu contoh keunikan budaya Indonesia adalah bentuk rumah adat.

Rumah Gadang adalah rumah Minangkabau di provinsi Sumatra Barat. Ujung atapnya seperti tanduk kerbau. Di halaman depan Rumah Gadang biasanya ada dua buah Rangkiang untuk menyimpan padi. Rumah ini mempunyai tiang-tiang penyangga sehingga kelihatan seperti mengapung di udara.

Tongkonan adalah rumah adat Sulawesi Selatan. Tongkonan berasal dari kata 'tongkon' yang berarti duduk. Arti 'tongkonan' adalah 'tempat duduk bersama'. Tongkonan harus selalu menghadap arah utara yang melambangkan awal kehidupan, dengan bagian belakang rumah menghadap arah selatan yang melambangkan akhir kehidupan.

Pertanyaan Bacaan

1. Berapa jumlah bahasa di Indonesia?
2. Berapa jumlah budaya di Indonesia?
3. Apa nama rumah di Minangkabau?
4. Apa fungsi Rangkiang?
5. Apa arti nama 'tongkonan'?
6. Mengapa rumah adat Sulawesi Selatan menghadap ke utara?

6. Sepuluh Tahun Lagi

Minggu depan akan ada ujian akhir semester. Sora membulatkan tekad untuk belajar. Ia ingin mendapat hasil yang baik dalam ujian. Setelah belajar selama dua jam penuh, ia merasa penat. Dia memutuskan untuk beristirahat sebentar.

Dia mengambil secarik kertas dan menulis apa saja yang ingin dilakukannya saat liburan. Ia ingin belajar bahasa Inggris dan berlibur ke Pulau Bali. Tiba-tiba terbersit di hatinya untuk menulis apa cita-citanya di masa depan. Sepuluh tahun lagi, usianya akan menjadi tiga puluh tahun. "Hm... akan jadi apa ya aku sepuluh tahun lagi?"

Sora membayangkan dirinya sepuluh tahun lagi. Saat itu ia ingin menjadi seorang penerjemah yang baik. Kalau tidak, tentunya ia sudah bekerja di suatu perusahaan di bagian administrasi dengan pangkat tertentu. Ia ingin tinggal di apartemen dengan tiga kamar bersama keluarganya. Sora tersenyum sendiri ketika membayangkan akan menikah dan mempunyai anak-anak. Ia berjanji pada dirinya akan menjadi istri dan ibu yang baik untuk keluarganya.

Ia juga harus bisa menyetir mobil dan mahir berbahasa Inggris. Itu berarti ia harus mempunyai SIM dan juga mengikuti kursus Bahasa Inggris. Untuk menjadi seorang penerjemah yang baik, ia juga perlu mengunjungi berbagai negara. Karena dia perlu meneliti perbedaan budaya, sosial, dan sejarah negara-negara itu.

Wah! Berarti banyak sekali yang harus dilakukannya dalam waktu sepuluh tahun! Tahun ini ia sudah belajar di universitas. Masih sisa sembilan tahun untuk mewujudkan cita-cita itu. Dan Sora tahu, ia bisa mewujudkan cita-cita itu dengan belajar untuk ujian sebagai langkah awal. Sora merasa puas karena ia sekarang tahu apa yang menjadi impiannya di masa depan.

Pertanyaan Bacaan

1. Berapa jam Sora belajar untuk ujian?
2. Mengapa Sora mengambil secarik kertas?
3. Apa rencana Sora untuk liburan kali ini?
4. Apa yang harus Sora lakukan untuk menjadi seorang penerjemah yang baik?
5. Berapa waktu yang tersisa bagi Sora untuk mewujudkan impiannya?
6. Apa cita-cita Anda sepuluh tahun lagi?
7. Berapa waktu yang tersisa bagi Anda untuk mewujudkan impian itu?
8. Apa yang harus Anda lakukan untuk mewujudkan cita-cita itu?

7. Sekedar iseng-iseng!

Lengkapilah gambar di dalam kotak ini sesuka hati Anda. Setelah itu, berikan kata kerja atau kata sifat pada setiap gambar.

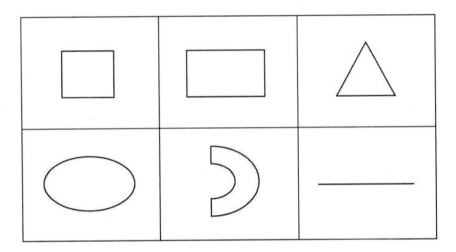

Apakah Anda sudah selesai?

Pastikan Anda sudah menulis kata untuk setiap gambar.

Carilah arti gambar-gambar ini di halaman 74!

Mau percaya atau tidak, itu terserah Anda!

8. Dramatisasi dan Diskusi

Dramatisasi

- Teman Anda sedang naksir sahabat Anda. Ia sangat tertarik pada sahabat itu sehingga ia minta bantuan Anda untuk kencan dengannya.
- Anda bertemu dengan sahabat Anda. Tetapi hari itu wajahnya tampak kusut. Setelah ia bercerita, Anda baru tahu bahwa dia merasa terganggu oleh seorang yang naksir berat padanya.
- Rumah Anda sangat jauh dari kampus, sehingga memakan waktu terlalu lama untuk sampai ke kampus. Karena itu Anda ingin meminta izin kepada orang tua Anda untuk tinggal di asrama. Tapi orang tua melarang, karena khawatir asrama kurang aman. Jelaskanlah keinginan Anda pada orang tua Anda.

Mari saling mengenal!

1. Bagaimana bentuk rumah idaman Anda?
2. Bagaimana pekerjaan idaman Anda?
3. Apa benda yang selalu/harus Anda bawa-bawa?
4. Apakah Anda alergi makanan tertentu?
5. Kata orang, Anda mirip dengan siapa?
6. Siapa bintang film favorit Anda?
7. Apakah Anda suka berpakaian tradisional?
8. Apa yang unik dari diri Anda?
9. Kapan Anda merasa puas pada diri Anda?
10. Kapan Anda merasa bangga menjadi warga negara Anda?

Unit 6 - Arah dan Lokasi

1. Arah Mata Angin

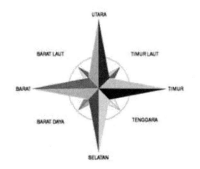

♫ ♫ ♫ ♫

Timur, Tenggara

Selatan, Barat Daya

Barat, Barat Laut

Utara, Timur Laut

Mari Berdendang!

Matahari terbenam hari mulai malam

Terdengar burung hantu suaranya merdu

Hu...hu...hu...hu... (2x)

Gelang sipaku gelang

Gelang sirama rama

Mari pulang, marilah pulang

Marilah pulang bersama-sama

Mari pulang, marilah pulang

Marilah pulang bersama-sama

2. Boleh saya pindahkan?

Lusi   : Deni, aku pikir kita perlu membereskan ruang fotokopi.

Deni   : Mengapa kamu berpikir seperti itu?

Lusi   : Seperti yang kamu ketahui, ruangan itu penuh dengan barang. Kelihatan berantakan sekali.

Deni   : Hm... menurut aku biasa saja. Hanya ada mesin fotokopi, printer hitam putih, printer berwarna, tumpukan kertas baru, dispenser, lemari untuk gelas kertas dan kopi, lemari dokumen, mesin faks, kotak alat tulis.

Lusi   : Tuh kan! Tidak ada ada habisnya. Terlalu banyak.

Deni   : Jadi mau dibereskan bagaimana?

Lusi   : Kamu bantu aku saja. Ayo ikut aku! Boleh aku pindahkan satu printer ini ke tempat aku?

Deni   : Aduh... tempat dudukmu terlalu jauh dari tempat aku. Malas aku mengambil dokumen jauh-jauh.

Lusi   : Apa boleh buat. Nanti aku antarkan. Kamu intercom saja.

Deni   : Tapi biasanya aku selalu minum kopi juga sambil mengambil dokumen.

Lusi   : Nanti aku buatkan juga.

Deni   : Aku juga selalu mengirimkan faks sambil fotokopi.

Lusi   : Aduuuh..... kamu menang. Kita batal membereskan ruang fotokopi.

Deni   : Tunggu dulu. Aku ada ide bagus. Bagaimana kalau printer itu dipindahkan ke tempatku?

Bagaimana kira-kira reaksi Lusi?

3. Bukuku hilang

Linda   : (Menelepon) Halo? Sora? Kamu di mana? Masih di kampus?

Sora   : Iya... ada apa?

Linda   : Aduh... untung kamu masih di kampus. Bukuku hilang.

Sora   : Buku? Buku apa?

Linda   : Buku harianku. Kamu tahu, kan? Buku kecil berwarna biru.

Sora   : Hilang di mana? Kamu ingat?

Linda   : Kelihatannya di mesin ATM waktu aku menarik uang. Kamu bisa cek untukku?

Sora   : Kebetulan sekarang aku ada di depan mesin ATM. Tapi bukumu tidak kelihatan.

Linda   : Kalau begitu, coba kamu periksa ke cafe. Mungkin ada di meja di sebelah kiri pintu masuk. Aku tadi duduk di situ.

Sora   : Ya.. aku sedang berjalan ke sana. Hm... tidak ada.

Linda   : Di meja sebelah kiri?

Sora   : Tidak ada... di kursi, di meja, di pot bunga juga tidak ada. Oh...oh... sebentar. Kelihatannya ada di meja kasir.

Linda   : (Dengan nada khawatir) Cepat periksa.... soalnya di buku itu banyak rahasia pribadiku.

Sora   : Ya... ya... sudah. Bukumu ternyata tertinggal waktu membayar.

Linda   : (Bernafas lega) Hhh.... bagus. Simpan dulu ya. Besok bawakan ke kampus. Awas! Jangan membaca isinya, lho!

Apa kira-kira rahasia pribadi Linda di dalam buku hariannya?

4. Ada di mana?

Sora   : Kak Juno, boleh mengganggu sebentar?

Juno   : Boleh saja.

Sora   : Kakak tahu rumah Kak Simon?

Juno   : Simon? Mengapa kamu mau tahu rumah Simon?

Sora   : Oh, saya mau meminjam kameranya. Tapi dia bilang hari ini dia tidak ada kuliah. Jadi saya mau ambil di rumahnya.

Juno   : Kamera? Mengapa kamu butuh kamera?

Sora   : Saya dan teman-teman mendapat tugas untuk membuat presentasi. Kebetulan kamera saya rusak.

Juno   : Oh, begitu. Hm... tapi agak sulit ke rumah Simon.

Sora   : Oh ya? Katanya ada di dekat kantor pos. Rumahnya ada di mana?

Juno   : Di sebelah kantor pos ada gang. Jalan terus, nanti ada pertigaan. Di situ kamu belok kiri. Nah, kalau kamu melihat rumah beratap biru, kamu belok kanan. Kalau kamu jalan sedikit, ada telepon umum. Setelah telepon umum.....

Sora   : Aduh... saya jadi bingung...

Apa cara yang cepat dan tepat agar Sora bisa ke rumah Simon?

_____

_____

_____

_____

_____

_____

5. Mudik

Ibu Shim mempunyai seorang pembantu dan seorang supir. Pada Lebaran kali ini mereka pulang kampung. Kampung halaman Sari ada di Pati dan Supri ada di Jambi. Mereka akan mudik selama dua minggu. Ibu Shim membelikan oleh-oleh untuk pembantu dan supirnya. Ia memberikan hadiah pakaian baru untuk Sari dan keluarga besarnya. Untuk Supri yang masih bujang, ia membelikan sebuah pakaian batik dan peci. Selain itu, ia juga membekali keduanya dengan berbagai makanan Korea.

Hari ini mereka pamit. Sari akan pergi ke Stasiun Gambir untuk naik kereta api dan Supri akan ke Pelabuhan Merak untuk naik kapal. Untuk pulang ke kampung halaman biasanya memakan waktu hampir satu hari di perjalanan. Mereka pergi satu minggu sebelum Lebaran. Karena pada waktu Lebaran jalan sangat macet dan transportasi umum sangat penuh. Kalau tidak cepat, mudik menjadi tidak nyaman dan tidak aman.

Waktu musim Lebaran, kota Jakarta menjadi sunyi. Ibu Shim dan keluarganya berencana untuk mudik juga ke Seoul selama dua minggu. Ibu Shim akan menitip rumahnya pada tetangganya untuk sementara.

Pertanyaan Bacaan

1. Siapa nama pembantu dan supir Ibu Shim?
2. Di mana kampung halaman mereka?
3. Apa saja hadiah yang disediakan oleh Ibu Shim?
4. Mengapa untuk mudik harus berangkat cepat?
5. Apa rencana Ibu Shim dan keluarganya waktu Lebaran?

6. Bawang Putih dan Bawang Merah

Konon pada zaman dahulu hidup seorang gadis berhati emas bernama Bawang Putih. Ia tinggal bersama ibu dan kakak tirinya, Bawang Merah. Setiap hari ia harus mengerjakan semua pekerjaan rumah, sehingga ia selalu lelah. Namun ia tidak pernah mengeluh.

Ia mempunyai seekor ikan emas yang dipeliharanya di kolam. Kolam itu terletak di dalam hutan. Ikan emas ini selalu menolongnya bekerja. Sehingga ia selalu dapat mengerjakan tugas-tugas aneh dan berat dari ibu dan kakak tirinya.

Suatu hari ada undangan dari istana raja. Pangeran sedang mencari calon istri, jadi ia mengundang semua gadis ke pesta. Bawang Merah dan ibunya tidak mau Bawang Putih datang di pesta itu. Hari itu mereka menyuruh Bawang Putih menuai padi, menimba air, dan mencari kayu bakar. Tetapi mereka tetap saja khawatir Bawang Putih berhasil mengerjakan semua itu.

Bawang Merah membuntuti Bawang Putih ke kolam ikan emas. Alangkah terkejutnya dia melihat Bawang Putih berbicara dengan ikan emas. Setelah Bawang Putih pulang, ia segera menangkap ikan emas itu. Ibunya membakar ikan emas itu untuk makan malam.

Bagaimana kira-kira kelanjutan cerita ini?

_____

_____

_____

_____

_____

_____

7. Sekedar iseng-iseng!

Ikutilah cerita ini sambil melengkapinya.

Andai Anda sedang berjalan dan melihat sebuah istana yang besar. Pintu istana itu terkunci dan ada beberapa kunci di dekat pintu itu. Anda mencoba membuka dengan kunci-kunci itu. Pada kunci ke berapa pintu itu terbuka? Pada kunci ke _____

Di dalam istana ada baju-baju pesta yang cantik. Anda lalu memilih satu baju dan memakainya. Ternyata baju pesta itu (kecil / pas / besar) di badan Anda.

Anda pergi ke ruang makan. Di sana terdapat banyak makanan. Anda mencicipi makanan itu. Apa makanan yang menarik perhatian Anda dan bagaimana rasanya? Makanan itu adalah _____ dan rasanya _____

Setelah makan enak, Anda pergi ke taman di istana itu. Di situ Anda melihat seekor binatang. Apa binatang yang Anda lihat? _____ Bagaimana kesan Anda tentang binatang itu? _____

Carilah arti jawaban di atas di halaman 81!

Inilah arti gambar-gambar pada halaman 66:

Bujursangkar	: Pendapat Anda tentang diri sendiri.
Persegi Panjang	: Pendapat orang lain tentang diri Anda.
Segitiga	: Pendapat Anda tentang kehidupan.
Lingkaran lonjong	: Keadaan psikis Anda saat ini.
Kacang Mete	: Keadaan keluarga (jika Anda sudah menikah) atau sifat pasangan idaman (jika Anda masih lajang).
Garis horisontal	: Masa depan Anda.

8. Dramatisasi dan Diskusi

Dramatisasi

- Akhir minggu ini Anda dan teman menonton sebuah film dan sekaligus cuci mata di pusat perbelanjaan. Di bioskop Anda antre untuk membeli tiket. Tiba-tiba Anda menyadari bahwa dompet Anda hilang.

- Anda dan teman-teman mengadakan pesta reuni setelah sepuluh tahun tidak bertemu. Seorang teman Anda yang dulu pendiam dan gemuk menjadi sangat modis, periang, dan langsing, sampai-sampai semua orang pangling melihatnya.

- HP yang baru satu minggu Anda beli tidak berfungsi. Layarnya tidak muncul dan ada bau hangus juga. Bawalah ke toko tempat Anda membeli HP tersebut dan mintalah ganti rugi atas HP itu.

Mari saling mengenal!

1. Jika sedang jenuh, ke mana biasanya Anda pergi?
2. Untuk acara istimewa, Anda mau merayakannya di mana?
3. Apa hadiah yang paling istimewa dalam hidup Anda?
4. Kapan Anda merasa diri Anda malas?
5. Jika Anda bisa memilih, Anda ingin berlibur ke mana?
6. Jika di dunia tidak ada listrik, bagaimana rasanya?
7. Siapa orang yang paling Anda hargai? Mengapa?
8. Apa program televisi yang Anda tonton belakangan ini?
9. Siapa yang paling banyak Anda telepon belakangan ini?
10. Jika Anda terdampar di pulau tak bernama, apa yang Anda lakukan?

Unit 7 - Negara Indonesia

1. Lagu Kebangsaan Indonesia

♫ ♫ ♫ ♫

Lagu Kebangsaan "Indonesia Raya"
(Karya W.R. Supratman)

Indonesia tanah airku, tanah tumpah darahku
Di sanalah aku berdiri jadi pandu ibuku
Indonesia kebangsaanku, bangsa dan tanah airku
Marilah kita berseru, "Indonesia bersatu!"

Hiduplah tanahku, hiduplah neg'riku
Bangsaku, rakyatku semuanya
Bangunlah jiwanya, bangunlah badannya
Untuk Indonesia Raya

Indonesia Raya, merdeka, merdeka!
Tanahku, neg'riku yang ku cinta
Indonesia Raya, merdeka, merdeka!
Hiduplah Indonesia Raya!

2. Lambang Negara Indonesia

Sora : Jadi ini adalah lambang negara Indonesia, ya Pak?

Iwan : Betul, Sora. Burung garuda adalah lambang negara Indonesia. Lihat gambar lambang ini. Apakah kamu tahu artinya?

Sora : Saya dengar, bulu burung ini menunjukkan hari kemerdekaan Indonesia. Dan perisai ini melambangkan Pancasila.

Iwan : Ya. Bulu di leher ada 45 helai, bulu sayap masing-masing ada 17 helai. Jadi hari kemerdekaan Indonesia adalah tanggal 17 Agustus 1945.

Sora : Ya, Pak. Saya agak lupa sila Pancasila. Pertama, Ketuhanan Yang Maha Esa. Kedua, Kemanusiaan yang adil beradab. Ketiga, Persatuan Indonesia. Keempat, ... hm... aduh... saya lupa, Pak.

Iwan : Keempat, Kerakyatan yang dipimpin oleh hikmat kebijaksanaan dalam permusyawaratan/perwakilan. Kelima, Keadilan sosial bagi seluruh rakyat Indonesia.

Sora : Oh iya. Sekarang saya ingat. Apa nama-nama gambar pada perisai ini, Pak?

Iwan : Pertanyaan yang bagus. Gambar-gambar dalam perisai itu adalah Bintang Emas, Rantai Emas, Pohon Beringin, Kepala Banteng, dan Padi Kapas.

Apakah Anda bisa menghafal sila-sila Pancasila?

3. Negara Indonesia

Sora   : Hari ini aku belajar tentang Pancasila dari Pak Iwan. Sulit tapi menarik.

Linda   : Ya, memang tidak mudah menghafal Pancasila.

Sora   : Berapa luas wilayah Indonesia, Linda?

Linda   : Luasnya kira-kira 1,9 juta km2. Luas wilayah lautnya kira-kira 5% dari angka itu. Jumlah pulaunya saja kira-kira 17.000 buah.

Sora   : Wah.... Luas sekali, ya. Luas Korea Selatan kira-kira 100.000 km2.

Linda   : Begitu, ya? Populasi Indonesia juga termasuk terbanyak di dunia. Kira-kira ada 240 juta jiwa.

Sora   : Apakah mereka semua terdiri dari satu suku?

Linda   : Oh, tidak. Jumlah suku di Indonesia kira-kira ada 365 buah. Jumlah bahasa daerahnya juga banyak. Ada sekitar 720 buah.

Sora   : Ha? Lalu bagaimana orang Indonesia berbicara satu sama lain?

Linda   : Semua orang Indonesia harus belajar bahasa Indonesia. Karena itu mereka bisa saling mengerti walaupun berbeda suku dan bahasa.

Pertanyaan Bacaan

1. Berapa luas Indonesia?
2. Berapa luas daratan Indonesia?
3. Apa saja nama 5 pulau besar di Indonesia?
4. Berapa jumlah penduduk Indonesia?
5. Berapa jumlah suku dan bahasa di Indonesia?

4. Melepas Kejenuhan

Deni   : Aduh.... jenuh sekali aku hari ini. Rasanya pekerjaanku tidak kunjung selesai. Minggu ini terasa panjang sekali.

Lusi   : Itu tandanya kamu stres. Kamu perlu istirahat.

Deni   : Aku sudah istirahat tadi sambil minum kopi.

Lusi   : Maksudku, kamu perlu cari angin segar. Misalnya ke luar kota. Itu lumayan untuk melepas stres.

Deni   : Ke luar kota? Ke mana enaknya?

Lusi   : Kenapa kamu tidak ke Puncak saja? Puncak lumayan dekat. Kamu bisa mampir ke Taman Mini dan jalan-jalan ke Taman Safari. Selain itu, di Puncak banyak restoran enak.

Deni   : Boleh juga. Hm... kamu tidak ada acara besok, kan? Kita pergi ke Puncak besok, yuk!

Lusi   : Besok?! Aduh... bagaimana ya? Puncak terlalu jauh.

Deni   : Lho! Tadi kamu bilang Puncak dekat. Waktu pulang dari Puncak akan aku antar. Dan aku akan traktir kamu makan. Bagaimana?

Bagaimana kira-kira reaksi Lusi?

_____

_____

_____

_____

_____

_____

_____

_____

5. Garuda Pancasila

Garuda Pancasila adalah lambang negara Indonesia. Burung Garuda menghadap ke kanan, dan di dadanya ada sebuah perisai. Di perisai itu ada lima sila. Lima sila ini disebut Pancasila. Di cakar Garuda ada selembar pita dengan motto Indonesia, Bhinneka Tunggal Ika. Artinya 'berbeda-beda tetapi tetap satu'.

Perisai melambangkan pertahanan Indonesia. Di perisai itu ada lima gambar. Gambar 'Bintang Emas' adalah untuk sila Ketuhanan Yang Maha Esa. Bintang emas berujung lima melambangkan agama-agama besar di Indonesia, yaitu Islam, Kristen, Katolik, Hindu, dan Buddha.

Gambar 'Rantai Emas' adalah untuk sila Kemanusiaan Yang Adil Dan Beradab. Rantai ini melambangkan hubungan manusia yang saling membantu. Gelang lingkaran menggambarkan wanita, gelang persegi menggambarkan pria.

Gambar 'Pohon Beringin' adalah untuk sila Persatuan Indonesia. Pohon beringin mempunyai banyak akar gantung pada ranting-rantingnya. Ini melambangkan budaya Indonesia yang beraneka ragam.

Gambar 'Kepala Banteng' adalah untuk sila Kerakyatan Yang Dipimpin Oleh Hikmat Kebijaksanaan Dalam Permusyawaratan/Perwakilan. Ini melambangkan ciri-ciri bangsa Indonesia yang bermusyawarah dan bergotong royong.

Gambar 'Padi Kapas' adalah untuk sila Keadilan Sosial Bagi Seluruh Rakyat Indonesia. Padi melambangkan pangan dan kapas melambangkan sandang. Ini melambangkan persamaan sosial dalam masyarakat Indonesia.

Pertanyaan Bacaan

1. Apa motto Indonesia? Apa artinya?
2. "Bintang Emas" melambangkan apa?
3. "Rantai Emas" melambangkan apa?
4. "Pohon Beringin" melambangkan apa?
5. "Kepala Banteng melambangkan apa"?
6. "Padi Kapas" melambangkan apa?

Inilah arti dari jawaban pada halaman 74.

Kunci : Jumlah pacar yang pernah Anda punya.

Baju pesta : Perasaan Anda terhadap pasangan Anda.

Makanan : Keadaan keluarga Anda.

Binatang : Kesan pertama Anda tentang pasangan Anda.

6. Macet di Jakarta

Macet? Warga Jakarta kelihatannya sudah sangat terbiasa dengan kata ini. Bila Anda pernah berada di kota Jakarta, Anda akan tahu apa yang dimaksud dengan 'macet'. Terutama pada jam-jam sibuk, sedekat apapun tujuan Anda, bisa memakan waktu berjam-jam.

Hari ini saya terjebak lagi dalam kemacetan. Saya sudah tahu alasannya. Kemarin hujan deras, sehingga terjadi banjir di dalam kota. Di depan sana ada bus kota yang mogok. Lengkaplah sudah semua alasan penyebab kemacetan. Lalu lintas semrawut sekali.

Sambil mendengarkan radio yang menyiarkan lagu-lagu riang, saya memikirkan cara Jakarta menjadi kota bebas macet. Setiap bulan mobil baru bertambah, padahal fasilitas jalan tidak berubah. Angkutan umum juga berhenti di sembarang tempat. Banyak pejalan kaki menyeberang jalan seenaknya. Juga ada terlalu banyak pedagang kaki lima di pinggir jalan.

Ramalan cuaca mengatakan bahwa mulai malam ini akan hujan deras lagi. Jadi kalau tidak mau terlambat besok, saya harus cepat pulang dan cepat berangkat besok pagi.

Pertanyaan Bacaan

1. Kapan biasanya jalan di Jakarta macet?
2. Apa yang membuat Deni terjebak kemacetan?
3. Biasanya apa penyebab kemacetan di Jakarta?
4. Apa yang bisa kita lakukan saat terjebak kemacetan?
5. Apa solusi untuk mengurangi kemacetan?

7. Ayo Menjadi Detektif!

Pelajar A : Gunakan halaman 83 dan 84.

Pelajar B : Gunakan halaman 85 dan 86.

KASUS

Gabus Prasito ditemukan meninggal di perpustakaan pribadinya kemarin malam. Kepalanya seperti dipukul dengan benda berat. Dia sedang menulis surat di meja perpustakaan sebelum meninggal. Istrinya menemukan dia ketika membawakan segelas susu hangat pada jam 10:15 malam.

Dari hasil pemeriksaan polisi, ditemukan sebuah jam yang retak dan dari situ dapat diketahui bahwa sebelum meninggal, Gabus Prasito melakukan perlawanan. Jam itu terhenti pada jam 10:05. Tersangka adalah semua orang yang ada di dalam rumah saat kejadian itu terjadi. Mereka adalah Ibu Prasito (istri Gabus Prasito), Dino Prasito (adik Gabus Prasito), Bapak dan Ibu Batupurba (teman keluarga Prasito), dan Genduk (pembantu).

Sekarang menggunakan petunjuk dan bukti yang ada, carilah siapa tersangka pembunuh Gabus Prasito. Bandingkan dengan informasi yang diketahui oleh partner Anda.

Bukti-bukti:

1. Patung Garuda yang terbuat dari kuningan hilang.

2. Di dekat mayat Gabus Prasito ditemukan puntung rokok.

3. Ditemukan secarik kain hitam di jendela.

4. Ibu Prasito, Bapak Batupurba, dan Dino Prasito memakai baju berwarna hitam malam itu.

5. Saat pembunuhan terjadi, semua sedang menonton TV di ruang keluarga sampai jam 10, kecuali Genduk. Dia ada di dapur dari jam 9:30 sampai jam 10:15.

6. Nama Ibu Prasito bukan Cyantikh. Tetapi Janu.

7. Ada satu cek di atas meja Gabus Prasito sejumlah Rp. 500.000.000,-.

8. Dino adalah seorang penjudi, dan saat itu dia mempunyai hutang Rp. 400.000.000,-.

9. Dino dan Bapak Batupurba masih menonton TV sampai jam 10:05, dan saat itu Cyantikh ada bersama mereka.

10. Jam 10:10 Genduk mendengar pintu terbuka lagi. Ibu Prasito masuk ke dapur dan menyediakan susu hangat.

Siapakah pembunuh Gabus Prasito?

Apa alasannya?

Pelajar A : Gunakan halaman 83 dan 84.

Pelajar B : Gunakan halaman 85 dan 86.

KASUS

Gabus Prasito ditemukan meninggal di perpustakaan pribadinya kemarin malam. Kepalanya seperti dipukul dengan benda berat. Dia sedang menulis surat di meja perpustakaan sebelum meninggal. Istrinya menemukan dia ketika membawakan segelas susu hangat pada jam 10:15 malam.

Dari hasil pemeriksaan polisi, ditemukan sebuah jam yang retak dan dari situ dapat diketahui bahwa sebelum meninggal, Gabus Prasito melakukan perlawanan. Jam itu terhenti pada jam 10:05. Tersangka adalah semua orang yang ada di dalam rumah saat kejadian itu terjadi. Mereka adalah Ibu Prasito (istri Gabus Prasito), Dino Prasito (adik Gabus Prasito), Bapak dan Ibu Batupurba (teman keluarga Prasito), dan Genduk (pembantu).

Sekarang menggunakan petunjuk dan bukti yang ada, carilah siapa tersangka pembunuh Gabus Prasito. Bandingkan dengan informasi yang diketahui oleh partner Anda.

Bukti-bukti:

1. Salah satu jendela perpustakaan terbuka.

2. Semua orang –kecuali Gabus Prasito dan Genduk- adalah perokok.

3. Patung Garuda yang terbuat dari kuningan ditemukan di taman dekat jendela.

4. Cyantikh pergi ke garasi jam 10:00 untuk mengambil jaket dan tas tangannya dari mobil.

5. Pak Prasito meninggalkan ruang keluarga jam 10, dia mengatakan hendak menulis surat di perpustakaan.

6. Di dalam dompet Ibu Prasito ditemukan surat yang berisi: "Gabus, saya akan menunggumu di taman jam 10. Cyantikh B."

7. Genduk mendengar suara langkah orang, kemudian suara pintu perpustakaan dibuka, sekitar jam 10.

8. Sekitar jam 10:05, Genduk mendengar suara pintu depan terbuka dan suara langkah. Ternyata itu suara Cyantikh. Dia masuk ke ruang keluarga.

9. Hari itu Dino baru saja menjual rumahnya seharga Rp. 500.000.000,-

10. Di dalam surat yang ditulis oleh Gabus Prasito tertulis: "Janu sayang, Berat hatiku untuk menulis ini. Tapi aku harus pergi meninggalkan-mu. Semoga uang ini cukup untuk menghiburmu. Sebenarnya sudah lama aku dan Cyantikh...."

Siapakah pembunuh Gabus Prasito?

Apa alasannya?

8. Dramatisasi dan Diskusi

Dramatisasi

- Teman Anda meminjam uang dari Anda. Dia berjanji untuk mengembalikannya secepat mungkin. Tetapi sampai 2 bulan dia masih belum mengembalikan uang Anda.
- Teman Anda sedang bertengkar dengan pacarnya. Teman Anda lupa memberi hadiah ulang tahun pacarnya. Hiburlah teman itu dan berikanlah solusi yang baik.
- Teman Anda sedang stres karena terlalu banyak pekerjaan dan minggu depan dia ada ujian penting. Anda berdua tahu bahwa ujian itu sulit bagi dia. Berilah tips dan semangat pada teman itu.

Mari saling mengenal!

1. Apa pedoman hidup Anda?
2. Siapa tokoh atau orang yang pernah membuat Anda terharu?
3. Anda paling takut/segan pada siapa? Mengapa?
4. Waktu putus asa, apa yang memberi semangat pada Anda?
5. Kejadian apa yang mengubah hidup Anda?
6. Jika Anda mempunyai sebutir obat manjur, apa yang akan Anda lakukan?
7. Apa benda yang sudah lama ingin Anda miliki tetapi belum juga Anda beli?
8. Seandainya mungkin dan tidak ada batasnya, berapa jumlah uang yang bisa Anda habiskan dalam sehari?
9. Jika rumah Anda kebakaran, apa 3 benda yang akan Anda bawa keluar?
10. Bagaimana jika Anda hanya bisa hidup sampai 3 hari lagi?

Unit 8 - Berwisata

1. Lagu Nasional "Halo-halo Bandung"

(Karya Ismail Marzuki)

Halo, halo Bandung! Ibukota Periangan

Halo, halo Bandung! Kota kenang-kenangan

Sudah lama beta tidak berjumpa dengan kau

Sekarang telah menjadi lautan api

Mari, bung! Rebut kembali!

Kota Bandung

Kota Bandung terletak sekitar 140 km di sebelah tenggara kota Jakarta. Kata 'Periangan' berasal dari kata 'parahyangan'. Artinya adalah 'tempat banyak dewa'.

Lagu 'Halo-halo Bandung' menceritakan peristiwa tanggal 24 Maret 1946. Waktu itu sekitar 200.000 penduduk Bandung membakar rumah mereka untuk mencegah tentara penjajah menguasai kota itu.

Jika Anda pergi ke Bandung, kunjungilah Monumen Bandung Lautan Api dan Gunung Tangkuban Parahu. Jangan lupa, coba peuyeum, makanan ringan asli Bandung.

2. Di Dalam Pesawat

Para penumpang yang terhormat. Selamat datang pada pesawat Garuda dengan nomor penerbangan GA416 tujuan Surabaya. Kami mohon maaf, penerbangan ini tertunda 15 menit karena kondisi cuaca.

Kapten Anda hari ini adalah Siswoyo, dibantu oleh co-pilot Gunawan Siregar. Penerbangan ini memakan waktu sekitar 60 menit. Kita akan tiba di Surabaya pukul setengah sembilan waktu setempat. Cuaca setempat dikabarkan sedikit berawan dan suhu berkisar 28 derajat Celcius.

Sebentar lagi, video keselamatan akan ditayangkan. Awak kapal kami juga akan menghidangkan makanan dan minuman ringan setelah lepas landas. Selama dalam perjalanan, Anda tidak diperkenankan menggunakan alat-alat elektronik. Tetaplah berada di tempat duduk Anda. Kenakan sabuk pengaman Anda setiap saat terutama pada saat lepas landas dan mendarat. Merokok dilarang di sepanjang perjalanan.

Selamat menikmati penerbangan bersama Garuda Airlines. Terima kasih.

Ringkaslah informasi yang ada dalam pemberitahuan di atas!

_____

_____

_____

_____

_____

_____

3. Di Hotel

Petugas : Hotel Mulia. Selamat malam. Bisa saya bantu?

Deni : Ya. Ini kamar 2808. Kran di kamar mandi saya tidak bisa dibuka.

Petugas : Baik, Pak. Saya akan mengirim orang ke kamar Bapak. Ada lagi, Pak?

Deni : Saya perlu 2 handuk baru, sikat gigi beserta odolnya, dan juga shampo.

Petugas : Maaf, Pak. Untuk pasta gigi dan shampo, Bapak dikenakan biaya tambahan.

Deni : Mengapa begitu? Di hotel lain gratis. Mengapa di sini harus bayar?

Petugas : Maaf, Pak. Kebetulan hotel kami menerapkan kampanye "Hijau Berseri" sejak bulan lalu. Kampanye ini untuk mengurangi pemborosan produk mandi yang tidak terpakai. Biaya tambahan yang dikenakan untuk tamu yang memerlukan sangat ringan. Yaitu Rp. 5000,- untuk pasta gigi dan shampo.

Deni : Ya sudah. Kalau begitu saya tidak jadi minta.

Petugas : Baik, Pak. Ada lagi yang bisa saya bantu?

Deni : Oh ya, baterei remote TV juga sudah habis. Istri saya juga perlu setrika dan pengering rambut. Dan... tolong bawakan juga alat cukur kalau ada. Mmm... saya juga perlu es batu untuk minum. Cukup. Itu saja. Sebentar.... itu semua gratis, kan?

Petugas : Benar, Pak. Akan segera saya kirimkan. Silakan ditunggu.

Pertanyaan Bacaan

1. Apa masalah dalam kamar ini?
2. Apa barang yang Deni perlukan?
3. Mengapa untuk odol dan shampo dikenakan biaya?
4. Berapa biaya untuk odol dan shampo?
5. Apa yang diperlukan oleh istri Deni?

4. Menyewa Mobil

Petugas : Bluebird. Selamat siang.

Bu Shim : Selamat siang. Saya mau menyewa mobil untuk liburan di Surabaya.

Petugas : Baik, Bu. Ibu mau memakai mobil apa?

Bu Shim : Saya mau memakai Toyota Innova. Berapa ongkos sewanya?

Petugas : Untuk 8 jam Rp. 800.000,-. Itu sudah termasuk biaya bensin dan supir. Tambahan setiap jamnya adalah Rp. 100.000,-

Bu Shim : Apakah sudah termasuk biaya parkir juga?

Petugas : Belum termasuk, Bu. Biaya parkir, biaya tol, uang makan, dan uang rokok supir harus ditanggung oleh Ibu.

Bu Shim : Oh, begitu. Baiklah. Saya mau sewa untuk tiga hari.

Petugas : Baik, Bu. Untuk tanggal berapa?

Bu Shim : Dari tanggal 2 sampai 5 bulan depan.

Petugas : Ke mana saya kirim mobilnya?

Bu Shim : Oh, saya akan tinggal di Hotel Mercure. Kirim saja ke lobi sekitar jam 9, atas nama Bu Shim. Nomor hp saya adalah 0815-8959-0205.

Sekarang giliran Anda mencoba memesan mobil sewa!

_____

_____

_____

_____

_____

_____

_____

5. Congklak

Di Indonesia ada berbagai permainan tradisional anak-anak. Anak-anak Indonesia membuat mainannya sendiri dari batok kelapa, daun kelapa, kayu dan sebagainya. Salah satu permainan yang menjadi favorit anak-anak adalah congklak.

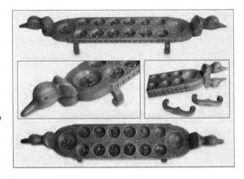

Papan congklak dibuat dari batang kayu yang dibelah lalu diberi lubang. Lubang itu tidak tembus, tetapi hanya berupa cekungan. Jumlah lubang ada 14 buah yang dibuat dalam dua baris yang sejajar. Di bagian ujung kiri kanan dibuat dua buah lubang yang lebih besar.

Selain papan congklak, kita butuh siput atau biji. Pada 14 lubang tadi diisi dengan tujuh butir siput. Dua lubang yang besar dibiarkan kosong. Congklak dapat dimainkan oleh dua orang saja.

Dua pemain tersebut akan berhompimpah untuk menentukan giliran mereka. Tujuan dari permainan ini adalah mengisi lubang besar di sebelah kanan masing-masing pemain dengan siput sebanyak-banyaknya. Pemain yang pertama diijinkan untuk memilih salah satu dari tujuh lubang berisi siput. Kemudian ia harus mengisi lubang-lubang berikutnya dengan siput tersebut masing-masing satu siput. Pengisian lubang itu dilakukan berputar dari kiri ke kanan atau berlawanan dengan arah jarum jam.

Jika sampai di lubang besar, pemain boleh memilih untuk mengisi atau melewatinya. Pemain boleh mengambil siput-siput di lubang milik lawan jika siput terakhir di tangannya jatuh di lubang lawan yang berisi siput. Tetapi jika siput terakhir jatuh di lubang yang kosong, maka pemain kedua boleh mulai bermain. Saat giliran berubah, pemain hanya diperbolehkan untuk mengambil siput yang ada di baris bagiannya saja.

Jika semua siput telah habis dimasukkan pada lubang besar, berarti permainan selesai. Setiap pemain menghitung jumlah siput yang ada di lubang besar miliknya dan dapat menentukan siapa pemenangnya.

Pertanyaan Bacaan

1. Dari apa saja anak Indonesia membuat mainan?
2. Berapa lubang yang harus dibuat pada papan congklak?
3. Apa yang harus diisi pada lubang tersebut?
4. Bagaimana pemain pertama memulai permainan ini?
5. Bagaimana cara menentukan pemenang permainan ini?
6. Apa beda cara hompimpah di Indonesia dan di Korea?
7. Sebutkan permainan tradisional Korea yang masih digemari sampai sekarang!

6. Sejarah Indonesia (I)

Di Indonesia ada 5 agama utama yang diakui menurut UUD '45. Yaitu agama Hindu, Buddha, Islam, Kristen, dan Katolik. Sejarah Indonesia berhubungan dengan agama-agama ini. Jika kita mempelajari bagaimana agama-agama ini masuk ke Indonesia, maka kita akan lebih mudah mengenal Indonesia.

Sebelum ada pengaruh dari luar, orang di Nusantara mempunyai kepercayaan tradisional. Agama Hindu masuk sekitar abad 2 sampai 5 Masehi. Ada beberapa hipotesis tentang cara agama ini masuk.

1. Hipotesis Brahmana, menyatakan bahwa kaum Brahmana membawa agama ini ke Nusantara. Pada masa itu raja Nusantara mengundang kaum Brahmana untuk melakukan upacara keagamaan dan mengajar ilmu pengetahuan.

2. Hipotesis Ksatria, menyatakan bahwa kaum Ksatria yang kalah dan jenuh berperang di negerinya datang ke Nusantara dan menyebarkan agama Hindu.

3. Hipotesis Waisya, menyatakan bahwa kaum Waisya (pedagang) adalah penyebar budaya Hindu ke Nusantara.

4. Hipotesis Arus Balik, menyatakan bahwa penyebar agama Hindu adalah masyarakat Nusantara sendiri yang pernah belajar ke India.

Agama Buddha masuk sekitar abad ke 7 Masehi. Ini diketahui dari peninggalan Kerajaan Sriwijaya. Kerajaan Sriwijaya adalah pusat agama Buddha pada masa lampau. Kerajaan-kerajaan Hindu-Buddha yang pernah berdiri di Nusantara antara lain adalah:

1. Kerajaan Kutai, di sekitar tepi Sungai Mahakam, Kalimantan Timur. Kerajaan ini berdiri sekitar awal abad 5 Masehi.

2. Kerajaan Tarumanegara, di Banten, Jawa Barat. Kerajaan ini

berdiri sekitar tahun 450 Masehi.

3. Kerajaan Sriwijaya, di Jambi dan Palembang, Sumatera Selatan. Kerajaan ini berdiri sekitar abad 7 Masehi.

4. Kerajaan Mataram, di Magelang, Jawa Tengah. Kerajaan ini berdiri sekitar tahun 732 Masehi.

5. Kerajaan Kediri, di Kediri, Jawa Timur. Kerajaan ini berdiri dari tahun 1042 sampai 1222.

6. Kerajaan Singasari, di Singosari Malang, Jawa Timur. Kerajaan ini berdiri dari tahun 1222 sampai tahun 1292.

7. Kerajaan Majapahit, di Trowulan Mojokerto, Jawa Timur. Kerajaan ini berdiri tahun 1293 sampai tahun 1518.

Pertanyaan Bacaan

1. Jelaskan mengenai Hipotesis Ksatria!
2. Jelaskan mengenai Hipotesis Waisya!
3. Jelaskan mengenai Hipotesis Arus Balik!
4. Gambarlah letak kerajaan Hindu-Buddha di peta ini!

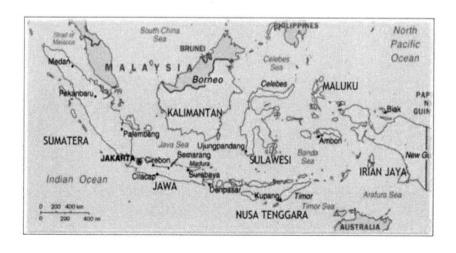

7. Teka-teki Silang

Isilah bagian kosong pada kotak di bawah ini!

Mendatar:
1. Rajanya Buah
2. Gaji
3. Mampu
4. Cemburu
5. Panggilan
6. Bagian atas rumah
7. Alat penunjuk mata angin
8. Hasil

Menurun:
9. Usia
10. Nama lain Indonesia
11. Kata penunjuk selain 'itu'
12. Lambang negara Indonesia
13. Ayah dari ibu

8. Dramatisasi dan Diskusi

Dramatisasi

- Anda menginap di sebuah hotel waktu berwisata. Ketika Anda sedang keramas, tiba-tiba air mati. Anda mau menelepon lobi, tetapi ternyata telepon juga putus. Hubungilah petugas hotel.
- Anda dan teman sedang berbelanja di Jakarta. Sewaktu asyik belanja, Anda baru sadar teman Anda hilang. Yang menjadi masalah, teman itu tidak bisa berbahasa Indonesia. Anda menghubungi petugas untuk mencari teman itu.
- Waktu Anda dan teman berbelanja, tidak sengaja Anda menemukan sebuah dompet berisi uang sepuluh juta rupiah. Kebetulan di dalamnya tidak ada tanda pengenal. Anda memberitahu teman Anda tentang dompet itu.

Mari saling mengenal!

1. Apakah Anda termasuk orang yang hemat?
2. Kapan dan ke mana terakhir Anda berlibur dengan keluarga?
3. Pernahkah Anda terkunci di luar rumah?
4. Jika di perpustakaan yang tenang, ada orang yang ribut, bagaimana tindakan Anda?
5. Apa mimpi seram yang Anda ingat sampai sekarang?
6. Binatang apa yang dianggap sakti atau keramat di negara Anda?
7. Bagaimana jika Anda bertemu orang asing yang bahasanya tidak Anda kenal?
8. Apa hobi yang Anda punya sejak kecil sampai sekarang?
9. Apa kebiasaan buruk yang ingin Anda hilangkan?
10. Peristiwa apa yang membuat Anda merasa sudah menjadi dewasa?

Unit 9 – Pergi Ke Pesta

1. Lagu Nasional Tanah Airku

♫ ♫ ♫ ♫

Karya Ibu Sud

Tanah airku tidak ku lupakan
'Kan terkenang selama hidupku
Biarpun saya pergi jauh
Tidak 'kan hilang dari kalbu
Tanahku yang ku cintai
Engkau ku hargai

Walaupun banyak neg'ri ku jalani
Yang masyur permai dikata orang
Tetapi kampung dan rumahku
Disanalah ku rasa senang
Tanahku tak ku lupakan
Engkau ku banggakan

2. Pesta Ulang Tahun Sora

Linda   : Eh... elo ini dibilangin ga percaya amat sih! Jaim dikit napa!

Sora   : Ya ampun, Lin! Buat apa sih ke salon segala. Kan cuma pesta ultah doang! Ribet amat sih?

Linda   : Elo tuh beruntung, tahu? Mana ada teman yang ramah dan baik hati serta sabar seperti gue. Biar bete gue tuh cuma mau bikin elo modis!

Sora   : Iya, makasih. Tapi salon kan mahal. Mending duitnya buat makan-makan. Gue ogah ke salon. Boros!

Linda   : Wah... Gak heran lu masih jomblo. Cewek itu kudu modis, baru bisa dapet gandengan.

Sora   : Ih! Itu kan teori elo. Kayak ABG aja.

Linda   : Ah... udahlah... Daripada berisik mending lu ikut gue. Gue yakin, suatu hari lu bakal terima kasih ke gue. Apalagi kalo dapet cowok macho en tajir.

Sora   : Duh... lu tuh asbun banget deh. Awas kalo salonnya mahal! Bisa koit gue disemprot bonyok. Eit... tunggu dulu... jangan-jangan lu mau imbalan ya.... minta gue telpon Kak Juno?

Linda   : Idih! Jayus aja nih anak! Emang gue iseng-iseng bikin lu kece? Tega lu sama temen. (Cemberut)

Sora   : Cie... marah ni ye~~ Iya deh... sori. Gue cuma bercanda. Jadi nanti sore kita ke salonnya. Ntar gue SMS ya~

Dapatkah Anda merubah percakapan ini dalam bahasa Indonesia yang baik?

3. Di Pesta Pernikahan

Keluarga Bu Shim dan Pak Iwan berjanji untuk menghadiri pesta pernikahan Lusi. Supir Bu Shim sudah siap di depan rumah dengan mobil besar.

Shim   : Mari, Pak. Kita berangkat. Silakan naik.

Iwan   : Ya. Ayo, anak-anak. Naik di belakang. (Semua naik mobil).

Shim   : Akhirnya Lusi yang ramah itu menikah, ya Pak.

Iwan   : Ya. Saya tidak tahu bahwa dia belum menikah. Dia kelihatan lebih dewasa dari umurnya.

Shim   : Mungkin karena dia anak sulung. Saya dengar dia dari keluarga besar. Adiknya yang paling bungsu masih SMP.

Iwan   : Ibu tahu siapa pengantin laki-lakinya?

Shim   : Katanya teman sekantornya. Saya kurang jelas juga.

Iwan   : Saya juga mendengar begitu. Oh, kita sudah sampai!

Shim   : Oh! Itu Lusi. Mari kita ke sana! (Berjalan ke arah Lusi).
            Halo Lusi! Kamu cantik sekali hari ini. Selamat menempuh hidup baru, ya. Semoga langgeng dan bahagia.

Dapatkah Anda menduga siapa mempelai pria di pernikahan ini?!

_____

_____

_____

_____

_____

_____

4. Pesta Ulang Tahun

Minggu depan Sora berulang tahun ke dua puluh satu. Ulang tahun kali ini termasuk istimewa bagi Sora, karena ia lahir pada tahun kabisat. Kedua orang tuanyapun tidak ingin melewatkan hari ulang tahun Sora begitu saja.

Mereka memberi kebebasan bagi Sora. Sora diizinkan memilih di mana dan bagaimana ia akan merayakan ulang tahunnya. Sora memilih untuk merayakan ulang tahunnya di rumah. Ia lalu sibuk mengirim SMS kepada teman-temannya.

"Halo tmn2! Mg dpn, gw ultah nih! Crtnya mo dirayain di rmh. Hr Sbt dpn jam 6 sore. Bw kado ya!"

Belum sampai satu menit SMS terkirim, datanglah ucapan selamat dari teman-teman Sora.

"Slmt ultah, Sor! Tmbh tua aza nih! Smg pjg umur en mkn kece ya!"

"Emang lu mo kado apa? Blg aja! Gw beliin deh! ;) Slmt, ya!"

"Ultah nih crtnya? =-) Moga cpt dpt jodoh ya! Gw sih pasti dtg!."

"Qt dah siapin hdh khs buat lu. Salam jg dr Weni, Siska, dan Upik!"

Dari jauh terdengar suara nyanyian dan tepukan di rumah Sora. Suasana di rumah Sora terasa meriah. Sora meniup lilin di atas kue ulang tahunnya. Ia merasa gembira hari itu.

Ibu Sora sudah menyediakan berbagai hidangan dan penganan untuk pesta itu. Semua orang makan dengan lahap sambil berceloteh dan tertawa. Teman-teman Sora memberi hadiah mereka kepada Sora. Dari Suci, Sora mendapat agenda, dari Luki dan Irwan ia mendapat USB mungil, dari Weni, Siska, Upik, dan Ana, ia mendapat sebuah jam tangan. Orang tuanya menghadiahkan sebuah kamera digital idamannya. Sungguh, Sora merasa sangat berbahagia hari itu.

Pertanyaan Bacaan

1. Apa perbedaan tahun kabisat dengan tahun-tahun yang lain?
2. Di mana orang Korea merayakan ulang tahun mereka?
3. Apa saja hadiah yang tepat untuk seorang mahasiswa/ karyawan?
4. Apa saja makanan istimewa untuk ulang tahun?
5. Bagaimana cara menyingkat pesan berikut ini?

   "Penting! Bagi Anda yang akan ikut latihan menari pada hari Sabtu minggu depan diharapkan mengenakan pakaian olahraga. Jangan lupa membawa uang iuran untuk bulan ini. Informasi lebih lanjut hubungi Noni di 0815-1125-5008."

6. Bagaimana cara menyingkat pesan berikut ini?

   "Kak Juno. Selamat malam. Sudah tidur belum? Sekedar mau kasih tahu saja, sebenarnya yang tadi aku mau sampaikan adalah bahwa Linda sudah lama menaruh hati sama Kak Juno. Selama ini ku lihat Kak Juno juga suka sama Linda, kan? Coba deh Kak Juno telpon ke Linda, kalau canggung lewat SMS juga boleh. Semoga berhasil!"

5. Surat Sora

Sora mempunyai seorang teman dari Amerika bernama Margie. Dia berkenalan dengan Margie dalam kursus bahasa Indonesia di Bandung. Sekarang Margie sudah pulang ke Amerika, jadi Sora menulis e-mail untuk temannya itu.

Margie yang baik,

Bagaimana kabarmu? Aku doakan agar kamu dan keluarga sehat-sehat saja.

Kemarin aku mendapat tugas baru dalam semester ini. Kami diberi tugas oleh dosen untuk mencari informasi tentang budaya kuliner di Indonesia. Jadi, sembari mencari informasi di internet, aku menyempatkan diri untuk menulis e-mail kepadamu.

Bagaimana dengan kesibukanmu? Kamu tahu, aku masih sering makan mi ayam bakso di Bakmi Gajah Mada. Aku yakin kamu tidak bisa melupakan kenikmatan bakso di warung itu. Sayang, di Amerika tidak ada orang menjual bakso. Kadang-kadang aku juga pergi ke Es Teler 77 dan Sate Tomang bersama teman-temanku.

Salam hangatku untuk keluargamu. Semoga ada kesempatan bagi kita untuk bertemu lagi. Oh ya, katanya kamu akan datang dalam liburan yang akan datang. Apakah kamu jadi datang? Kalau jadi, kamu bisa menginap di rumahku. Aku akan perkenalkan kamu pada teman akrabku, Linda. Dia sangat baik dan konyol.

Sampai di sini dulu, ya!

Salam manis,

Sora Lee

Balaslah surat Sora di atas!

6. Sejarah Indonesia (II)

Agama Islam disebarkan pertama kali oleh Muhammad. Agama ini masuk ke Nusantara melalui pedagang-pedagang. Mereka melakukan kontak dagang melalui jalan darat dan laut. Agama Islam tersebar di Nusantara melalui jalur perdagangan, perkawinan, pendidikan agama, dan kesenian berunsur Islam.

Agama Islam diperkirakan masuk sekitar abad ke 13 dengan munculnya kerajaan Samudera Pasai di Sumatera. Di Pulau Jawa, diperkirakan mulai berkembang pada abad 11 Masehi. Ini diketahui dari nisan Fatimah binti Maimun.

Agama Islam berkembang pada abad ke 14 Masehi di Maluku, abad ke 15 Masehi di Sulawesi terutama di bagian selatan, dan abad ke 16 di Kalimantan. Abad ke 16 dan 17 adalah puncak keemasan penyebaran agama Islam. Agama Islam mudah diterima oleh kaum pribumi karena alasan sebagai berikut:

1. Disebarkan dengan jalan damai tanpa paksaan.
2. Tidak mengenal sistem kasta.
3. Upacara ritualnya sederhana.
4. Syarat menjadi Islam amat mudah.
5. Agama Islam menyesuaikan diri dengan kondisi sosial budaya setempat.

Kerajaan-kerajaan yang pernah berdiri di Nusantara antara lain:

1. Kesultanan Samudera Pasai di Aceh Utara, tahun 1267-1521.
2. Kesultanan Demak di Jawa Tengah, tahun 1478-1568.
3. Kesultanan Pajang di Jawa Tengah, tahun 1568-1586.
4. Kesultanan Mataram di Surabaya Jawa Timur, tahun 1586-1601.
5. Kesultanan Cirebon di Jawa Barat, tahun 1552-1570.
6. Kesultanan Banten di Jawa Barat, tahun 1525-1579.

7. Kesultanan Makkasar di Sulawesi Selatan, abad 15.

8. Kesultanan Ternate dan Tidore di Maluku, abad 14.

Peninggalan agama Islam yang ada sampai sekarang adalah mesjid, keraton, batu nisan, kaligrafi, dan karya sastra Islam. Hari raya umat Islam adalah Idul Fitri atau Lebaran (pada tanggal 1 Syawal, yakni setelah bulan Ramadhan) dan Idul Adha atau Hari Raya Korban (pada tanggal 10 Dzulhijjah).

Pertanyaan Bacaan

1. Siapa yang menyebarkan agama Islam?
2. Bagaimana agama Islam mulai masuk ke Nusantara?
3. Bagaimana agama Islam berkembang di Indonesia?
4. Kapan dan di mana agama Islam diperkirakan masuk pertama kali?
5. Kapan dan apa bukti masuknya Islam di tanah Jawa?
6. Mengapa agama Islam mudah diterima oleh kaum pribumi?
7. Apa saja hari raya umat Islam?
8. Gambarlah letak kesultanan Islam pada peta di bawah ini!

7. Humor Pendek

Ada bebek 10, di kali 2 jadi berapa?
Delapan, soalnya yang 2 sedang main di kali, kan?

Binatang apa yang bersaudara?
Katak beradik.

Binatang apa yang namanya 2 huruf?
U dan g.

Kenapa ayam kalau berkokok merem?
Karena dia sudah hafal teksnya.

Kera apa yang membuat heboh dan repot?
KERAcunan makanan.

Apa beda semut dengan orang?
Orang bisa kesemutan, tapi semut tidak bisa keorangan.

Ada 5 ekor burung bertengger di pohon. Ditembak satu, sisa berapa?
Tidak ada. Soalnya yang satu mati ditembak, yang lain kabur karena kaget.

Apa bukti suami atau istri yang baik?
Suami yang baik, selalu minta PENDAPAT istrinya.
Istri yang baik, selalu minta PENDAPATAN suaminya.

8. Dramatisasi dan Diskusi

Dramatisasi

-   Seorang teman Indonesia Anda dirawat di rumah sakit selama 2 minggu penuh. Ia akan berulang tahun minggu depan. Rencanakanlah pesta ulang tahun kecil-kecilan untuk menghibur teman tersebut bersama teman Anda.
-   Ada seorang teman yang tinggal di dekat rumah Anda. Ia tidak menyadari bahwa dia selalu mengganggu Anda. Akhirnya dia akan pindah rumah. Diam-diam, Anda merasa lega karena merasa tidak perlu sering bertemu dia lagi. Tetapi teman itu merasa sangat sedih, dan berpikir untuk tidak pindah rumah.
-   Seorang teman Indonesia Anda bertanya tentang humor/cerita rakyat Korea. Ceritakanlah secara singkat cerita yang Anda ketahui.

Mari saling mengenal!

1. Pernahkah Anda mendapat rejeki tak terduga?
2. Jika Anda menemukan lampu ajaib, apa 3 permintaan Anda?
3. Apa mainan favorit Anda di masa kecil?
4. Kapan Anda merasa disayangi oleh orang tua di masa kecil?
5. Apa nasihat orang tua yang selalu Anda ingat?
6. Apa bahan pembicaraan yang dianggap tabu di negara Anda?
7. Jika akan berlibur selama 4 hari 3 malam, apa yang biasanya Anda bawa?
8. Apakah Anda akan meminjamkan HP pada seorang asing?
9. Apa yang membuat Anda bersyukur hari ini?
10. Apakah Anda masih ingat keadaan Anda 10 tahun yang lalu?

Unit 10 - Perpisahan

1. Lagu Nasional Berkibarlah Benderaku

(Karya Ibu Sud)

♫ ♫ ♫ ♫

Berkibarlah benderaku lambang suci gagah perwira

Di seluruh pantai Indonesia kau tetap pujaan bangsa

Siapa berani menurunkan engkau, serentak rakyatmu membela

Sang Merah Putih yang perwira berkibarlah s'lama-lamanya

Kami rakyat Indonesia bersedia setiap masa

Mencurahkan segenap tenaga supaya kau tetap cemerlang

Tak goyang jiwaku melawan rintangan, tak gentar rakyatmu berkorban

Sang Merah Putih yang perwira berkibarlah s'lama-lamanya

2. Teman Sora, Margie

Sora   : Liat, Lin. Ini foto gue sama Margie. Teman gue dari Amerika.

Linda : Oh... ini. Imut juga orangnya. Tapi, lebih imut gue, kan?

Sora   : PD bener lu! Si Margie ini sempet hampir semaput ngeliat cicak. Dia pikir cicak bahaya. Sampe kasihan sama dia waktu itu. Abis dia pucet banget.

Linda : Ya ampun. Kesian amir. Tapi ember sih. Cicak kan masih saudaranya buaya. Nggak heran kalo dia kaget.

Sora   : Haha... cicak saudara buaya? Ada-ada aja.

Linda : Eh... ngomong-ngomong gimana rencana liburan kita?

Sora   : Oh iya. Hampir lupa. Bagaimana kalau nangkring aja di rumah selama liburan?

Linda : Wah... nggak nyangka temen gue tipe katak dalam tempurung. Kalo nggak sekarang, kapan lagi kita bisa jalan-jalan.

Sora   : Terserahlah. Gue ikutin elo aja. Eh... mau nggak ngajakin Kak Juno en the genk?

Linda : Wah! Boleh juga tuh! Pinter juga lu ya. Bawa senior, berarti uang keluar juga berkurang. Gue pikir lu lemot.

Ceritakanlah kembali percakapan di atas dengan kalimat Anda.

_____

_____

_____

_____

3. Mempersiapkan Sambutan

Sora : Pak Iwan, saya sedang mempersiapkan kata sambutan buat acara penutupan semester minggu depan. Tapi saya tidak yakin apakah isinya baik. Saya mau nasihat dari Bapak. Apakah Bapak bisa membantu saya?

Iwan : Oh... tentu saja. Oke. Coba baca naskah sambutanmu.

Sora : Ya, Pak. Yang terhormat Bapak dan Ibu Dosen, serta seluruh rekan-rekan sejurusan yang saya cintai. Pada malam ini, kita berbahagia karena dapat berkumpul bersama untuk mengenang kembali semester yang baru saja kita lalui.

Walaupun kegiatan kita di kampus sangat padat, apalagi mengingat minggu ini ada ujian akhir semester, namun kita boleh berpuas diri karena bisa menyempatkan diri untuk mempersiapkan acara pada malam hari ini.

Mewakili seluruh rekan mahasiswa, tak lupa saya menghaturkan terima kasih kami kepada Bapak dan Ibu Dosen yang telah berjerih lelah sepanjang semester membimbing kami. Acara malam ini merupakan puncak dari semester genap di tahun ini. Saya percaya acara ini akan memberikan kenangan manis buat kita semua.

Akhir kata, saya ucapkan selamat menikmati acara malam ini, dan semoga kita semua sukses mengakhiri semester ini. Sekian dan terima kasih.

Iwan : Hm! Saya rasa sudah bagus. Coba berlatih tanpa membaca teks.

Sora : Baik, Pak. Terima kasih.

4. Durian

Pernahkah Anda makan buah durian? Buah berduri ini banyak di daerah Asia Tenggara. Buah ini begitu istimewa sehingga disebut sebagai Rajanya Buah. Apa sebenarnya yang istimewa dari buah ini?

Yang paling utama dari buah ini adalah baunya yang sangat khas. Orang yang pertama kali makan buah ini akan merasakan bau buah durian yang kuat ini. Tetapi justru bau inilah yang menentukan enak tidaknya buah durian itu.

Untuk mengurangi bau durian dari mobil atau rumah, kita bisa memakai ampas kopi. Dan untuk mengurangi bau dari tangan dan mulut, kita bisa memakai kulit durian tadi. Pada bagian cekung di kulit durian itu diisi air. Kemudian air itu digunakan untuk mencuci tangan dan berkumur. Maka bau kuat itu bisa berkurang.

Orang Indonesia pada umumnya sangat menyukai buah durian. Mereka membuat berbagai penganan dari buah durian, seperti dodol, permen, es buah durian, dan kue durian.

Ada satu pepatah terkenal di Indonesia, "mendapat durian runtuh". Artinya adalah mendapatkan keuntungan atau rejeki. Mengapa demikian? Karena durian yang paling enak dan segar adalah buah yang matang di pohon dan jatuh ke tanah setelah ranum. Nah, jika Anda ke Indonesia, jangan lupa coba makan buah durian!

Pertanyaan Bacaan

1. Jelaskan tentang nama buah 'Durian'!
2. Apa yang istimewa dari buah durian?
3. Bagaimana cara mengurangi bau durian dari mobil atau rumah?
4. Bagaimana cara mengurangi bau durian setelah memakannya?
5. Apa saja penganan yang terbuat dari durian?
6. Apa arti pepatah "Seperti mendapat durian runtuh"?

5. Cicak

Ini cerita temanku Margie ketika dia berlibur di rumahku. Begitu tiba, dia langsung mandi dan beristirahat di kamar yang disediakan untuknya. Karena kelelahan akibat perjalanan panjang dari Boston ke Jakarta, ia terlelap begitu mencium bantal.

Mungkin baru tiga puluh menit dia tertidur, ketika dia mendengar suara "Cek...cek..cek...". Ia terkejut. Dipasangnya telinganya baik-baik. Suara itu terdengar dari arah dinding. Dilihatnya dinding. Di sana tidak ada apa-apa. "Cek...cek...cek...". Kali ini dari langit-langit kamarnya. Ketika dia melihat ke langit-langit, ia terperanjat! Ada seekor reptil yang melekat di sana.

"Sora!!!" jeritnya. Aku tergopoh-gopoh mendatangi kamar Margie. "Ada apa?!" seruku. "Lihat! Ada kadal di kamar ini!!" lapor Margie. Aku melihat ke langit-langit. Lalu dengan tersenyum, aku menenangkan Margie.

"Margie, itu bukan kadal. Itu cicak."

"Bukan kadal? Cicak? Tapi itu reptil. Dia bisa gigit manusia?"

"Oh, tidak sama sekali. Cicak hanya memakan serangga kecil saja. Biasanya dia makan semut atau nyamuk. Tidak ada cerita cicak menggigit manusia."

"Tapi kelihatannya dia berbahaya."

"Apakah di Amerika tidak ada cicak?"

"Tidak ada. Binatang kecil yang melata seperti itu hanya kadal."

"Oh begitu. Cicak itu sahabat manusia. Oh ya, jika cicak merasa berada dalam bahaya, ia akan meninggalkan ekornya, lho!"

"Hah? Jadi dia putuskan ekornya?"

"Ya, itu untuk mengecoh musuhnya supaya ia dapat melarikan diri."

"Wah, pintar juga ya!"

"Ya... begitu istimewanya cicak, sampai-sampai ada lagu anak-anak tentang cicak."

"Oh ya? Bagaimana lagunya?"

"Cicak, cicak di dinding. Diam-diam merayap. Datang seekor nyamuk. Hap! Lalu ditangkap."

Sejak kejadian itu, Margie tidak lagi takut pada cicak maupun suaranya. Malahan setiap sore, dia jadi hobi memperhatikan bagaimana cicak menangkap nyamuk.

Pertanyaan Bacaan

1. Dari mana Margie datang?
2. Apa yang membuat Margie terbangun?
3. Mengapa Margie terkejut melihat cicak?
4. Apakah cicak binatang berbahaya?
5. Bagaimana cicak melarikan diri dari pemangsanya?
6. Bagaimana cicak menangkap nyamuk?
7. Sebutkan nama reptil lain yang Anda ketahui!

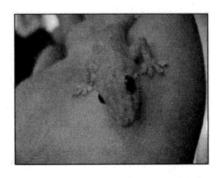

6. Sejarah Indonesia (III)

Agama Kristen dan Katolik diawali oleh Yesus. Hari raya umat Kristen Katolik adalah Natal -yaitu hari kelahiran Yesus- dan Paskah yaitu -hari kebangkitan Yesus-. Agama ini dibawa masuk ke Indonesia oleh bangsa Eropa. Bangsa Portugis dan Spanyol. Tujuan mereka mendatangi Indonesia adalah:

a. Gold, mencari emas atau kekayaan.

b. Glory, mencari keharuman nama, kejayaan, dan kekuasaan.

c. Gospel, tugas suci menyebarkan agama Katolik.

Pada tahun 1511, Portugis pertama kali mencapai Ternate Maluku, yang kaya akan rempah-rempah. Pada saat itu, Spanyol bersekutu dengan Tidore. Setelah terjadi perang, di antara dua bangsa itu muncul Perjanjian Saragosa. Perjanjian ini membuat Spanyol bergerak ke Filipina dan Portugis menguasai Maluku.

Belanda masuk ke Indonesia pada tahun 1596. Kapal Belanda mendarat di Pelabuhan Banten, Jawa Barat. Peran Portugis merosot sejak abad ke 17 sehingga kekuasaan diambil alih oleh Belanda. Mereka menyebarkan agama Kristen Protestan. Wilayah kekuasaan Belanda pada masa itu meliputi Ambon pada tahun 1605 dan Jayakarta (atau Batavia) pada tahun 1619. Hampir keseluruhan Pulau Jawa, Selat Sunda, Selat Malaka, Sulawesi Selatan, Aceh, hingga Irian Jaya menjadi daerah kekuasaan Belanda.

Sejak tanggal 17 September 1811, Indonesia diambil alih oleh Inggris. Saat Perang Koalisi (1813-1814) berakhir, hubungan Belanda dan Inggris membaik. Melalui Perjanjian London pada tanggal 19 Agustus 1816, Indonesia kembali ke tangan Belanda.

Belanda mulai goyah ketika Jepang masuk ke Nusantara pada bulan

Maret 1942. Indonesia sendiri juga memulai gerakan nasional sejak tahun 1905, namun tidak berhasil. Kedatangan Jepang ini mendorong Indonesia untuk merdeka. Sehingga pada tanggal 17 Agustus 1945, ketika Hiroshima dan Nagasaki dibom oleh Amerika Serikat, Indonesia akhirnya merdeka.

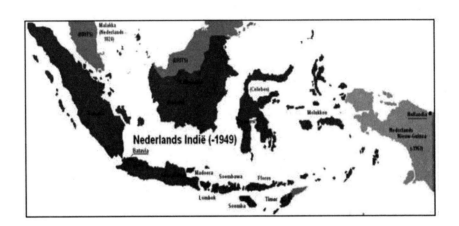

Pertanyaan Bacaan

1. Apa tujuan bangsa Eropa mendatangi Indonesia?
2. Mengapa Portugis mendatangi Maluku?
3. Apa akibat dari Perjanjian Saragosa?
4. Sebutkan wilayah kekuasaan Belanda!
5. Apa akibat dari Perjanjian London?
6. Apa pengaruh Jepang terhadap Indonesia?
7. Kapan dan bagaimana Indonesia merdeka?

7. Humor Indonesia

Cerita Satu

Pada suatu malam sepasang suami istri sedang tidur nyenyak. Tiba-tiba ada suara keras. Kemudian pintu kamar tidur mereka dibuka dengan kuat. Seorang perampok lelaki berwajah jahat membawa senjata tajam berjalan ke arah si istri.

Perampok: "Sebelum kamu mati kubunuh, sebutkan namamu!"

Istri : "Na... na... nama sa... saya... Aisyah"

Perampok: "Aisyah? Itu nama ibuku. Aku tidak bisa membunuhmu."

Lalu dia pergi kepada si suami dan berkata...

Perampok: "Siapa namamu! Aku mau tahu nama setiap orang yang menjadi korbanku."

Suami : "Namaku Irwan... tapi... semua orang me... memanggilku Aisyah..."

Cerita Dua

Memed yang sudah satu minggu menderita insomnia pergi ke dokter spesialis.

Memed: Dokter, saya mempunyai masalah besar. Setiap kali hendak tidur, saya selalu merasa ada orang di bawah tempat tidur saya. Sebaliknya bila saya tidur di bawah tempat tidur, saya merasa ada orang di atas. Saya seperti gila rasanya

Dokter: Jangan takut. Dalam waktu dua tahun, Anda pasti sembuh. Datanglah tiga kali seminggu.

Memed: Berapa biaya untuk sekali pertemuan?

Dokter : Tidak mahal..hanya Rp. 500.000,- saja. Luar biasa, kan?

Enam bulan kemudian, dokter berpapasan dengan Memed di pasar.

Dokter : Kenapa Anda tidak datang ke klinik saya?

Memed: Masalah saya sudah selesai. Tukang sayur di seberang jalan itu mengobati saya dalam satu hari.

Dokter : Oh ya? Dalam satu hari? Bagaimana bisa?

Memed: Dia suruh saya memotong kaki tempat tidur saya....

Cerita Tiga

Sebuah kereta api jurusan Surabaya sedang bersiap berangkat dari Stasiun Gambir. Ketika kereta mulai berjalan, tiba-tiba ada 3 orang lelaki berlari kencang mengejar kereta api itu. Namun karena kereta berjalan semakin cepat, hanya 2 orang berhasil naik kereta api itu. Sementara seorang lagi tertinggal. Anehnya, orang yang tertinggal itu tertawa keras. Ia terpingkal-pingkal sampai jatuh duduk di rel kereta api.

Petugas stasiun yang dari tadi melihat kejadian itu mendekati si lelaki dan bertanya. "Mas, ketinggalan kereta kok ketawa?". Orang itu mencoba menenangkan diri. Dan sambil tertawa dia menjawab "Bukan begitu. Sebenarnya yang harus ke Surabaya itu saya. Dua orang itu teman saya yang cuma mengantar saya ke stasiun".

8. Dramatisasi dan Diskusi

Dramatisasi

- Teman Anda baru memotong dan mengeriting rambutnya dengan gaya terbaru. Ia sangat puas dengan model rambutnya. Tetapi menurut Anda gaya rambut itu sangat tidak cocok padanya. Teman Anda memaksa Anda memberi komentar.
- Anda akan tinggal bersama teman Anda di rumah sewa. Teman Anda ingin membawa binatang peliharaannya. Anda setuju. Ternyata teman Anda memelihara binatang yang tidak umum (monyet, ular, atau anak kambing).
- Teman Anda jatuh cinta pada seseorang. Karena Anda kenal dengan orang itu, teman Anda meminta tolong untuk diperkenalkan. Tetapi menurut Anda, orang itu sangat tidak cocok dengan teman Anda. Anda merasa sayang jika teman Anda jadi dengan orang itu.

Mari saling mengenal!

1. Sifat apa dari orang tua yang menurun ke Anda?
2. Binatang apa yang biasanya menjadi teladan manusia?
3. Menurut Anda, siapa pahlawan besar di negeri Anda?
4. Apa tindakan Anda andai menjadi manusia tembus pandang?
5. Apa cara paling tepat untuk mendidik anak bandel?
6. Apa mesin canggih yang perlu muncul di masa depan?
7. Apa keuntungan dan kerugian dari internet?
8. Apa keuntungan dan kerugian dari makanan instan?
9. Apa keuntungan dan kerugian dari uang kertas dan uang logam?
10. Apa keuntungan dan kerugian dari kartu debit atau kartu kredit?

Bagian B :

Membaca Dan Menulis

Unit 1

Kalimat Sederhana

Mari kita pelajari kata ganti orang dalam bahasa Indonesia.

인도네시아어의 인칭대명사를 살펴보자.

Bentuk	Orang 1	Orang 2	Orang 3
Tunggal	aku saya	kamu kau engkau Anda	dia / ia beliau
Jamak	kami kita	kamu semua kalian Anda semua Anda sekalian	mereka

Jika kata ganti orang berada di belakang nomina, maka akan membentuk pola kepemilikan.

인칭대명사가 명사 뒤를 따를 경우, 소유격으로 변하게 된다

Nomina	Pronomina	Bentuk akhir
rumah	aku	*rumahku
rumah	saya	rumah saya
rumah	kami	rumah kami
rumah	kita	rumah kita
rumah	kamu	*rumahmu
rumah	Anda	rumah Anda
rumah	kalian	rumah kalian
rumah	dia / ia	*rumahnya
rumah	beliau	rumah beliau
rumah	mereka	rumah mereka

Berikut ini adalah pola kalimat dalam bahasa Indonesia.
다음은 인도네시아어의 문장 패턴이다.

1. Pola Kalimat S+P

a. Subjek + Predikat (Nomina)

Subjek	Nomina	Bentuk akhir
dia	mahasiswa	Dia mahasiswa. 그는 대학생이다.
mereka	orang Arab	Mereka orang Arab. 그들은 아랍인이다.

b. Subjek + Predikat (Verba)

Subjek	Verba	Bentuk akhir
Yanto	menyanyi	Yanto menyanyi. 얀또는 노래를 부르다.
Anak mereka	lari	Anak mereka lari. 그들의 아이는 뛰었다.

c. Subjek + Predikat (Adjektiva)

Subjek	Adjektiva	Bentuk akhir
Yanto	ganteng	Yanto ganteng. 얀또는 미남이다.
Anak mereka	manis	Anak mereka manis. 그들의 아이는 귀엽다.

d. Subjek + Predikat (Numeralia)

Subjek	Numeralia	Bentuk akhir
Sepedanya	dua	Sepedanya dua. 그의 자전거는 두 개다.
Anak mereka	empat	Anak mereka empat. 그들의 아이는 4(명)이다.

2. Pola Kalimat S+P+O

Subjek + Predikat + Objek

Subjek	Predikat	Objek	Bentuk akhir
Saya	membeli	roti	Saya membeli roti. 나는 빵을 산다.
Yanto	makan	nasi	Yanto makan nasi. 얀또는 밥 먹는다.

3. Pola Kalimat S+P+O+K

Subjek + Predikat + Objek + Keterangan

Subjek	Predikat	Objek	Keterangan
Ida	minum	Coca Cola	di kantin.
Mira	membeli	kue	di toko.
Aku	makan	nasi	sekarang.
Kalian	belajar	bahasa Inggris	kemarin.

Untuk keterangan waktu, bisa digunakan kata-kata seperti: "sekarang, tadi, kemarin, hari ini, besok, tahun depan, minggu lalu, dan sebagainya".

시간적 부사를 넣을 때에는 "지금, (방금) 전에 / 아까, 어제, 오늘, 내일, 내년, 지난 주" 등을 활용할 수 있다.

Untuk keterangan tempat, bisa digunakan kata depan / preposisi seperti: "di, ke, dari". Kata depan "pada" atau "di" juga dapat digunakan di depan keterangan waktu.

장소를 나타내는 부사를 넣을 때에는 전치사 "-에, -로, -에서"를 활용할 수 있다. 전치사 "di" 또는 "pada"는 시간을 나타내는 부사에 붙일 수 있다.

A. Lengkapilah kalimat di bawah ini!

Contoh : _____ guru. (너희는 선생이다.)

Jawab : Kalian guru. (너희는 선생이다.)

1. _____ dosen. (나는 교수다.)

2. _____ orang Korea. (너는 한국인이다.)

3. _____ saudara kami. (그들은 우리의 형제이다.)

4. _____ sahabat Rosi. (당신은 로시의 친구이다.)

5. _____ pramugari. (우리는 (청자 포함) 승무원이다.)

6. _____ direktur. (나의 아버지는 사장이다.)

7. _____ anak Presiden. (그녀는 대통령 자녀이다.)

8. _____ supir taksi. (이 분은 택시 기사이다.)

9. Anto _____ (안토는 대학생이다.)

10. Mereka _____ (그들은 인도네시아인이다.)

11. Sutopo _____ (수또뽀는 그 선생의 아들이다.)

12. Ani _____ (아니는 저 아이의 엄마이다.)

13. Dia _____ (그는 의사이다.)

14. Beliau _____ (그 분은 경찰이다.)

15. Kami _____ (우리는 여자이다.)

16. Anak itu _____ (그 아이는 나의 동생이다.)

17. Gadis itu _____ (저 아가씨는 하디의 친구이다.)

18. Orang itu _____ (저 사람은 신입 사원이다.)

19. Anda sekalian _____ (여러분들은 은행원이다.)

20. Itu _____ (저것은 우리의 대학교이다.)

B. Buatlah kalimat seperti contoh di bawah!

Contoh: (kamu) 너의 자전거는 두 개이다.

       Sepeda kamu dua buah.

1. (Ita) 이따의 동생은 남자다.

       _____

2. (Rusdi) 루스디의 책은 열 개이다.

       _____

3. (Mereka) 그들의 자동차는 새것이다.

       _____

4. (Dia) 그의 컴퓨터는 한 대이다.

       _____

5. (Kakak) 형의 자전거는 여섯 개이다.

       _____

6. (Adik) 동생의 강아지는 귀엽다.

       _____

7. (Irwan) 이르완의 애인은 셋이다.

       _____

8. (Tuti) 뚜띠의 아이는 어리다.

       _____

9. (Bu guru) 선생님은 예쁘시다.

       _____

10. (Santi) 산띠는 부자다.

       _____

C. Susunlah kata-kata berikut ini dalam urutan yang benar!

Contoh: Jurusan Indonesia – mahasiswa – kami

Kami mahasiswa Jurusan Indonesia.

우리는 인도네시아어과 학생들이다.

1. anak – Anto – mereka

2. kampus – itu – Sutopo

3. ayam – lima – saya – anak - ekor

4. kalian – saya - dengan - kakek – bertemu

5. pergi – ibu – pasar – ke

6. orang tua – di – Ita – tinggal - Seoul

7. dari – lulus- Anita - tahun– SMP – ini

8. polisi – maling – menangkap - kemarin – itu

9. dibuka - minggu – itu - lalu- pameran

10. ramah – dan – cantik – itu – baik hati - pelayan

11. di – Susilo – kantor – bekerja

12. ini - Puncak - hari - berangkat - kami- ke

13. nasi - makan – saya - di – goreng – kantin

14. ke – adik – pergi – ini - ? - mana – pagi

15. kembali – dia – Seoul – kemarin – dari

16. April – Kartini - pada– 21 – bulan – lahir – tanggal

17. besar – kami – paling – di – ini – universitas – kota

18. miskin – anak – kumal – baju – itu – memakai

19. bu guru – anaknya – rambutan – untuk – membawa – buah

20. mahasiswa – itu – membuat – dosen – mengantuk – kuliah

D. Isilah dengan preposisi yang tepat: di, ke, dari, atau pada!

Contoh: Saya pergi ___ Indonesia.　-> Saya pergi ke Indonesia.

　　나는 인도네시아로 간다.

1. Kami pergi _____ kantin.
2. Anita belajar _____ kamar.
3. Orang tua Salim pulang _____ Surabaya.
4. _____ mana kamu datang?
5. Adik bermain _____ sungai itu.
6. Pak Kang baru saja datang _____ kantor Pak Kim.
7. Lestari lahir _____ kota ini.
8. Kami akan ujian _____ bulan depan.
9. Siapa berangkat ___ Jakarta besok?
10. Kwang Soo belajar Bahasa Indonesia _____ universitas ini.
11. Yea Jin mendapat mobil ___ hari ulang tahunnya.
12. Soto ayam ___ restoran itu kurang enak.
13. Sebentar lagi, Jae Hyung akan kembali ___ rumahnya.
14. Ibu Lee melahirkan anaknya _____ rumah sakit.
15. Liburan lalu Ratih berlibur _____ Jepang.
16. Tahun lalu, adik saya bekerja _____ toko kecil.
17. Supermarket _____ depan sekolah kami sangat besar.
18. Suhu ____ hari ini 28 derajat Celsius.
19. Kakak membawa batik _____ Wonogiri.
20. Pesawat itu berasal _____ Pulau Batam.
21. Lusi berkunjung ke rumah kakek _____ akhir minggu.
22. Seharian Juno belajar _____ perpustakaan kampus.
23. Ali suka bernyanyi _____ lapangan sepak bola.
24. Polisi menangkap maling itu _____ jam 6 sore kemarin.
25. Semua mahasiswa menunggu _____ dalam ruang itu.

Unit 2

Kalimat Tanya

Berikut ini adalah kata tanya. 다음은 인도네시아어에 의문사이다.

No.	Kata tanya	의문사
1.	Apa	무엇
2.	Apakah	네/아니오를 묻는 것
3.	Siapa	누구
4.	mengapa/kenapa	왜
5.	Berapa	얼마 / 몇
6.	di mana	어디에
7.	ke mana	어디로
8.	dari mana	어디에서
9.	bagaimana	어떻게
10.	Kapan	언제

Kata tanya + <Subjek + Predikat + Objek + Keterangan>

No.	Contoh Kalimat
1.	Apa itu? 그것은 무엇입니까?
2.	Apakah Anda orang Korea? 당신은 한국인입니까?
3.	Siapa nama Anda? 이름이 무엇입니까?
4.	Mengapa Susi pergi ke kampus? 수시는 왜 캠퍼스에 왔습니까?
5.	Berapa rumahmu di Jakarta? 자카르타에 집이 몇개입니까?
6.	Di mana Mira belajar kemarin? 미라는 어제 어디서 공부했습니까?
7.	Ke mana ibu tadi siang? 낮에 엄마는 어디에 갔습니까?

8.	Dari mana anak itu? 그 아이는 어디에서 왔습니까?
9.	Bagaimana dia masuk ke situ? 그는 어떻게 그 곳으로 들어갔습니까?
10.	Kapan Anda pergi ke Bali? 당신은 언제 발리에 갔습니까?

Posisi kata tanya bisa berada di paling depan atau di paling belakang, atau bahkan di tengah kalimat, kecuali kata tanya "apakah". Contoh: Apa itu? = Itu apa?

"apakah" 외에 의문사는 문장 첫 부분 또는 뒷부분, 또는 경우에 따라 문장 중간에 사용해도 된다. 예를 들어: Apa itu? = Itu apa? (그것은 무엇이냐?)

Serba-serbi kata tanya / 의문사의 요모조모

Di belakang kata tanya dapat ditambah akhiran "-kah" yang memiliki arti "sebenarnya -" yang bermaksud menegaskan kata tanya.

의문사 뒤에 "도대체-"라는 강조 의미의 접미사 "-kah"를 추가할 수 있다.

No.	Kata Tanya	Arti	Contoh
1.	apakah	도대체 무엇	Apakah itu?
2.	siapakah	도대체 누구	Siapakah namamu?
3.	mengapakah	도대체 왜	Mengapakah kamu menangis?
4.	berapakah	도대체 얼마/몇개	Berapakah sepatumu?
5.	di manakah	도대체 어디에	Di manakah rumahmu?
6.	ke manakah	도대체 어디로	Ke manakah kamu pergi?
7.	dari manakah	도대체 어디에서	Dari manakah uang ini?
8.	bagaimanakah	도대체 어떻게	Bagaimanakah aku harus pergi?
9.	kapankah	도대체 언제	Kapankah ayah pulang?

Jika di belakang kata tanya ditambah kata "saja", dalam kalimat tanya berarti jawaban yang diinginkan lebih dari satu dan dalam kalimat biasa berarti lingkup pilihannya luas.

의문사 뒤에 "saja"를 추가한 경우, 의문문일 경우 하나 이상의 답을 요구하는 의미가 내포되어 있고 평소문일 경우 선택의 폭이 넓다는 것을 의미한다.

No.	Kata tanya	Arti	Arti
1.	apa saja	무엇들을	Kamu suka warna **apa saja**?
		아무거나	Saya suka makan **apa saja**.
2.	siapa saja	누구 누구가	**Siapa saja** datang hari ini?
		누구든지, 아무나	Buku ini untuk **siapa saja**.
3.	di mana saja	어디 어디에	Keluargamu ada **di mana saja**?
		어디든, 아무데나	Silakan duduk **di mana saja**.
4.	ke mana saja	어디 어디로	Kamu mau **ke mana saja**?
		어디로든	Dia suka pergi **ke mana saja**.
5.	dari mana saja	어디 어디에서	Uang ini **dari mana saja**?
		어디에서든	Kami menerima sumbangan **dari mana saja**.
6.	kapan saja	언제 언제	**Kapan saja** kamu datang di kampus?
		언제든지, 아무때나	**Kapan saja** kamu boleh main ke rumah saya

Jika kata tanya berulang, maka artinya akan menjadi seperti berikut.
의문사를 반복해서 쓸 경우, 다음과 같은 의미로 변하게 된다.

No.	Kata tanya	Arti	Contoh
1.	apa-apa	아무렇지 않다, 괜찮다	Saya **tidak apa-apa**.
		아무 것도	Saya **tidak** makan **apa-apa**.
2.	siapa-siapa	아무도	Saya **bukan siapa-siapa**.
			Di sini **tidak ada siapa-siapa**.
3.	kenapa-kenapa	아무렇지않다	Saya **tidak kenapa-kenapa**.
4.	beberapa	몇 개씩, 일부	Saya membeli **beberapa** buku.
5.	di mana-mana	아무 데도.	Buku itu **tidak ada di mana-mana**.
		어디에든	Buku itu **ada di mana-mana**.
6.	ke mana-mana	아무 데도	Saya **tidak ke mana-mana**
		어디로든	Dia selalu **ke mana-mana** dengan pacarnya.
7.	dari mana-mana	아무에서든	Saya **tidak dari mana-mana**.
		여기 저기서	Orang datang **dari mana-mana**.
8.	kapan-kapan	아무때나, 언젠가	**Kapan-kapan** main ke rumah saya.

Seperti yang terlihat dalam contoh, kata tanya berulang dapat bergabung dengan kata negasi dan juga tidak, sesuai dengan penggunaannya.
위 예문에서 볼 수 있듯이, 반복 의문사는 필요에 따라 부정부사와 결합되기도 한다.

A. Buatlah pertanyaan untuk jawaban (bergaris bawah) berikut ini!

Contoh: _____?

Ini durian.   이것은 *두리안이다.*

Ini apa?   이것은 무엇이냐?

1. _____?

   Ayah Effendi bekerja di kantor swasta.

2. _____?

   Sapi paman Anto empat ekor.

3. _____?

   Itu mobil ibu Ahmad.

4. _____?

   Sudirman berasal dari Korea.

5. _____?

   Sekarang Agus tinggal di kota Busan.

6. _____?

   Rusdi dan Salim makan sate ayam di restoran mahal.

7. _____?

   Paramita dan Linda ke mall siang nanti.

8. _____?

   Besok pagi Winda pulang dari Pulau Jeju.

9. _____?

   Karena hari ini jalan macet sekali.

10. _____?

    Silakan jalan terus, lalu belok kiri di sana.

B. Tulislah jawaban untuk pertanyaan di bawah ini!

Contoh: Apa itu?　　　　　그것은 무엇이냐?

_____

　　Itu durian.　　　　　그것은 두리안이다.

1. Ini pakaian siapa?

_____

　　이것은 아버지의 옷이다.

2. Siapa berayah orang Italia?

_____

　　루디의 아버지가 이탈리아 사람이다.

3. Chandra mempunyai berapa buah kamera?

_____

　　찬드라는 5개의 카메라를 갖고 있다.

4. Kapan adik Anda lulus dari universitas ini?

_____

　　내 동생은 작년에 이 대학교를 졸업했다.

5. Mira pergi ke mana setelah kuliah ini?

_____

　　이 수업 이후에 미라는 극장으로 간다.

6. Agung berolahraga di mana setiap hari?

_____

　　아궁은 매일 집 앞에서 운동한다.

7. Mengapa Yudi kelihatan semangat hari ini?

_____

　　그는 오늘 미라를 만나러 가서 열정적이다.

8. Warna apa yang Anda suka?

_____

　　내가 좋아하는 색은 파랑색이다.

9. Bagaimana cara pergi ke perpustakaan?

_____

직진해서 저쪽 삼거리에서 좌회전하면 됩니다.

10. Apa binatang kesukaan Anda?

_____

내가 좋아하는 동물은 토끼이다.

C. Cobalah terjemahkan kalimat-kalimat berikut ini!

Contoh : 안녕하십니까?

Apa kabar?

1. 우리는 오늘 어디에서 점심을 먹습니까?
2. 우리는 오늘 비싼 식당에서 점심을 먹습니다.
3. 여기에서 그 식당으로 어떻게 갑니까?
4. 여기에서 택시를 타고 갑니다.
5. 할아버지는 오늘 저녁에 어디로 가십니까?
6. 할아버지는 아무 곳에도 가시지 않습니다.
7. 언젠가 우리 집으로 놀러 오세요.
8. 내 동생은 아무도 만나지 않았습니다.
9. 할아버지는 아무 것도 드시지 않았습니다.
10. 우리 삼촌은 아무데나 돈을 둡니다.
11. 당신은 도대체 왜 나에게 계속 질문하십니까?
12. 이 가방의 가격은 도대체 얼마입니까?
13. 내일 도대체 누가 자카르타에서 오십니까?
14. 주노는 어제 아팠지만, 오늘은 괜찮습니다.
15. 내일 다시 오십시오. 오늘은 아무도 없습니다.

Unit 3

Penggunaan Tidak/Bukan

Penggunaan Adverbia

1. Penggunaan "Tidak" dan "Bukan"

"Tidak" dipakai di depan kata kerja dan kata sifat. "Tidak"은 동사와 형용사 앞에 사용된다.

Contoh: - Kami *tidak belajar*. 우리는 공부하지 않는다.

- Lusi *tidak pulang*. 루시는 집에 가지 않는다.

- Ratu *tidak menanam* bunga. 라뚜는 꽃을 심지 않는다.

- Kami *tidak berani*. 우리는 용감하지 않다.

- Lusi *tidak bodoh*. 루시는 어리석지 않다.

- Ratu *tidak cantik*. 라뚜는 예쁘지 않다.

"Bukan" dipakai di depan kata benda. "Bukan"은 명사 앞에 사용된다.

Contoh: - Kami *bukan mahasiswa*. 우리는 대학생이 아니다.

- Lusi *bukan anak* Pak Kim. 루시는 김씨의 아이가 아니다.

- Ratu *bukan dosen* di sini. 라뚜는 이곳의 교수가 아니다.

Tetapi terkadang "bukan" dapat juga digunakan di depan kata kerja atau kata sifat seperti dalam contoh berikut. 하지만 때로는 다음 예문처럼 "bukan"이 동사나 형용사 앞에 사용된다.

동사: - Kami *bukan* bermain *tetapi* belajar.

(우리는 노는 것이 아니라 공부하는 것이다).

- Ratu *bukan* makan nasi *tetapi* makan bubur.

(라뚜는 밥을 먹는 것이 아니라 죽을 먹는 것이다).

형용사: - Kami *bukan* marah *tetapi* kecewa.

(우리는 화가 난 것이 아니라 실망한 것이다).

- Ratu *bukan* malas *tetapi* sakit.

(라뚜는 게으른 것이 아니라 아픈 것이다).

2. Penggunaan Adverbia

Adverbia digunakan di depan verba atau adjektiva. Contoh:

조동사는 동사 또는 형용사 앞에서 쓰인다. 예문:

- Sora **bisa** berbicara cepat. 소라는 빨리 말할 줄 안다.
- Edo **dapat** menyetir mobil. 에도는 자동차 운전을 할 수 있다.
- Lusi **sedang** makan. 루시는 식사 중이다.
- Tomi **akan** belajar. 토미는 공부할 것이다.
- Santi **mau** menyanyi. 산티는 노래하길 원한다/할 것이다.
- Linda **ingin** ke bank. 린다는 은행에 가길 원한다/갈 것이다.
- Ali **sudah** mandi. 알리는 이미 샤워했다.
- Rudi **belum** duduk. 루디는 아직 앉지 못했다.
- Rita **pernah** pergi ke Bali. 리타는 발리에 간 적이 있다.
- Deni **harus** bertemu dengan Lusi. 데니는 루시를 만나야 한다.
- Iin **perlu** minum vitamin. 이인은 비타민을 먹을 필요가 있다.
- Juno **suka** bermain basket. 주노는 농구를 좋아한다.
- Kiki **boleh** pulang sekarang. 끼끼는 지금 집에 가도 된다.
- Ia **mungkin** pergi ke pasar. 그는 (아마도) 시장에 갔을 것이다.
- Ayah **sangat** marah. 아버지는 매우 화나셨다.
- Kakak **agak** malas. 형은 약간 게으르다.
- Pak Iwan **cukup** ganteng. 이완씨는 충분히 잘 생겼다.
- Ira **kurang** pandai. 이라는 별로 영리하지 않다.

A. Pilihlah kata yang tepat!

Contoh: Lusi (tidak/bukan) anak Pak Kim.

루시는 김씨의 아이가 아니다.

1. Susi (tidak/bukan) orang Indonesia.
2. Saya (tidak/bukan) suka buah anggur.
3. Rumah saya (tidak/bukan) rumah baru.
4. Anto (tidak/bukan) makan nasi hari ini.
5. Lusi (tidak/bukan) pergi ke kampus.
6. Gadis itu (tidak/bukan) karyawan swasta.
7. Pak Jaya (tidak/bukan) orang Seoul.
8. Cecep (tidak/bukan) pemilik toko itu.
9. Susilo (tidak/bukan) suami perempuan itu.
10. Agung (tidak/bukan) mahasiswa baru.
11. Hari ini Chul Soo (tidak/bukan) membeli telur ayam.
12. Keluarga Yea Jin (tidak/bukan) pergi ke Indonesia.
13. Harga rumah ini (tidak/bukan) mahal.
14. Chandra (tidak/bukan) mengerti kuliah itu.
15. Minggu ini cuaca Busan (tidak/bukan) cerah.
16. Anak saya (tidak/bukan) anak nakal.
17. Si Pelit (tidak/bukan) membeli sepatu tetapi sandal.
18. Tomi (tidak/bukan) melihat kamu tetapi Paramita.
19. Topi Chandra (tidak/bukan) baru.
20. Mereka (tidak/bukan) saudara Darma.
21. Kami semua (tidak/bukan) mau belajar sampai tengah malam.
22. (tidak/bukan) kamu saja yang capek hari ini.

23. Saya rasa, pendapat Bapak (tidak/bukan) menyelesaikan masalah ini.

24. Saat itu Ibu Kim (tidak/bukan) mendengar perkataanmu.

25. Lemari di kamar Pak Direktur (tidak/bukan) milik perusahaan.

26. Tomi dan Paramita (tidak/bukan) senang dengan berita palsu itu.

27. Hari ini Ida berharap (tidak/bukan) bertemu dengan Hadi.

28. Maaf, Mas. Kelihatannya makanan ini (tidak/bukan) yang saya pesan.

29. Makanan ini sama sekali (tidak/bukan) mengandung penyedap rasa.

30. Jangan bohong. Mobil ini (tidak/bukan) model yang terbaru.

B. Cobalah terjemahkan kalimat-kalimat berikut ini!

1. 오늘 아침 이다는 8시에 출근하였다.
2. 그녀는 보통 버스를 타고 회사로 간다.
3. 이다는 예전에 매우 마르고 아팠다.
4. 그러나 최근 들어 건강이 좋아졌다.
5. 젊은 시절에 이다는 예쁘지 않았다.
6. 이다는 아직 인도네시아에 간 적이 없다.
7. 하디는 지금 비싼 옷을 입고 있다.
8. 하디는 점심을 먹고 산책을 하고 싶어한다.
9. 나는 그가 운동이 필요하다고 생각한다.
10. 그는 큰 목소리로 노래하는 것을 좋아한다.
11. 그의 목소리는 매우 듣기 좋다.
12. 우리는 시장으로 가는 것이 아니라 학교로 가는 것이다.
13. 안토는 너를 보는 것이 아니라 나를 보는 것이다.
14. 아버지의 바지는 초록색이 아니라 파랑색이다.
15. 우리는 식당으로 가는 것이 아니라 집에 가는 것이다.

Unit 4

Partikel "-nya"
Kata Sambung "yang"

1. Fungsi partikel "-nya" / 소사 "-nya"의 기능

1. Verba + -nya

Membentuk kata benda. 명사화.

Contoh: _Pulangnya_ Ani tidak diketahui oleh Iwan.

아니가 집에 간 것을 이완은 몰랐다.

2. Nomina + -nya

a. Membentuk kata ganti kepemilikan orang ketiga tunggal.
3인칭 단수 소유격.

Contoh : Iwan sudah menikah. _Istrinya_ cantik.

이완은 결혼하였다. 그의 아내는 예쁘다.

b. Membentuk pendefinisi, seperti "the" dalam bahasa Inggris. Berfungsi untuk menunjuk benda yang sudah diketahui oleh penutur dan pendengar.

정관사. 영어에서의 정관사 "the". 화자와 청자가 알고 있는 사물을 지칭할 때 쓰인다.

Contoh : _Mobilnya_ sudah dicuci?

차는 세차했어?

c. Menghaluskan kalimat. Di sini partikel "-nya" berfungsi untuk menunjuk pendengar.

품사. 여기서 소사 "nya"는 청자를 지칭하는 것이다.

Contoh : Siapa _namanya_?

이름이 뭐예요?

d. Berawal dari pendefinisi, akhirnya membentuk adverbia.
부사화. 원래 정관사 역할을 한 형태가 부사 역할을 한다.
Contoh: _Akhirnya_ dia pulang.
결국 그는 집에 갔다.

3. Adjektiva + -nya

a. Membentuk kata benda. 명사화.
Contoh: Bu Guru menjelaskan _pentingnya_ menggosok gigi.
선생님은 양치질의 중요성(함)을 설명하였다.

b. Pembentuk kata seru. Berarti "-sekali" atau "sangat".
감탄사. "정말" 또는 "매우"라는 의미를 갖고 있는 것이
특징이다.
Contoh: _Cantiknya_ anak itu!
저 아이 참 예쁘구나.

Latihan Tata Bahasa dan Menulis

Sebutkanlah fungsi "nya" dalam kalimat-kalimat berikut ini!

Contoh: Anak_nya_ lima orang -> fungsi kata ganti kepemilikan

1. Hilangnya dompet ibu baru diketahui tadi pagi.
2. Polisi mencari tahu larinya pencuri itu.
3. Awalnya kami berencana untuk mampir ke rumah Pak Lee.
4. Akhirnya mereka memutuskan untuk pulang.
5. Anto mencari sepedanya. Sepedanya hilang.
6. Sora senang. Hari ini adalah hari ulang tahunnya.
7. Saya pesan nasi gorengnya sepiring.
8. Silakan coba kuenya! Itu saya buat sendiri.
9. Mbak, kalau boleh saya tahu, berapa nomor teleponnya?
10. Maaf, Pak. Bisa saya pinjam HPnya?

11. Aduh, manis sekali adik ini. Siapa namanya, Dik?

12. Kiranya acara ini menyenangkan Anda sekalian.

13. Kelihatannya dia agak sakit.

14. Kedengarannya lagu itu bercerita tentang cinta.

15. Rasanya saya pernah datang ke sini.

16. Ali menceritakan kuatnya fondasi gedung itu.

17. Indahnya Indonesia sudah dikenal di dunia.

18. Batik itu mahalnya sampai ke langit!

19. Enaknya masakan ibu!

20. Bersihnya toilet di hotel ini!

2. Kata Sambung "yang" / 관계사 "yang"

Kata sambung "yang" memiliki fungsi sebagai berikut.
관계사 "yang"은 다음과 같은 기능을 갖고 있다.

1. Sebagai penjelas / 한정사

Yaitu untuk mengutamakan atau membedakan kata di depannya.
선행하는 단어를 설명하거나 구별하는 기능을 한다.

a. "yang" + Nomina (명사)

♣ Rudi kuliah di universitas itu. 루디는 그 대학교에 다닌다.

Adik Rudi belum lulus SMA. 루디의 동생은 고등학교를 졸업하지 않았다.

☞ Rudi yang *adiknya* kuliah di universitas itu belum lulus SMA.
동생이 아직 고등학교를 졸업하지 않은 루디는 그 대학교에 다닌다.

♣ Orang (itu) biasanya sombong. (그) 사람은 보통 교만하다.

Mobil orang (itu) baru. (그) 사람의 자동차는 새것이다.

☞ Orang yang *mobilnya* baru biasanya sombong.

자동차가 새것인 사람은 보통 교만하다.

♣ Dosen itu suka merokok. 그 교수는 담배 피우는 것을 좋아한다.

Anjing dosen itu bernama Mopi. 그 교수의 애완견 이름은 모피이다.

☞ Dosen yang *anjingnya* bernama Mopi itu suka merokok.

애완견 이름이 모피인 그 교수는 담배 피우는 것을 좋아한다.

♣ Lusi (itu) mempunyai banyak teman. (그) 루시는 많은 친구가 있다.

Wajah Lusi cantik. 루시의 얼굴은 예쁘다.

☞ Lusi yang *wajahnya* cantik itu mempunyai banyak teman.

얼굴이 예쁜 루시는 많은 친구가 있다.

b. "yang" + (me-/ber-Verba) (me-/ber-동사)

♣ Rudi (itu) kuliah di universitas itu. (그) 루디는 그 대학교에 다닌다.

Rudi membeli banyak buku. 루디는 많은 책을 구입했다.

☞ Rudi yang *membeli* banyak buku itu kuliah di univeritas itu.

많은 책을 구입한 루디는 그 대학교에 다닌다.

♣ Orang (itu) sombong. (그) 사람은 교만하다.

Orang (itu) mengajar di universitas. (그) 사람은 대학교에서 강의한다.

☞ Orang yang *mengajar* di universitas itu sombong.

대학교에서 강의하는 (그) 사람은 교만하다.

♣ Dosen (itu) suka merokok. (그) 교수는 담배 피우는 것을 좋아한다.

Dosen (itu) bernyanyi di pasar. (그) 교수는 시장에서 노래를 부른다.

☞ Dosen yang *bernyanyi* di pasar itu suka merokok.

시장에서 노래를 부르는 (그) 교수는 담배 피우는 것을 좋아한다.

♣ Lusi (itu) mempunyai banyak teman. (그) 루시는 많은 친구가 있다.

Lusi berolahraga. 루시는 운동을 한다.

☞ Lusi yang *berolahraga* itu mempunyai banyak teman.

운동하는 (그) 루시는 많은 친구가 있다.

♣ Nasi penting buat badan kita. 밥은 우리 몸에 중요하다.

Nasi adalah makanan pokok. 밥은 주식이다.

☞ Nasi yang *adalah makanan pokok* penting buat badan kita.

주식인 밥은 우리 몸에 중요하다.

♣ Mugunghwa berwarna merah. 무궁화는 빨간색이다.

Mugunghwa adalah bunga nasional Korea. 무궁화는 한국의 국화다.

☞ Mugunghwa yang *adalah bunga nasional Korea* berwarna
merah. 한국의 국화인 무궁화는 빨간색이다.

♣ Madu dan ginseng (itu) berasal dari hutan ini.

(그) 꿀과 인삼은 이 숲에서 나왔다.

Madu dan ginseng merupakan bahan dasar dari obat itu.

꿀과 인삼은 이 약의 주재료다.

☞ Madu dan ginseng yang *merupakan bahan dasar dari obat itu*
berasal dari hutan ini. 이 약의 주재료인 꿀과 인삼은 이 숲에서 나왔다.

c. "yang" + Adjektiva (형용사)

♣ Rudi (itu) belum lulus SMA. 루디는 아직 고등학교를 졸업하지 못했다.

Rudi tinggi. 루디는 키가 크다.

☞ Rudi yang *tinggi* itu belum lulus SMA.

키가 큰 루디는 아직 교등학교를 졸업하지 못했다.

♣ Orang (itu) biasanya sombong. (그) 사람은 보통 교만하다.

Orang (itu) beruang banyak. (그) 사람은 돈이 많다.

☞ Orang yang *beruang banyak (itu)* biasanya sombong.

돈이 많은 (그) 사람은 보통 교만하다.

2. Pembentuk kalimat pasif / 수동문 형성

- "yang" + bentuk pasif (수동형)

Kalimat pasif bisa berbentuk "di-" atau "Pronomina + Verba".

수동형은 "di-" 또는 "인칭 + 어근동사"일 수 있다.

♣ Roti (itu) sudah busuk. (그) 빵은 상했다.

Roti (itu) dimakan (oleh) Rudi. (그) 빵은 루디의 의해 먹혔다.

☞ Roti yang *dimakan* (oleh) Rudi itu sudah busuk.

루디에 의해 먹힌 빵은 상했다.

♣ Roti (itu) sudah busuk. (그) 빵은 상했다.

Roti (itu) Rudi makan. (그) 빵은 루디의 의해 먹혔다.

☞ Roti yang *Rudi makan (itu)* sudah busuk. 루디에 의해 먹힌 빵은 상했다.

♣ Kecap asin ada di dalam botol Coca Cola. 간장은 코카콜라 병에 담겨 있다.

Kecap asin terminum oleh Ali. 간장은 알리에 의해 마셔졌다.

☞ Kecap asin yang *terminum* oleh Ali ada di dalam botol Coca Cola. 알리의 의해 마셔진 간장은 코카콜라 병에 담겨 있다.

♣ Bapak (itu) tidak kaya. (그) 아저씨는 부유하지 않다.

Bapak (itu) kami temui. (그) 아저씨는 우리의 의해 만나졌다.

☞ Bapak yang *kami temui (itu)* tidak kaya.

우리의 의해 만나진 아저씨는 부유하지 않다.

♣ Dompet (itu) kosong. (그) 지갑은 비어 있다.

Dompet (itu) kami temukan. (그) 지갑은 우리의 의해 발견 되었다.

☞ Dompet yang *kami temukan (itu)* kosong.

우리의 의해 발견된 (그) 지갑은 비어 있다.

A. Gabungkan kalimat kedua ke kalimat pertama memakai penghubung "yang"!

1. Adi suka berbelanja di internet.

   Adi bekerja di stasiun kereta api.

   _____

2. Lusi bekerja sebagai karyawan di bank.

   Lusi mampir di toko buku.

   _____

3. Presiden itu berasal dari desa Susukeki.

   Presiden itu berkunjung ke kota Busan.

   _____

4. Cecep mempunyai banyak pacar.

   Cecep jarang mencuci rambut.

   _____

5. Mobil berwarna merah itu sangat mahal.

   Mobil berwarna merah itu berinterior emas.

   _____

6. Sora datang dari kota Seoul.

   Teman Sora mahasiswa di universitas ini.

   _____

7. Pak Kim belum pernah ke luar negeri.

   Anak-anak Pak Kim pintar berbahasa asing.

   _____

8. Ibu Shim membeli hp baru kemarin.

   Tetangga Ibu Shim orang Amerika.

   _____

9. Mahasiswa itu sangat cerdas.

Orang tua mahasiswa itu diplomat.

_____

10. Pak Leo sedang berbicara dengan direktur kami.

Istri Pak Leo cerewet.

_____

11. Indonesia mempunyai banyak penduduk.

Indonesia kaya dengan budaya dan bahasa.

_____

12. Hutan itu berada di kaki gunung.

Hutan itu indah dan sejuk.

_____

13. Teman saya bernama Yea Jin.

Teman saya selalu rajin dan bersemangat.

_____

14. Cintanya pada Cecep membuat dia tidak bisa tidur.

Cintanya pada Cecep terlalu dalam.

_____

15. Ibu Bebek bangun pagi setiap hari.

Ibu Bebek sabar mengajar anak-anaknya berenang.

_____

16. Batik sudah terkenal di dunia.

Banyak orang menjual batik di kampung halaman saya.

_____

17. Museum Jakarta berlokasi di dekat Istana Negara.

Banyak wisatawan asing mengunjungi Museum Jakarta.

_____

18. Rumah itu sudah sangat tua.

    Orang tua Ita membeli rumah itu dengan harga murah.

    _____

19. Gadis itu memakai rok merah.

    Juno melihat gadis itu di kantin.

    _____

20. Uang itu habis dipakai oleh Ali.

    Istri Ali menyimpan uang itu di dalam lemari baju.

    _____

21. Indonesia Raya diajarkan di sekolah.

    Indonesia Raya adalah lagu kebangsaan Indonesia.

    _____

22. Bersepeda bisa membantu orang berdiet.

    Bersepeda adalah salah satu dari olahraga ringan.

    _____

23. Bahasa sudah banyak diteliti oleh ilmuwan.

    Bahasa merupakan sarana utama untuk berkomunikasi.

    _____

24. Gambar Affandi menceritakan kehidupan orang di desa.

    Gambar Affandi menjadi sumber inspirasi seniman Indonesia.

    _____

25. Batu bara masih ramai dicari oleh pengusaha luar negeri.

    Batu bara sudah lama menjadi komoditi ekspor.

    _____

B. Tulislah dua subkalimat pada kalimat-kalimat di bawah ini!

1. Margie yang ayahnya pengusaha itu akan datang ke Jakarta.
2. Gajah Mada yang namanya terkenal itu adalah seorang pahlawan dari kerajaan Majapahit.
3. Santi yang mempunyai banyak komputer itu jatuh cinta pada Agus.
4. Agus yang suka berpakaian batik itu tinggal di Kalimantan.
5. Bahasa Inggris yang adalah bahasa internasional perlu dipelajari.
6. Tim Harimau yang merupakan tim sepak bola jurusan kami dibentuk 10 tahun yang lalu.
7. Cecep yang ganteng itu mempunyai banyak teman wanita.
8. Saputangan yang dipakai oleh ibu itu sebenarnya hadiah dari pacar saya.
9. Anak yang kamu gendong itu anak presiden.
10. Penduduk kota yang terkena musibah itu belum mendapat pertolongan.

C. Koreksilah kalimat ini dengan cara membuat dua sub kalimat!

1. Cara yang datang ke kuliah tidak sulit.
2. Gula yang memakai dalam kopi ini tidak manis.
3. Samsung yang perusahaan Korea masuk di Indonesia.
4. Alasan yang saya belajar bahasa Indonesia adalah untuk pergi ke Indonesia.
5. Saya kurang mempunyai kesempatan yang bisa bertemu teman-teman saya.
6. Indonesia adalah negara yang budaya banyak mempunyai.
7. Linda bertanya waktu yang restoran buka.
8. Ibu Shim mengetahui yang sedikit nasi ada di dapur.

9. Korea juga salah satu negara yang rekan bisnis Indonesia.

10. Pak Kim suka penyanyi muda baru yang Cherrybelle.

11. Margie ingin membaca novel yang orang Indonesia menulis.

12. Sora memberitahu Juno yang Linda berulang tahun.

13. Yang menjadi ayah adalah cita-cita dalam kehidupan Juno.

14. Susu yang kucing itu memakan hampir terminum oleh Ali kemarin.

15. Anjingnya yang Edo memelihara bernama Ripi.

16. Pak Iwan mengatakan yang minggu depan ada kuis penting.

17. Saya mau menghilangkan kebiasaan yang memeriksa HP berulang-ulang.

18. Orang-orang itu menyembah harimau yang raja hutan mereka percaya.

19. Saya berusaha tidak bermain terlalu banyak pada akhir minggu, tetapi yang mengubah itu sangat sukar.

20. Harga barang-barang naik belakangan ini sehingga saya tidak mempunyai uang yang ditabung.

21. Yang saya membawa hari ini adalah buku baru saya.

22. Saya ingin menghilangkan kebiasaan yang menunda tugas.

23. Hal yang masalah di asrama ini adalah makanannya.

24. Yang berbelanja melalui internet adalah sangat nyaman.

25. Kalau saya pulang, saya ada banyak hal yang membersihkan rumah atau mengerjakan PR.

Awalan "ber-"

Awalan "ber-" pada dasarnya membentuk kata kerja atau verba.
접두사 "ber-"은 기본적으로 어근을 동사화한다.

> ber + (kata dasar) = verba

Berikut ini adalah arti awalan "ber-". 다음은 접두사 "ber-"의 의미이다.

1. Ber- + Verba (동사)

Melakukan kegiatan/aktivitas. (어근) 활동을 하다.

Contoh : - Rudi *belajar.* 루디는 공부한다.

- Anak itu *bekerja.* 그 아이는 일을 한다.

- Wati selalu *bermain.* 와띠는 항상 논다.

2. Ber- + Nomina (명사)

a. Memakai. 착용하다, 입다.

Contoh : - Rudi *berkacamata.* 루디는 안경을 착용한다.

- Anak itu *bertopi* merah. 그 아이는 빨간 모자를 쓴다.

- Wati selalu *bersepatu* baru. 와띠는 항상 새 신발을 신는다.

b. Mempunyai. 갖고 있다, 소유하다.

Contoh: - Rudi *berambut* coklat. 루디는 갈색 머리를 갖고 있다.

- Anak itu *bermata* sipit. 그 아이는 작은 눈을 갖고 있다.

- Wati *beranak* empat orang. 와띠는 네 명의 아이를 갖고 있다.

c. naik, mengendarai. (어근)을 타다.

Contoh : - Rudi *berkuda*. 루디는 말을 탄다.

　　　　- Anak itu *bermobil*. 그 아이는 자동차를 탄다.

　　　　- Wati selalu *bersepeda*. 와띠는 항상 자전거를 탄다.

d. menghasilkan sesuatu, mengeluarkan sesuatu.
　　(어근)을 생산하다, (어근)이 나오다.

Contoh : - Pohon itu *berbuah*. 그 나무에서 과일이 나온다.

　　　　- Pohon itu *berbunga*. 그 나무에 꽃이 나온다.

　　　　- Pohon itu *bercabang*. 그 나무에 가지가 나온다.

3. Ber- + Adjektiva (형용사)

Dalam keadaan. (어근) 상태에 있다.

Contoh : - Rudi *bersedih*. 루디는 슬퍼한다.

　　　　- Anak itu *bersukacita*. 그 아이는 기뻐한다.

　　　　- Wati selalu *bergembira*. 와띠는 항상 즐거워한다.

Catatan / 기억해 두기

1. Khusus untuk kata dasar "ajar" jika bergabung dengan awalan "ber-" ia menjadi "belajar", bukan "berajar". 어근 "ajar"은 예외적으로 "ber-"과 결합 시 "berajar"이 아닌 "belajar"이 된다.

2. Huruf "r" paling depan pada kata dasar gugur jika bergabung dengan awalan "ber-". 어근에 첫글자 "r"은 접두사 "ber-"와 결합시 탈락된다.

ber + rambut = berambut

A. Gabungkanlah kata bergarisbawah ini dengan awalan "ber-"!

Contoh: Anto mempunyai istri. -> Anto *beristri.*
안토는 아내를 갖고 있다.

1. Truk ini mempunyai mesin diesel.
   _____

2. Gadis itu mempunyai wajah cantik.
   _____

3. Santi mempunyai mata sipit.
   _____

4. Charles mempunyai rambut pirang.
   _____

5. Tomi mempunyai jerawat.
   _____

6. Rusdi memakai celana hitam.
   _____

7. Kakak saya memakai cincin emas.
   _____

8. Wati memakai topi.
   _____

9. Susi memakai sanggul.
   _____

10. Adik memakai pita merah muda.
    _____

11. Chul Soo mempunyai mulut besar.
    _____

12. Keluarga kami mempunyai mobil baru.

_____

13. Kwang Soo memakai baju biru.

_____

14. Paman memakai kemeja batik.

_____

15. Kami mempunyai uang banyak.

_____

B. Carilah arti awalan "ber-" pada kata bergaris bawah berikut ini!

Contoh: Anto beristri.   Anto bersepatu.

       Anto *mempunyai istri.*   Anto *memakai sepatu.*

       안토는 아내를 갖고 있다.   안토는 신발을 신는다.

1. Rudi berkumis.

_____

2. Kakak bercelana panjang.

_____

3. Bapak berhidung mancung.

_____

4. Pak Dosen berdasi biru.

_____

5. Mereka berpakaian baru.

_____

6. Susi berkacamata hitam.

_____

7. Ibu berkebaya baru.

_____

8. Santi beruang banyak.

_____

9. Penyanyi itu bersuara merdu.

_____

10. Nenek bergigi palsu.

_____

11. Pemuda itu berotot.

_____

12. Adik saya bernama Wati.

_____

13. Dia bersahabat banyak.

_____

14. Buku itu berpita hijau.

_____

15. Anak itu berayah dosen.

_____

C. Gabungkanlah kata dasar di bawah ini dengan awalan "ber-" dan buatlah kalimat!

Contoh: ajar - 그들은 캠퍼스에서 공부하다.

       Mereka belajar di kampus.

1. Cerita – 그들은 방에서 서로 이야기를 한다.

_____

2. Lari – 우리는 운동장에서 1시간 동안 뛰었다.

_____

3. Lomba – 저 작은 아이들은 달리기 시합을 하고 있다.

_____

4. Siap – 저 개구쟁이 학생은 아직 학교 갈 준비를 하지 않았다.

   _____

5. Sedih – 율리는 그의 강아지가 죽어서 슬프다.

   _____

6. Nyanyi – 미라는 하루 종일 '아리랑'을 불렀다.

   _____

7. Gerak – 저 군인들은 빠르게 움직인다.

   _____

8. Sujud – 알리는 얀띠 앞에서 무릎을 꿇었다.

   _____

9. Bicara – 아버지는 동생에게 천천히 말씀하신다.

   _____

10. Sembunyi – 많은 사람들은 저 숲에 숨었다.

    _____

11. Gembira – 쩨쩹은 생일이라서 기쁘다.

    _____

12. Belanja – 어머니와 누나는 어제 백화점에서 쇼핑을 했다.

    _____

13. Kibar – 학교 앞에 국기가 펄럭인다.

    _____

14. Dagang – 새벽부터 사람들은 시장에서 장사한다.

    _____

15. Keledai – 마을 사람들은 당나귀를 타고 도시로 간다.

    _____

16. Kereta api – 우리는 기차를 타고 부산으로 갔다.

    _____

17. Kapal – 그들은 배를 타고 인도네시아를 돌았다.

    _____

18. Selancar – 바다에서 서핑하는 청년들이 많다.

_____

19. Sepeda motor – 형은 15살 때부터 오토바이를 타고 학교로
    갔었다.

_____

20. Pesawat – 아버지는 한 달에 3번 비행기를 타고 한국으로 가신다.

_____

D. Carilah kata dasar dari kata berimbuhan di bawah ini!

Contoh: Mereka _belajar_ di kampus.   _belajar -> ajar_

1. Jangan bercanda di dalam kelas!

    _____

2. Lidia pergi berkemah dengan temannya.

    _____

3. Chandra bertemu artis terkenal kemarin.

    _____

4. Luki sedang berdandan untuk pergi ke pesta.

    _____

5. Cecep tidak berkata apa-apa pada hari itu.

    _____

6. Yea Jin pergi dengan ibunya berobat ke dokter.

    _____

7. Kakak saya suka pergi berbelanja.

    _____

8. Anak itu punya buku cerita bergambar.

    _____

9. Dua orang itu berjanji akan bertemu minggu depan.

    _____

10. Selamat berlibur ke Jakarta!

_____

11. Mahasiswa itu bersikap sopan waktu bertemu presiden.

_____

12. Keluarga itu bermobil ke Jepang.

_____

13. Setiap pagi, petani itu bergerobak ke sawah.

_____

14. Ia sering berkuda di lapangan.

_____

15. Banyak pedagang berkeledai datang di kota itu.

_____

16. Apakah Anda pernah berperahu di Sungai Han?

_____

17. Hobi ayah adalah bersepeda di sore hari.

_____

18. Setiap kali ke luar negeri, orang itu selalu berhelikopter.

_____

19. Anak-anak muda di kota kami suka bersepatu roda.

_____

20. Orang itu berakit di sungai mencari ikan.

_____

Unit 6

Awalan "me-"

Fungsi awalan "me-" adalah untuk membentuk kata kerja aktif / verba aktif. Arti imbuhan "me-" adalah "melakukan kegiatan/aktivitas".
접두사 "me-"의 역할은 능동사를 만드는 것이며 뜻은 "-활동을 하다"이다.

Imbuhan "me-" dapat mempengaruhi huruf awal dari sebuah kata dasar. 접두사 "me-"는 어근의 첫 글자에 영향을 줄 수 있다.

	Berubah menjadi	Huruf awal	Kata Dasar	Bentuk Akhir
Me-	me-	l	lompat	melompat
		m	makan	memakan
		n	nilai	menilai
		ng	nganga	menganga
		ny	nyanyi	menyanyi
		r	raba	meraba
		w	wangi	mewangi
		y	yakin	meyakin+kan
	mem-	b	beli	membeli
		f	foto	memfoto
		p (* p gugur)	paku	memaku
		v	vonis	memvonis

		d	duga	menduga
		c	cebur	mencebur
	men-	j	jual	menjual
		t (* t gugur)	tutup	menutup
		z	ziarah	menziarah+i
		a/i/u/e/o	ekspor	mengekspor
	meng-	g	gusur	menggusur
		h	hukum	menghukum
		k (*k gugur)	kikis	mengikis
	meny-	s (*s gugur)	sisir	menyisir
			tik	mengetik
	menge-	(1 suku kata)	cat	mengecat
			bom	mengebom
			pel	mengepel

Berikut ini adalah arti awalan "me-". 다음은 접두사 "me-"의 의미이다.

1. Me- + Verba (동사)

Melakukan kegiatan/aktivitas. (어근) 활동을 하다.

Contoh : - Rudi *memakan* nasi. 루디는 밥을 먹는다.

- Anak itu *mengajar* adiknya. 그 아이는 동생을 가르친다.

- Wati *membeli* perangko. 와띠는 우표를 산다.

2. Me- + Nomina (명사)

a. Menggunakan sesuatu sebagai alat. (어근)을 사용하여 활동을 하다.

Contoh : - Rudi *menyapu* rumah. 루디는 빗자루질한다.

- Anak itu *memahat* kayu. 그 아이는 나무를 끌질한다.

- Wati *mengelem* perangko. 와띠는 우표에 풀질한다.

b. Menjadi seperti. (어근)처럼 되다.

Contoh: - Tugas Rudi *menggunung*. 루디의 과제는 산더미다.

 - Air mata anak itu *menganaksungai*. 아이의 눈물은 강처럼 흘렀다.

 - Apel itu *membatu*. 그 사과는 돌처럼 되었다.

c. Menuju ke. (어근)으로 향하다.

Contoh: - Pesawat itu *mengudara*. 그 비행기는 이륙한다.

 - Mereka pergi *melaut*. 그들은 항해한다.

 - Mobil itu *menepi*. 그 자동차는 길가로 간다.

3. Me- + Adjektiva (형용사)

Menjadi atau semakin. (어근)하게 되다 / 점점 (어근)하게 된다.

Contoh: - Tomat itu *memerah*. 그 토마토는 점점 빨갛게 된다.

 - Rambut anak itu *memanjang*. 아이의 머리카락은 길어진다.

 - Bunga itu *mewangi*. 그 꽃은 향기로워진다.

4. Me- + Numeralia (수사)

Menjadi. (어근)이 되다.

Contoh: - Minyak dan air tidak bisa *menyatu*.

 기름과 물은 하나가 될 수 없다.

 - Hati gadis itu *mendua*. 그 소녀의 마음은 둘(사람)에게 향한다.

A.. Carilah kata dasar dari kata berimbuhan di bawah ini!

Contoh: Anto *menutup* pintu kamar.   *menutup -> tutup*

1. Rusdi dan Salim menjemput Pak Kim di bandara.

    _____

2. Kapal itu menuju ke pelabuhan.

    _____

3. Lusi menerobos hujan lebat.

    _____

4. Anak-anak kecil itu menunggu ibu mereka di depan sekolah.

    _____

5. Kalau mau ke rumah sakit, Anda harus menyeberang jalan itu.

    _____

6. Penduduk desa mengarak kedua pengantin baru itu.

    _____

7. Tangannya menunjuk langit yang biru.

    _____

8. Hari ini Ibu lupa menyiram bunga.

    _____

9. Ita menyimpan buku Bahasa Indonesianya.

    _____

10. Burung kecil itu melayang cepat di udara.

    _____

11. Mereka tidak tahu siapa yang mengebom rumah itu.

    _____

12. Polisi terus mengejar mobil pencuri itu.

    _____

13. Setelah makan siang, biasanya kita mengantuk.

_____

14. Pengemis meminta nasi di restoran besar itu.

_____

15. Majikan restoran mengusir pengemis malang itu.

_____

16. Siapa bisa membantu saya mencari orang itu?

_____

17. Anak nakal itu sering menghilang dari rumah.

_____

18. Karena malu, ia menggigit kukunya.

_____

19. Susi mengarang cerita untuk adiknya.

_____

20. Jangan melawan orang tuamu!

_____

B. Tambahkanlah imbuhan "me-" pada kata di dalam kurung!

Contoh: Anto (tutup) _____ pintu kamar.

      Anto _menutup_ pintu kamar.

1. Lusi (semprot) _____ obat nyamuk.
2. Parti (baca) _____ koran hari ini.
3. Sudirman (gendong) _____ sepupunya.
4. Anak itu (rawat) _____ anak anjing yang sakit itu.
5. Herman (kunci) _____ anaknya di dalam rumah.
6. Anak-anak berdiri di batu besar itu kemudian (cebur) _____ ke dalam air.

7. Polisi (catat) _____ nomor mobil pencuri itu.

8. Ahmad (kirim) _____ bunga kepada pacarnya.

9. Ahmad (cium) _____ pacarnya hari itu.

10. Hari ini Chul Soo (cat) _____ pagar rumahnya.

11. Mahasiswa belum (dengar) _____ kabar itu.

12. Winda (geser) _____ meja ke kamarnya.

13. Lestari (cubit) _____ pipi anak itu hingga (merah)

_____.

14. Karena buru-buru, Ia lupa (tutup) _____ piring lauk pauk.

15. Guru (hukum) _____ murid malas itu.

16. Ibu Santi (ambil) _____ dompet di meja.

17. Agung (tik) _____ surat lamaran kerja.

18. Penduduk desa marah karena pemerintah (gusur) _____

rumah mereka.

19. Kwang Soo (gambar) _____ pemandangan indah.

20. Taufik (lempar) _____ batu itu ke sungai.

21. Aminah (potong) _____ sayur untuk dimasak.

22. Agus (tambah) _____ gula pada tehnya.

23. Effendi (bangun) _____ rumah di Pulau Jeju.

24. Polisi (duga) _____ pelaku kejahatan itu adalah Mopi.

25. Ita (hapus) _____ tulisan di dinding kelas.

26. Daun pohon kelapa itu (lambai) _____ seolah memanggil kami.

27. Gusdi tanpa sadar (makan) _____ makanan kucingnya.

28. Ibu terkejut waktu (lihat) _____ anjing kami (rusak)

_____ sepatu ayah.

29. Orang tunanetra (raba) _____ huruf Braille pada buku itu.

30. Air hujan (kikis) _____ relief candi itu sedikit demi sedikit.

Unit 7

Kalimat Majemuk

Pada pelajaran ini kita akan mempelajari 4 jenis kalimat majemuk.
이 과에서 우리는 4종류의 복합문을 배울 것이다.

1. Kalimat majemuk sebab-akibat 원인-결과 복합문
2. Kalimat majemuk urutan 시간종속 복합문
3. Kalimat majemuk tambahan 동시동작 복합문
4. Kalimat majemuk pertentangan 반대 복합문

1. Kalimat majemuk sebab-akibat

Dalam kalimat majemuk ini digunakan kata sambung "karena".
원인-결과 복합문에서는 접속부사 "karena - 왜냐하면"을 사용한다.
Contoh:

- Rosi terlambat *karena* bangun kesiangan.

    로시는 늦잠을 자서 늦었다.

- Luki berteriak *karena* senang. 루끼는 기뻐서 외쳤다.
- Dia beristirahat *karena* capek. 그는 피곤해서 쉬었다.

- *Karena* bangun kesiangan, Rosi terlambat.
- *Karena* senang, Luki berteriak.
- *Karena* capek, dia beristirahat.

Penting!!!

Jangan lupa membubuhkan tanda koma (,) setelah menuliskan alasan.
이유를 쓴 후에 콤마(,)를 첨가하는 것을 잊지 말아야 한다.

2. Kalimat majemuk urutan

Kalimat majemuk urutan menggunakan kata penghubung "lalu", "kemudian", "setelah itu", dan sebagainya.

시간종속 복합문에 사용되는 접속부사는 "lalu", "kemudian", "setelah itu", (뜻은 한국어로 동일하다: 그 후에) 등이다.

Contoh:

- Luki mandi *lalu* pergi ke kampus.

  루끼는 샤워한 후 캠퍼스로 간다.

- Anak itu bermain komputer *kemudian* menonton televisi.

  그 아이는 컴퓨터 게임을 한 후 텔레비전을 시청한다.

- Kakak makan *setelah itu* mencuci piring.

  형은 식사한 후 설거지를 한다.

Pola kalimat ini tidak dapat diubah. 이 문장 패턴은 바꿀 수 없다.

3. Kalimat majemuk penambahan

Kata penghubung yang digunakan dalam kalimat majemuk ini adalah "dan" atau "sambil".

동시동작 복합문에 사용되는 접속부사는 "dan (그리고)" 이나 "sambil (-하면서)"이다.

Contoh:

- Adik makan *dan* minum. 동생은 먹고 마신다.

- Kami menyanyi *sambil* menari. 우리는 노래하면서 춤을 춘다.

Pola kalimat ini tidak dapat diubah. 이 문장 패턴은 바꿀 수 없다.

4. Kalimat majemuk pertentangan

Kata penghubung yang digunakan dalam kalimat majemuk ini adalah "tetapi" atau "namun", dan "walaupun" atau "meskipun"

반대 복합문에 사용되는 접속부사는 "tetapi (그러나, 하지만)" 또는 "namun (-하는데도, 그럼에도 불구하고)", 그리고 "비록-하지만"이다.

Contoh:

- Ia tidak pintar _tetapi_ lulus ujian sulit itu.

  그는 똑똑하지 않지만 그 어려운 시험을 통과했다.

- Ali suka olahraga _namun_ sering sakit.

  알리는 운동을 좋아하는데도 자주 아프다.

- Ibu tetap sabar _walaupun/meskipun_ adik selalu merengek.

  엄마는 늘 인내하신다. 비록 동생은 항상 보채지만.

Pola kalimat yang menggunakan "tetapi" dan "namun" tidak dapat diubah.

"tetapi"와 "namun"을 이용한 복합문 패턴은 바꿀 수 없다.

Penting!!!

Perhatikan bahwa kata penghubung "tetapi" dan "namun", dan "walaupun" atau "meskipun" mempunyai arti yang sedikit berbeda satu sama lain.

접속부사 "tetapi"와 "namun", "walaupun" 또는 "meskipun"는 서로 조금 다른 뜻을 내포한 것을 주의해야 한다.

A. Isilah bagian kosong pada kalimat-kalimat di bawah ini dengan kata penghubung yang tepat!

> karena, lalu, kemudian, setelah itu, dan, sambil,
> tetapi, namun, walaupun, meskipun

Contoh: Anto tidak mau makan _____ masih kenyang.

Anto tidak mau makan *karena* masih kenyang.

1. _____ capek, anak kecil itu menangis.
2. Salim mendengarkan musik _____ membaca novel.
3. Bunga memanggil Sudirman _____ mereka berbicara.
4. Gadis itu mencintai Sudirman _____ Sudirman benci padanya.
5. Ayah harus mampir ke rumah sakit _____ apotek hari ini.
6. Kartini mengambil buku di perpustakaan _____ ia mengirim buku itu pada temannya.
7. Susi sudah menasehati anak itu _____ anak itu tetap bandel.
8. Saya tetap mengantuk _____ sudah minum 4 cangkir kopi.
9. Rumah itu tidak besar _____ kelihatan mewah.
10. Charles mengambil tepung ____ telur _____ ia mulai membuat roti.
11. Pagi-pagi Tomi sudah bangun _____ dia bersiap ke kampus.
12. Kwang Soo senang _____ bangga karena mendapat piagam.
13. _____ drama itu sangat menyentuh hati, Pak Jaya menangis.
14. Yudi berlari mengejar bus itu, _____ supir bus tidak melihatnya.
15. _____ dia berusaha, tetap saja dia miskin.
16. Dokter yang ramah itu memeriksa Linda _____ memberi resep.
17. Si Bungsu melihat-lihat baju _____ ia memilih satu baju.
18. Cecep tidak jadi pergi ke Bali _____ kehabisan tiket pesawat.
19. Film itu terkenal _____ orang-orang tidak mau menontonnya.

20. Wati berdiri sebentar _____ ia duduk kembali.

21. Susi _____ Agus lulus dari sekolah yang sama.

22. Ratu suka menyanyi _____ mandi.

23. Ia tetap gemuk _____ selalu berdiet.

24. Sore itu hujan lebat, _____ banyak penonton datang ke konser.

25. Sebenarnya Ali bertekad belajar semalam suntuk, _____ ia akhirnya tertidur di meja belajarnya.

26. Bapak mengambil topinya _____ berangkat untuk olahraga.

27. Terus terang masa kecil saya tidak terlalu bahagia _____ waktu itu keluarga saya sangat miskin.

28. Dosen itu tetap berbicara _____ waktu kuliah telah selesai.

29. Ani memukul anjing nakal itu _____ mengurungnya di belakang rumah.

30. Si Pemuda menghabiskan isi botol itu _____ membuangnya ke tong sampah.

31. _____ malu, wajah banci itu memerah _____ akhirnya dia menangis.

32. Penumpang yang budiman! Silakan isi formulir yang telah kami bagikan _____ kembalikan kepada awak kapal kami.

33. _____ hidupnya sulit, wajahnya selalu ceria.

34. Dengan HP ini, Anda bisa mendengar musik _____ mengirim SMS.

35. Jangan berbicara _____ mengunyah permen karet. Itu tidak sopan.

B. Buatlah kalimat majemuk menggunakan kata penghubung "karena, lalu, kemudian, setelah itu" !

Contoh: Ia tidak masuk kuliah.

      Ia sakit.

      -> *Ia tidak masuk kuliah karena sakit.*

1. Ibu marah sekali.
   Winda gagal lagi dalam ujian.

   _____

2. Suparti pergi ke kantor pos.
   Suparti mengirim surat.

   _____

3. Rusdi tidak mau makan masakan Salim.
   Masakan Salim terlalu asin.

   _____

4. Darma mencuci sayur itu.
   Pak Jaya memasak sayur itu.

   _____

5. Winda sangat kecewa.
   Ibu tidak jadi membelikan dia hadiah.

   _____

6. Anak kecil itu berlari kepada ibunya.
   Anak kecil itu memeluk ibunya.

   _____

7. Bapak membaca buku petunjuk.
   Bapak mencoba memasang televisi itu.

   _____

8. Chandra harus makan nasi dulu.
   Chandra boleh minum obat.

   _____

9. Hari ini Si Pelit merasa senang.
   Hari ini ulang tahun Si Pelit.

---

10. Si Malas mengambil sabun.
    Si Malas membasuh mukanya.

---

11. Semua orang terperanjat.
    Mereka mendengar berita pembunuhan itu.

---

12. Paman tidak percaya lagi kepada orang itu.
    Orang itu suka berbohong.

---

13. Mahasiswa di kampus kami amat riang.
    Hari ini ada pesta musim semi.

---

14. Ia merasa kesal.
    Hari ini ia tidak sempat makan sesuap pun.

---

15. Harga mobil mereka sangat murah.
    Mobil itu sudah sangat tua.

---

16. Kelinci kecil mengambil sepotong wortel.
    Kelinci kecil menggerogoti wortel itu.

---

17. Kesuma mencari topinya.
    Kesuma berangkat ke sawah.

---

18. Ibu itu memandikan anak bungsunya.
    Ibu itu memakaikan pakaian baru pada anak bungsunya.

---

19. Si Ganteng melirik jam tangannya.

    Si Ganteng berlari cepat.

    _____

20. Si Cantik memoles bibirnya dengan lipstik.

    Si Cantik mencium pipi pacarnya.

    _____

21. Saya membeli sepotong kemeja.

    Saya membungkus kemeja itu untuk hadiah.

    _____

22. Bu Dosen masuk ke ruang kuliah.

    Bu Dosen mulai mengabsen mahasiswanya.

    _____

23. Mahasiswi baru itu mendatangi saya.

    Mahasiswi baru itu bertanya tentang kurikulum jurusan kami.

    _____

24. Kwang Soo meminum kopi dua gelas.

    Kwang Soo belajar untuk ujian semalam suntuk.

    _____

25. Pengemis malang itu kelaparan.

    Pengemis malang itu belum makan seharian.

    _____

C. Buatlah kalimat majemuk menggunakan kata penghubung "dan, sambil, tetapi, namun, walaupun, meskipun" !

Contoh: Ia belajar Bahasa Indonesia.

        Adiknya belajar Bahasa Indonesia.

        -> *Ia dan adiknya belajar Bahasa Indonesia.*

1.   Winda tidak suka belajar.

    Winda tidak suka olahraga.

    _____

2. Anak-anak Ibu Bebek tidak bisa berjalan lurus.
   Anak-anak Ibu Bebek pandai berenang.

   _____

3. Pak Kura-kura selalu berjalan lambat.
   Dia tidak pernah terlambat.

   _____

4. Menurut Yea Jin, bintang film itu ganteng.
   Menurut temannya, bintang film itu jelek sekali.

   _____

5. Rini berbicara dengan pacarnya di telepon.
   Rini menjemur pakaian.

   _____

6. Ira mengecat kukunya dengan warna merah.
   Ira mendengar cerita temannya.

   _____

7. Chul Soo akan pergi wajib militer tahun depan.
   Kwang Soo akan pergi wajib militer tahun depan.

   _____

8. Orang tua Lisa sangat kaya.
   Lisa rendah hati.

   _____

9. Anak anjing Linda masih kecil.
   Anak anjing Linda suka bermain dengan anjing besar.

   _____

10. Semua anak Pak Gajah jantan.
    Semua anak Pak Singa betina.

   _____

11. Ujian kelulusan itu sangat sulit.

Semua mahasiswa lulus dengan nilai sangat baik.

_____

12. Harga komputer saya Rp. 12.500.000,-

Harga komputer kakak Rp. 12.500.000,-

_____

13. Sekarang usianya sudah mencapai 25 tahun.

Kelakuannya seperti kanak-kanak saja.

_____

14. Saya sudah dua tahun belajar bahasa Indonesia.

Saya belum mengerti tata bahasa Indonesia dengan baik.

_____

15. Beberapa kali Santo menelepon Sinta.

Sinta tidak menjawab telepon Santo.

_____

16. Ia menatap gadis itu dengan pandangan bertanya.

Ia menggaruk kepalanya.

_____

17. Setiap sore, Lastri menyetrika pakaian keluarganya.

Setiap sore, Lastri mendengarkan drama di radio kesayangannya.

_____

18. Kakak mencoba membujuk adik yang rewel.

Adik terus merengek minta dibelikan permen.

_____

19. Sampai kemarin Kiki sakit kepala.

Hari ini Kiki sudah membaik.

_____

20. Minggu lalu, jurusan kami pergi orientasi.
    Mahasiswa yang datang di orientasi tidak banyak.

    _____

21. Mereka mempersiapkan acara itu mati-matian.
    Para tamu merasa tidak puas pada acara itu.

    _____

22. Si Ganteng berlari secepat mungkin.
    Pacarnya sudah pergi meninggalkan dia.

    _____

23. Ia menulis semua isi hatinya pada surat itu.
    Ia menangis.

    _____

24. Ibu memarahi Winda.
    Ibu menasehati Winda agar jangan malas belajar lagi.

    _____

25. Penduduk desa menangkap pencuri licin itu.
    Penduduk desa menghajar pencuri licin itu.

    _____

Kalimat Perintah

Dalam pelajaran ini, kita akan mempelajari 3 jenis kalimat perintah:
이번 과에서 우리는 세 가지 명령문을 배울 것이다:

1. Menggunakan akhiran "-lah".
   접미사 "-lah"를 사용한 명령문.
2. Menggunakan kata bantu "silakan".
   부사 "silakan"을 사용한 명령문.
3. Menggunakan kata bantu "tolong".
   부사 "tolong"을 사용한 명령문.

Kita juga akan mempelajari penulisan: 다음 문장들도 배울 것이다:

4. Kalimat ajakan / 청유문.
5. Kalimat larangan / 금지문.

Penting!!!

a. Selalu gunakan tanda baca titik (.) atau seru (!) di akhir kalimat.
   문장 마지막에 항상 마침표(.) 또는 느낌표(!)를 사용한다.

b. Kata kerja yang dipakai dalam kalimat perintah dapat berupa kata
   kerja dasar atau kata kerja jadian. 명령문에 쓰인 동사는
   어근동사 또는 파생동사이다.
   Kata kerja dasar: makan, pergi, bicara. (먹다, 가다, 말하다).
   Kata kerja jadian: tertawa[1],menangis[2],berjalan[3]. (웃다, 울다, 걷다).

---

[1] "tertawa"의 어근은 명사 "tawa" (웃음)이다.

c. Kata kerja berimbuhan "me-" biasanya harus diubah terlebih dahulu menjadi bentuk dasar. Untuk yang berimbuhan "ber-" dapat berubah menjadi bentuk dasar (perhatikan apakah ada perubahan arti kata) atau tidak diubah.

접두사 "me-"와 결합한 파생동사는 일반적으로 어근 형태를 사용한다. 그러나 "ber-"와 결합된 경우 그대로 사용되거나 어근 형태를 사용할 수 있다.

Saya **melihat** ke sana. 나는 그 곳을 보았다.	**Melihatlah** ke sana!	X
	Lihatlah ke sana!	O
Kakak **membacakan** surat ini. 형은 이 편지를 읽어 주었다.	**Membacakanlah** surat ini!	X
	Bacakanlah surat ini!	O

Mereka **berjalan** kemari. 그들은 이 곳으로 걸어 온다.	**Berjalanlah** kemari!	O
	Jalanlah kemari!	O

1. Menggunakan akhiran "-lah"

Kalimat perintah sederhana bisa dibentuk dengan kata kerja diikuti dengan tanda seru. Contohnya: Pergi! 단순 명령문은 동사 뒤에 느낌표를 첨가함으로써 만들어질 수 있다. 예: 가!

Kalimat perintah adalah kalimat langsung, jadi tidak memerlukan subjek. 명령문은 직접문이기 때문에, 주어가 필요 없다.

---

[2] "menangis"의 어근은 명사 "tangis" (울음)이다.

[3] "berjalan"의 어근은 "jalan"인데, 그 뜻은 동사 "이동하다, 움직이다, 걷다", 또는 명사 "길, 도로"이다.

Contoh:

- *Makanlah* nasi ini! 이 밥을 먹어라.
- *Pakailah* baju ini! 이 옷을 입어라.
- *Berangkatlah* sekarang! 지금 출발하라.

2. Menggunakan kata bantu "silakan"

Kalimat perintah ini memberi kebaikan atau keuntungan bagi pendengar. Jika memakai kata "silakan", maka tidak perlu memakai akhiran "-lah". 이 명령문은 "청자의 유익"을 위한 것이 특징이다. 부사 "silakan"을 사용한다면 접미사 "-lah"는 사용할 필요가 없다.

Contoh :

- *Silakan* makan nasi ini! 이 밥을 드세요.
- *Silakan* pakai baju ini!   이 옷을 입으세요.
- *Silakan* berangkat sekarang! 지금 출발하세요.

3. Menggunakan kata "tolong"

Kalimat perintah ini memberi kebaikan atau keuntungan bagi penutur. 이 명령문은 "화자의 유익"을 위한 것이 특징이다.

Contoh:

- *Tolong* makan nasi ini! 이 밥을 먹어줘.
- *Tolong* pakai baju ini! 이 옷을 입어줘.
- *Tolong* berangkat sekarang! 지금 출발해 줘.

4. Kalimat Ajakan

Kalimat perintah ini mengajak pendengar melakukan sesuatu bersama

dengan penutur. Kata yang dipakai di sini adalah "mari" atau "ayo".
청유문은 화자 청자에게 함께 어떤 것을 하자는 명령문이다. 여기에
사용되는 부사는 "mari" 또는 "ayo" 이다.

Contoh:

- *Mari* makan nasi ini!

  Ayo makan nasi ini!　　　　이 밥을 먹읍시다.

- *Mari* pakai baju ini!

  Ayo pakai baju ini!　　　　이 옷을 입읍시다.

- *Mari* bawa adikmu ke kamar!

  Ayo bawa adikmu ke kamar!　동생을 방으로 데리고 갑시다.

- *Mari* berangkat sekarang!

  Ayo berangkat sekarang!　　지금 출발합시다.

Dalam slogan, kadang-kadang bentuk kata jadian menggunakan imbuhan "me-" digunakan. Dalam kalimat tersebut, subjek digugurkan. 슬로건에서는 접사 "me-"와 결합한 파생동사를 사용할 때도 있다. 이때 주어가 탈락된다.

- Mari (kita) membangun negara! 나라를 세우자!
- Mari (kita) berbakti pada orang tua! 부모에게 효도하자!
- Ayo (kita) menghemat energi! 에너지를 절약하자!

5. <u>Kalimat Larangan</u>

Kalimat perintah ini melarang pendengar melakukan sesuatu. Kata bantu yang dipakai adalah "jangan" atau "dilarang". 금지문은 청자의 어떤 행동을 못하게 하는 명령문이다. 여기에 쓰이는 부사는 "-하지 마" 또는 "-금지"이다.

- *Jangan* makan nasi ini! 이 밥을 먹지 마.

- *Jangan* pakai baju ini!　이 옷을 입지 마.
- *Dilarang* masuk!　출입금지!
- *Dilarang* parkir!　주차금지!

Latihan Tata Bahasa dan Menulis

A. Buatlah kalimat perintah menggunakan akhiran "-lah"!

Contoh:　Saya <u>memakan</u> ayam.

　　　　-> <u>Makanlah</u> ayam!

1. Adik membeli sepatu baru.

   _____

2. Maria pergi ke tempat itu.

   _____

3. Gadis itu memakai bedak mahal.

   _____

4. Bapak mengirim surat penting.

   _____

5. Wanita itu berbicara dengan suara keras.

   _____

6. Mereka berlari ke hutan.

   _____

7. Polisi mengejar maling itu.

   _____

8. Anak kecil itu belajar dengan rajin.

   _____

9. Kakak mencuci piring kotor itu.

   _____

10. Bintang film itu menyanyi lagu gembira.

_____

11. Anto menggambar kuda poni.

_____

12. Mereka menggosok gigi bersih-bersih.

_____

13. Anak miskin itu memakai baju kumal.

_____

14. Kuliah dosen itu membuat mahasiswa mengantuk.

_____

15. Susilo bekerja di kantor swasta milik ayahnya.

_____

16. Kami berangkat ke Puncak sore ini juga.

_____

17. Orang tua Salim pulang dari Surabaya malam ini.

_____

18. Kwang Soo belajar Bahasa Indonesia di universitas ini.

_____

19. Kakak membawa batik dari Wonogiri.

_____

20. Rusdi memakai celana panjang.

_____

B. Ubahlah kalimat perintah berikut ini menggunakan beragam kata ganti orang seperti contoh!

Contoh: Masaklah nasi! -> Ibu memasak nasi.

1. Pakailah celana panjang itu!

    _____

2. Lihatlah gadis cantik itu!

    _____

3. Cucilah tanganmu sebelum makan!

    _____

4. Siramlah bunga itu!

    _____

5. Pakailah bolpenmu!

    _____

6. Belilah kemeja batik yang baru!

    _____

7. Makanlah nasi goreng ini!

    _____

8. Belilah telur ayam tiga puluh butir!

    _____

9. Bukalah pintu besar itu!

    _____

10. Terimalah surat dari Anita!

    _____

11. Bantulah mahasiswi baru itu!

    _____

12. Adakanlah pesta perkawinan mereka!

    _____

13. Bereskanlah masalah rumit itu!

    _____

14. Putihkanlah kemeja kotor milik ayah!

    _____

15. Rebutlah juara utama dalam pertandingan kali ini!

_____

16. Semprotlah obat nyamuk secukupnya di kamar adik!

_____

17. Jalanilah hidup ini dengan optimis!

_____

18. Kembalikanlah buku yang kamu pinjam kepada pemiliknya!

_____

19. Sayangilah kedua orang tuamu!

_____

20. Jadilah kekasih saya!

_____

C. Buatlah kalimat perintah menggunakan "silakan" dan "tolong"!

Contoh: Anto menonton televisi itu.

      -> <u>Silakan</u> tonton televisi itu.

      -> <u>Tolong</u> tonton televisi itu.

1. Tomi memukul lonceng besar itu.

_____

2. Ira membantu ibu di dapur.

_____

3. Agung berolahraga dengan rajin.

_____

4. Bu Guru beristirahat selama 10 menit.

_____

5. Lisa mencoba es krim baru itu.

_____

6. Jae Hyung berlari mengejar bus itu.

    _____

7. Pak Jaya menempel foto saya di dinding.

    _____

8. Chandra minum obat supaya sembuh.

    _____

9. Pak Haji mengangkat meja berat itu ke kelas.

    _____

10. Si Pelit menyeterika celana panjang kami.

    _____

11. Idaman hati itu menerima cinta saya.

    _____

12. Dosen itu membuat kami giat belajar.

    _____

13. Anak jenaka itu membuat ibu tertawa.

    _____

14. Susi menerima telepon dari pemuda itu.

    _____

15. Iin mencoba semua masakan yang terhidang di meja.

    _____

16. Lusi memulai pekerjaan itu dengan segera.

    _____

17. Anto membuka semua jendela di ruangan ini.

    _____

18. Saya menyusun semua dokumen itu dengan cepat dan teliti.

    _____

19. Adik menambah gula pada kopi pahit itu.

    _____

20. Wati membujuk adik yang menangis.

_____

D. Buatlah kalimat ajakan menggunakan kata "mari" dan "ayo"!

Contoh: Lusi berangkat ke kantor.

      -> Mari berangkat ke kantor!

      -> Ayo berangkat ke kantor!

1. Yea Jin berjalan-jalan ke pusat perbelanjaan.

_____

2. Suparti menabung sejak kecil.

_____

3. Kita berbaikan dengan mereka.

_____

4. Darma merapikan ruangan ini.

_____

5. Kita berwisata ke Pulau Jeju besok.

_____

6. Rusdi menghafal kata-kata sulit.

_____

7. Salim membakar sate ayam.

_____

8. Kwang Soo membeli kamus itu di toko buku.

_____

9. Agus berolahraga setiap hari.

_____

10. Kami semua pergi makan siang.

_____

11. Saya membersihkan kamar mulai dari lemari baju.

_____

12. Semut-semut saling bersalaman setiap kali bertemu.

_____

13. Orang-orang desa memperbaiki jembatan.

_____

14. Evita berpartisipasi dalam pemilihan presiden tahun ini.

_____

15. Mereka mempelajari sejarah bangsa kita sejak dini.

_____

16. Kami menyanyi lagu nasional "Halo-halo Bandung" bersama.

_____

17. Kakak kelas kami membeli barang-barang untuk orientasi.

_____

18. Utari mulai berolahraga untuk menjaga kesehatan.

_____

19. Penonton menikmati acara yang disediakan oleh panitia.

_____

20. Lusi mengunjungi museum bersama keluarga.

_____

E. Buatlah kalimat larangan menggunakan kata "jangan" dan "dilarang"!

Contoh: Lusi berangkat ke kantor.

    -> Jangan berangkat ke kantor!

    -> Dilarang berangkat ke kantor!

1. Suci dan Lestari duduk di atas rumput.

   _____

2. Gil Dong berbicara dengan orang aneh itu.

   _____

3. Chun Hyang menyiram rumput di taman.

   _____

4. Cecep dan Winda bermain di Pantai Haeundae.

   _____

5. Ahmad memberi uang kepada pengemis itu.

   _____

6. Evita menjawab pertanyaan itu.

   _____

7. Kartini naik ke atap rumah.

   _____

8. Sudirman dan Bunga berbicara di dalam kelas.

   _____

9. Si Ganteng mencuci mobil di depan rumah.

   _____

10. Salim memakai celana panjang ke sekolah.

    _____

11. Suci menyapu halaman rumah pada sore hari.

    _____

12. Gadis itu selalu berpangku tangan dan melamun.

    _____

13. Widodo menyetel radio mobil keras-keras.

    _____

14. Anak kecil itu melompat-lompat di atas tempat tidur.

    _____

15. Bagio berbohong kepada polisi.

_____

16. Sudirman menerima bantuan orang itu lagi!

_____

17. Utari kecewa melihat hasil ujian adik.

_____

18. Kelompok itu acuh tak acuh pada hewan dan lingkungan.

_____

19. Gerombolan itu memasak di dalam hutan.

_____

20. Rusli bertindak curang dalam ujian tengah semester.

_____

Imbuhan "me-kan" dan "me-i"

Imbuhan "me-kan"

Fungsi imbuhan ini adalah membentuk kata kerja aktif transitif, yang berarti membutuhkan objek. Kecuali yang ditambah kata sifat, kita harus selalu menambahkan objek. 이 접사의 기능은 타동사를 만드는 것이다. 때문에 형용사와 결합하는 것 외에는 항상 목적어를 써야 한다.

1. Me-kan + verba

a. melakukan tindakan / (목적어)에게 (어근)을 행하다.

Contoh: - Anto _mendengarkan_ radio. 안토는 라디오를 듣는다.

    - Kami _menyanyikan_ lagu cinta. 우리는 사랑 노래를 부른다.

b. membuat objek jadi / (목적어)를 (어근) 상태로 만들다.

Contoh: - Ibu _mendudukkan_ adik. 엄마는 동생을 앉힌다.

    - Kakak _menidurkan_ anaknya. 형은 그의 아이를 재운다.

c. melakukan untuk orang lain / 타인을 위해 (어근)을 행하다.

   Di sini bentuk "me-kan" diikuti kata ganti orang dan kata benda. 여기에서 "me-kan"의 형태 다음 인칭 그리고 명사가 따라온다.

Contoh: - Lusi _membacakan_ adik buku. 루시는 동생을 위해 책을 읽는다.

    - Saya _membuatkan_ Rosi pakaian. 나는 로시를 위해 옷을 만든다.

2. Me-kan + nomina

a. memasukkan objek ke dalam / (목적어)를 (어근) 안/속으로 들어가게 하다.

Contoh:- Bapak *mengalengkan* ikan. 아버지는 생선을 캔에 넣는다.

- Polisi *memenjarakan* maling. 경찰은 도둑을 교도소에 넣는다.

b. mengarahkan objek ke / (목적어)를 (어근)으로 향하게 하다.

Contoh :- Pilot *mendaratkan* pesawat. 기관사는 비행기를 착륙시켰다.

- Budi *menepikan* mobil. 부디는 자동차를 노변에 향하게 했다.

c. memberikan kepada / "(어근)을 (목적어)에게 (해)주다.

Contoh :- Ibu *menceritakan* adik dongeng.

엄마는 동생에게 동화를 이야기해 준다.

- Ali *menghadiahkan* Anita cincin.

알리는 아니타에게 반지를 선물로 준다.

d. mengeluarkan objek seperti / (목적어)를 (어근)처럼 내다.

Contoh: - Iwan *menitikkan* air mata.

이완은 눈물을 (마침표/점처럼) 똑똑 흘린다.

- Tangannya *meneteskan* darah.

그의 손에서 피가 (물방울처럼) 똑똑 떨어진다.

3. Me-kan + adjektiva

a. membuat objek merasa / (목적어)를 (어근)을 느끼게 하다

Jika objek adalah kata ganti orang pertama, maka boleh digugurkan.

여기서 어근이 1인칭일 경우 생략해도 된다.

Contoh: - Lagu ini *menyenangkan* (saya). 이 노래가 (나를) 기쁘게 한다

- Suara itu *menakutkan* Ita . 저 소리가 이따를 두렵게 한다.

b. membuat objek jadi / (목적어)를 (어근)한 상태로 만들다.

Contoh: - Ayah *membersihkan* kebun. 아버지는 정원을 깨끗이 한다.

- Ia *mengosongkan* piringnya. 그는 그의 접시를 비운다.

Imbuhan "me-i"

1. Me-i + verba

a. melakukan berulang-ulang, melakukan dalam jumlah banyak, selalu.
반복해서 (어근)하다, (어근)을 많이 하다, 항상 (어근)을 하다.

Contoh: - Yudi *memukuli* temannya.

유디는 친구를 (계속, 많이, 항상) 때린다.

- Anak nakal itu *menulisi* dinding.

저 개구쟁이는 벽에 (계속, 많이, 항상) 낙서한다.

b. melakukan dengan tujuan tertentu.
특별한 목적/이유를 갖고 (목적어)를 (어근)하다.

Contoh: - Yudi *mendatangi* temannya.

유디가 친구를 방문한다.

- Yudi *membisiki* temannya.

유디는 친구에게 조용히 속삭인다.

2. Imbuhan "me-i" + nomina

a. bertindak sebagai / (어근) 노릇을 하다, (어근)이 되어주다.

Contoh: - Dia *menggurui* saya.

그는 나에게 선생 노릇한다.

- Ali *menemani* Sinta ke pasar.

알리는 시작으로 가는 신따의 길동무가 되어준다.

b. membuang (kata dasar) / (어근)을 버리다/제거하다.

Contoh: - Ia *menguliti* sapi itu. 그는 소가죽을 벗긴다.

- Ibu *menyisiki* ikan. 엄마는 생선 비늘을 벗긴다.

- Paman *membului* ayam. 삼촌은 닭털을 벗긴다.

c. memberi/menambahkan / (어근)을 추가하다/첨가하다/주다.

Contoh: - Rusdi *memagari* rumahnya. 루스디는 집에 울타리를 친다.

- Badu *meracuni* minuman ini. 바두는 이 음료에 독을 넣는다.

3. Me-i + adjektiva

a. bersikap - kepada / (목적어)에게 (어근)의 태도를 취하다.

Contoh: - Ayah *memarahi* kakak. 아버지는 형에게 화를 낸다.

- Siti *menyayangi* adiknya. 시띠는 동생을 아낀다.

b. membuat objek menjadi - / (목적어)를 (어근)한 상태로 만들다.

Contoh: - Hujan *membasahi* lapangan. 비가 운동장을 적신다.

- Dia *mengotori* baju Lusi. 그는 루시의 옷을 더럽힌다.

Catatan / 메모:

♣ Untuk bentuk "me-kan", umumnya akibat perubahan verba terjadi pada objek.

"me-kan" 형태에서는 보통 동사의 영향이 목적어에 있다.

Contoh: - Mereka *memasukkan* anak itu ke kamar.

그들은 그 아이를 방으로 들여보냈다.

- Saya *menyukakan* hati ibu.

나는 엄마의 마음을 기쁘게 한다.

♣ Untuk bentuk "me-i", umumnya akibat perubahan verba terjadi pada subjek.

"me-i" 형태에서는 동사의 영향이 주어에 있다.

Contoh: - Mereka *memasuki* kamar.

그들은 방에 들어간다.

- Saya *menyukai* Anda.

나는 당신을 좋아한다.

Latihan Tata Bahasa dan Menulis

A. Lengkapi kalimat dengan kata-kata di bawah ini dan carilah artinya!

1. Anto _____ pendidikan di kota ini.

   a. menanyakan

   _____

   b. meningkatkan

   _____

   c. membiarkan

   _____

   d. meluruskan

   _____

   e. memikirkan

   _____

2. Pak Guru _____ mobilnya.

   a. menjalankan

   _____

b. memundurkan

_____

c. membetulkan

_____

d. membersihkan

_____

e. memasarkan

_____

3. Kak Lusi _____ saya kue manis.
   a. membelikan

_____

b. memberikan

_____

c. membuatkan

_____

d. menawarkan

_____

e. menghadiahkan

_____

4. Sudah lama ia _____ isi hatinya pada gadis itu.
   a. menyampaikan

_____

b. mengatakan

_____

c. menyembunyikan

_____

d. mencurahkan

_____

e. menceritakan

_____

5. Saya _____ ayah selembar surat penting.
   a. mengetikkan

   _____

   b. mengirimkan

   _____

   c. mengantarkan

   _____

   d. membacakan

   _____

   e. menuliskan

   _____

B. Lengkapi kalimat dengan kata di bawah ini dan carilah artinya!

1. Winda _____ temannya.
   a. menangisi

   _____

   b. membohongi

   _____

   c. mengiringi

   _____

   d. menakuti

   _____

e. mengasihi

_____

2. Anita _____ kertas berwarna.
   a. memotongi

   _____

   b. melipati

   _____

   c. merobeki

   _____

   d. menempeli

   _____

   e. mengguntingi

   _____

3. Ibu _____ seekor ayam.
   a. menguliti

   _____

   b. membumbui

   _____

   c. menggarami

   _____

   d. mencicipi

   _____

   e. memukuli

   _____

4. Agus _____ mahasiswa di kelasnya.

   a. mewakili

   _____

   b. menggurui

   _____

   c. memarahi

   _____

   d. mengepalai

   _____

   e. menanyai

   _____

5. Gadis itu _____ Rusdi.

   a. mencintai

   _____

   b. memanasi

   _____

   c. mengajari

   _____

   d. mencemburui

   _____

   e. menerangi

   _____

C. Lengkapilah kata dasar ini dengan "me-kan" atau "me-i"!

1. Kami semua (kasih) _____ anak itu.

2. Jangan (tempel) _____ dinding itu dengan poster!

3. Lusi (tempel) _____ perangko pada amplop.

4. Tindakannya (susah) _____ hati Agung.

5. Kita tidak boleh (lupa) _____ jasa Effendi.

6. Suparti (gunting) _____ kertas berwarna itu.

7. Suparti (gunting) _____ adiknya kertas berwarna itu.

8. Agung (dekat) _____ kursi itu.

9. Agung (dekat) _____ kursi itu ke dinding.

10. Ira (duduk) _____ kursi mahal itu.

11. Ira (duduk) _____ anaknya di kursi mahal itu.

12. Tomi (kurang) _____ nasi Ali.

13. Tomi (kurang) _____ air dari gelas anaknya.

14. Rusdi (turun) _____ gunung itu.

15. Rusdi (turun) _____ pohon dari gunung itu.

16. Salim (jilat) _____ es krimnya.

17. Darma (coba) _____ semua makanan itu.

18. Darma (coba) _____ pakaian itu pada istrinya.

19. Keong Emas (tutup) _____ kepalanya dengan selendang.

20. Keong Emas (tutup) _____ pintu untuk ibu.

21. Dokter itu (sembuh) _____ penyakit Agus.

22. Ibu itu (jauh)_____ anaknya dari orang aneh itu.

23. Anak itu (jauh) _____ orang aneh itu.

24. Mengapa kamu selalu (guru) _____ kami?

25. Ibu (guru) _____ kami pada dosen itu.

26. Kwang Soo (pisah) _____ dua orang yang berkelahi itu.

27. Anak kecil itu (ikut) _____ gerakan ayahnya.

28. Ibu (harap) _____ Luki segera pulang.

29. Ia (nama) _____ anjingnya Ripi.

30. Salim (bawa) _____ hadiah untuk adik saya.

31. Yea Jin (oles) _____ kertas itu dengan lem.

32. Yea Jin (oles)_____ lem pada kertas itu.

33. Jae Hyung berlari (dahulu) _____ adiknya.

34. Jae Hyung (dahulu) _____ tugas yang lebih penting.

35. Ratih (punya) _____ dua buah mobil.

36. Bunga meminta Si Ganteng (buka)_____ jendela itu.

37. Cecep (antar) _____ Winda ke rumah sakit.

38. Pemuda itu mencoba (gerak) _____ lemari itu.

39. Kata-katamu (sakit) _____ hati saya.

40. Lestari (sampai) _____ pesan dosen kepada kami.

41. Berita itu sangat (khawatir) _____ kami.

42. Gil Dong (cerita) _____ pengalamannya kepada mereka.

43. Ibu (usap) _____ kepala adik dengan kasih sayang.

44. Ibu (usap) _____ alkohol pada luka di kaki paman.

45. Sudirman (lempar) _____ batu itu sejauh mungkin.

46. Sudirman (lempar) _____ seekor katak kecil dengan batu.

47. Doni (angkat) _____ nenek keranjang belanja.

48. Doni (angkat) _____ barang-barang nenek yang jatuh.

49. Evita (cari) _____ temannya buku di perpustakaan.

50. Pak Jaya (tanda) _____ buku-buku tua itu.

51. Suara lonceng itu (tanda) _____ berakhirnya kelas kita.

52. Chandra (akhir) _____ acara itu dengan menyanyi.

53. Indra (garis) _____ bukunya dengan bolpen merah.

54. Indra (garis) _____ pentingnya komunikasi dalam pidatonya.

55. Hari ini Chandra akan (temu) _____ Pak Lee.

56. Hari ini Chandra (temu) _____ sebuah dompet di jalan.

57. Chul Soo (gigit) _____ kue itu.

58. Chul Soo (gigit) _____ sepotong kue pada anjingnya.

59. Lusi (titik) _____ kain itu dengan canting.

60. Lusi (titik) _____ air mata sewaktu berpisah dengan kekasihnya.

D. Lengkapilah cerita di bawah ini dengan kata-kata dalam kotak!

> mendebarkan, mengunjungi, menjuluki, mengamati, mendengarkan, menceritakan, memutuskan, menemui, menemani, menggantikan, membelikan, mengerjakan, mendatangi, memandangi, mengagumkan, membuyarkan

1. Sudah lama Pangeran (관찰하다) _____ gadis itu.
2. Kata orang, gadis itu kata orang tidak cantik tetapi selalu rajin (친구) _____ ibunya bekerja di pasar.
3. Kadang-kadang jika ibunya sakit, ia (바꾸다) _____ ibunya berjualan di pasar.
4. Tidak lupa ia (사다) _____ obat agar ibunya cepat sembuh.
5. Di rumah, dialah yang (일하다) _____ semua pekerjaan rumah.
6. Tak heran orang sekampung (별명) _____nya "Permata".
7. Semula Pangeran tidak (듣다) _____ cerita bawahannya yang tinggal sekampung dengan Permata.
8. Bawahannya itu selalu saja (이야기) _____ kesalehan Permata.
9. Sehingga suatu hari Pangeran (끊다) _____ untuk (만나다) _____nya.
10. Ia menyamar sebagai pemuda desa yang dalam perjalanan (오다) _____ desa tempat tinggal Permata.
11. Ia sengaja (방문하다) _____ warung milik ibu Permata.
12. Ketika Pangeran melihat gadis itu untuk pertama kalinya, matanya tidak lepas (보다) _____ wajah sang gadis.
13. Siapa bilang gadis itu tidak cantik? Senyumnya yang ramah dan

suaranya yang merdu (맥박, 두근거리다) _____ hati
Pangeran.

14. Entah berapa lama Pangeran terpana, sampai suara bawahannya
(분산하다) _____ lamunannya.

E. Carilah arti imbuhan "me-kan" dan "me-i" dalam kalimat-kalimat berikut ini!

1. Ayah menambahkan gula ke dalam kopinya.
2. Ayah melarutkan gula itu dengan sendok kecil.
3. Margie membuatkan saya biskuit coklat.
4. Margie menempatkan biskuit itu dalam piring cantik.
5. Berita bencana tsunami itu menggemparkan dunia.
6. Banyak korban bencana tsunami melarikan diri dari rumahnya.
7. Keindahan Borobudur mengagumkan wisatawan.
8. Wisatawan mengabadikan Borobudur dengan kamera mereka.
9. Ibu itu selalu menidurkan anaknya pada jam 8 malam.
10. Ibu itu selalu mendendangkan anaknya lagu "Nina Bobo"
11. Ali menggigiti kukunya karena terlalu tegang.
12. Ali berusaha tenang dengan cara memandangi tangannya.
13. Jangan mengambili kertas baru di meja itu!
14. Jangan menjahili anak kecil itu!
15. Kami mengunjungi Taman Mini minggu lalu.
16. Indonesia memiliki budaya dan bahasa yang bervariasi.
17. Banyak pengunjung membanjiri Pasar Malam itu.
18. Adik memotongi kertas-kertas warna itu.
19. Tanaman itu merambati dinding sekolah kami.
20. Atlet melompati penghalang dengan sangat lincah.

Unit 10

Imbuhan "pe-" dan "pe-an"

Awalan "pe-"

Awalan "pe-" membentuk nomina dan dapat mempengaruhi huruf awal kata dasar. 접두사 "pe-"는 명사를 만들고 어근 첫 글자에 영향을 줄 수 있다.

Awalan	Berubah menjadi	Huruf awal	Kata Dasar	Bentuk Akhir
Pe-	pe-	l	lamar	pelamar
		m	makan	pemakan
		n	nilai	penilai
		ng	nganga	penganga
		ny	nyanyi	penyanyi
		r	raba	peraba
		w	wangi	pewangi
		y	yakin	peyakin[4]
	pem-	b	beli	pembeli
		f	foto	pemfoto
		p (* p gugur)	paku	pemaku

---

[4] Bentuk ini sebenarnya hampir tidak dipakai dalam Bahasa Indonesia. Tetapi di sini ditampilkan sebagai contoh saja. 이 형태는 인도네시아어에 거의 없다. 여기서 예시로 보여준 것이다.

	pen-	d	duga	penduga
		c	cebur	pencebur
		j	jual	penjual
		t	tinju	petinju
		t (* t gugur)	tinju	peninju
		z	ziarah	penziarah
	peng-	a/i/u/e/o	ekspor	pengekspor
		g	gusur	penggusur
		h	hukum	penghukum
		k (*k gugur)	kikis	pengikis
		r[5]	rajin	pengrajin
	peny-	s	suruh	pesuruh
		s (* s gugur)	suruh	penyuruh
	penge-	(kata 1 suku kata)	tik	pengetik
			cat	pengecat
			bom	pengebom
			pel	pengepel

Catatan / 메모:

Kata dasar berhuruf awal 't' dan 's' bila digabung dengan awalan "pe-" dapat gugur dan tidak. Untuk 't' contohnya adalah peninju, penunjuk vs. petinju, petunjuk. Untuk 's' contohnya adalah penyuruh vs. pesuruh.

접두사 'pe-'가 't'와 's'로 시작한 어근과 결합할 경우 탈락도 그대로 있을 수 있다. 그 예가 't'일 경우, penunjuk vs. petinju, petunjuk. 's'인 경우 penyuruh vs. pesuruh이다.

---

[5] Khusus untuk beberapa kata dasar saja. 특정 어근에만 적용된다.

1. Pe- + verba

a. Orang yang melakukan kegiatan me-, bekerja sebagai orang yang me- / (어근)을 하는 사람, (어근)을 직업으로 하는 사람.

Contoh: - Siapa *penyanyi* pada ulang tahun ibu?

엄마 생일에 노래 부를 사람은 누구?

- *Penulis* buku itu seorang remaja.

그 책의 작가는 청소년이다.

b. Alat untuk me- / (어근)을 위한 도구.

Contoh: - Toko itu memakai mesin *pembuat* roti.

그 빵가게는 제빵기계를 사용한다.

- Kapal *pengangkut* itu sampai di Busan.

그 화물선은 부산에 도착했다.

2. Pe- + nomina

a. Orang yang gemar-, atlit / (어근)을 좋아하는, 중독된 사람, 선수[6]

Contoh: - Pak Kim adalah seorang *perokok*.

김씨는 담배 골초다.

- Anak itu *pegolf*.

저 아이는 골프 선수다.

b. Yang menjadi- / (어근)이 되는 것

Contoh: - Apa *penyebab* mesin ini rusak?

이 기계의 고장 원인은 무엇?

---

[6] Untuk atlit, kata dasar tidak berubah. '선수'의 의미에서는 어근이 변화되지 않는다. Contoh: petenis.

3. Pe- + adjektiva

a. sesuatu yang membuat- / (어근)하게 하는 것.

Contoh: - Desa itu belum mempunyai *penerang*.

저 마을은 아직 조명이 없다.

- Ibu lupa mematikan *pemanas* ruangan.

엄마는 난방기 끄는 것을 잊었다.

b. orang yang sering, selalu / 자주, 항상 (어근)하는 사람.

Contoh: - Janganlah kamu menjadi *pemalas*!

너는 게으른 사람이 되지 마라!

- Kakek sekarang menjadi *pelupa*.

할아버지는 지금 건망증이 심한 사람이 되었다.

Imbuhan "pe-an"

Imbuhan "pe-an" membentuk nomina dan mempengaruhi huruf awal kata dasar. 접사 "pe-an"는 명사를 만들고 어근 첫 글자에 영향을 준다.

1. Pe-an + verba

a. Proses, hasil dari ber- atau me- / 과정, (어근)한 것에 결과.

Contoh: - Hasil *pertanian* itu dibawa ke pasar dengan truk.

농산물은 시장으로 트럭을 이용하여 운반된다.

- Mereka melakukan *persiapan* untuk acara itu.

그들은 행사를 위한 준비를 하고 있다.

- Anak kecil menyukai *permainan* petak umpet.

어린 아이들은 숨바꼭질 놀이를 좋아한다.

b. Alat, indera / (어근)을 하기 위한 도구, 감각.

Contoh: - Ibu menggoreng nasi dengan *penggorengan* baru.

엄마는 밥을 새 프라이팬에다 밥을 볶는다.

- *Penglihatan* kakek semakin memburuk.

할아버지의 시력은 점점 악화된다.

c. Hal me-, tentang / (어근)하는 것, (어근)에 대해

Contoh: - *Pendirian* gedung ini akan dimulai bulan depan.

이 건물의 건립은 다음 달에 시작될 것이다.

- Kakak saya tertarik pada bidang *perdagangan*.

형은 무역 분야에 관심을 갖고 있다.

d. tempat untuk ber- atau me- / (어근)하기 위한 장소.

Contoh: - Setiap akhir minggu mereka pergi ke *peristirahatan*.

매 주말마다 그들은 휴양지로 간다.

- *Pembuangan* sampah itu menimbulkan bau busuk.

저 쓰레기 처리장은 악취를 유발한다.

2. Pe-an + nomina

a. Proses, hasil me- / 과정, (어근)한 것의 결과.

Contoh: - Hasil *penyulingan* air itu akan diumumkan besok.

물 정수 결과를 내일 발표할 것이다.

- *Pengaspalan* jalan desa itu terlambat satu tahun.

그 마을 도로 포장은 1년간 지연되었다.

b. tempat (yang banyak) / (어근)이 많은 곳.

Contoh: - Saya dan adik suka pergi ke *pertokoan*.

나와 동생은 쇼핑 센터에 가는 것을 좋아한다.

- Santi tinggal di *perumahan* orang kaya.

산띠는 부자 주택가에 산다.

c. tempat untuk ber- / (어근)하기 위한 장소.

Contoh: - Bus itu selalu datang di *perhentian* ini setiap 10 menit.

그 버스는 매 10분마다 이 정류장에 온다.

3. Pe-an + adjektiva

a. Proses, hasil dari / 과정, (어근)한 것의 결과.

Contoh: - Sistem *pemanasan* kantor ini otomatis.

이 사무실의 난방 시스템은 자동이다.

- *Pengaspalan* jalan desa itu terlambat satu tahun.

그 마을 도로 포장은 1년간 지연되었다.

b. tempat untuk ber- / (어근)하기 위한 장소.

Contoh: - Kapal itu tiba di *pelabuhan* sore ini.

그 배는 오늘 저녁 항구에 도착할 것이다.

4. Pe-an + numeralia

a. Hasil menjadi- atau ber- / (어근)한 것의 결과.

Contoh: - *Penyatuan* Korea Selatan dan Utara tidak mudah.

남한과 북한을 하나로 만드는 것은 쉬운 일이 아니다.

- Sila ketiga Pancasila adalah *Persatuan* Indonesia.

인도네시아 오대 원칙 중 세 번째 항목은 '통일 인도네시아'이다.

b. Jalan yang terbagi menjadi- / 몇 개 또는 몇 갈래로 나눠진 길.

Contoh: - Kalau ke kiri ada *perempatan*, kalau ke kanan *pertigaan*.

좌회전을 하면 사거리가 있고, 우회전을 하면 삼거리가 있다.

Catatan / 메모

Pembentukan menggunakan 'pe-an' dengan kata dasar yang sama dapat menghasilkan arti yang berbeda. Perhatikan contoh berikut ini. 같은 어근이어도 'pe-an'과 결합할 때 다른 의미로 파생될 수 있다. 다음 예를 보자.

Verba 'ajar'

- *Pengajaran* Bahasa Inggris di negeri kami dimulai sejak TK.

  ☞ Pengajaran : proses mengajar.

- *Pelajaran* Bahasa Inggris di kampus kami sungguh menarik.

  ☞ Pelajaran : proses belajar.

Nomina 'obat'

- Kakak tertarik pada bidang *perobatan*.

  ☞ Perobatan : tentang obat.

- *Pengobatan* orang itu memakan waktu lama.

  ☞ Pengobatan : proses mengobati.

A. Lengkapilah kata dasar di bawah ini dengan imbuhan "pe-"!

Contoh: Anto adalah seorang (makan) _____.

      -> *Anto adalah seorang pemakan.*

      -> 안토는 먹보다.

1. Orang itu sudah lama menjadi (ajar) _____ di sekolah kami.

2. Anak (diam) _____ itu suka membaca buku.

3. Dari wajahnya, saya tahu dia seorang (pikir) _____.

4. Coba bawakan (buka) _____ botol!

5. Mereka terpesona melihat (tari) _____ yang mahir itu.

6. Polisi belum dapat mencari (tembak) _____ misterius itu.

7. Kita harus mencari tahu siapa (suruh) _____ tugas ini.

8. Pada hari Lebaran, Pak Lee memberi hadiah istimewa kepada (suruh) _____nya.

9. Ibu anak itu ingin menjadikannya (golf) _____ terkenal.

10. Ayah Luki seorang (mabuk) _____ berat.

11. (kerja) _____ keras itu akhirnya menjadi kaya.

12. Saya tidak mengerti mengapa (usaha) _____ itu bangkrut.

13. Saya tidak ingin ada jurang (pisah) _____ di antara kita.

14. Pak Kim terkenal sebagai seorang (murah) _____.

15. Tino lupa mematikan (panas) _____ ruangan.

16. Kelihatannya guru galak itu akan menjadi (ganti) _____ guru kita.

17. Sejak subuh, semua (pimpin) _____ di kantor ini sibuk.

18. Menurut (duduk) _____, babi hutan merusak ladang mereka.

19. Karena itu mereka memasang (jerat) _____babi hutan.

20. (alih) _____bahasa novel ini terampil sekali.
21. Kelompok (cinta) _____alam di kampus kami akan pergi ke Gunung Jiri besok.
22. Dari mana kamu dapat (wangi) _____ ruangan ini?
23. Masukkan saja uang itu pada mesin (hitung) _____ uang.
24. Kami perlu data (dukung) _____ untuk memastikan hal itu.
25. (bantu) _____ kami berasal dari Wonogiri.
26. Di wilayah ini banyak tinggal (buat) _____ kerajinan tembikar.
27. Para (buat) _____ tembikar itu terlatih sejak kecil.
28. (malas) _____ itu lagi-lagi bangun kesiangan hari ini.
29. Jangan mengganggu dia. Dia itu sangat (rasa) _____.
30. Saya tidak heran mengapa orang itu disebut (bohong) _____ di desanya.
31. Siapa (diri) _____ gedung megah itu?
32. Mengapa kebun (hasil) _____ tebu itu ditutup?
33. Kami berencana untuk mewawancarai (main) _____ sinetron itu.
34. Kembalikan (hapus) _____ pena saya!
35. Para (berontak) _____ itu berdemonstrasi di depan gedung (perintah) _____.
36. (mandu) _____ yang ramah itu disukai semua wisatawan.
37. (ajar) _____ yang baik hati dan tidak sombong itu ternyata anak presiden.
38. Wati sudah lama menjadi (lukis) _____ di kota kecil itu.
39. Linda adalah (datang) _____ di kota kami.
40. Setelah diperiksa selama dua hari, (curi) _____ itu dilepaskan.

B. Isilah bagian yang kosong dengan kata yang tepat di dalam kotak! 주어진 힌트는 어근이다.

> perokok, pengetik, pelukis, pelajar, pembantu, pendukung, penanam, penziarah, pengikut, penerima, pengangkut, pembicara, pemarah, pencuci, pemisah, penjemput, pendatang, pengendara, periang, pereda, pelamar, penyamar, pemain, pengharum, pemimpin, pengocok, petunjuk, penutup, pengarang, pemurung

1. Pak Sutopo adalah _____ di kantor percetakan. (타자하다)
2. Semua bus _____ para atlit Olimpiade sudah siap di depan hotel. (마중 나가다)
3. Saya rasa toilet ini perlu diberi _____ ruangan. (향기)
4. Pada Hari Pahlawan banyak _____ datang di makam pahlawan. (참배하다)
5. Dalam seminar itu, Iwan diundang sebagai _____. (연설하다)
6. Agar-agar ini disediakan sebagai hidangan _____. (닫다)
7. Semua _____ asing di negara ini wajib melapor ke kantor imigrasi. (방문하다)
8. Minah bekerja sebagai _____ di rumah kami. (돕다)
9. Pasukan itu sangat setia kepada _____ mereka. (지도하다)
10. Pekerjaan itu sangat menarik. Tidak heran banyak _____nya. (지원하다)
11. Adik bercita-cita menjadi seorang _____ novel. (쓰다, 기록하다)
12. Jangan lupa mencantumkan nama _____ surat itu di amplop. (받다, 수취하다)
13. Dalam kampanye itu, para calon presiden berusaha memperoleh suara _____ sebanyak mungkin. (지지하다)

14. Si _____ itu selalu tidak puas pada hasil kerja kami. (화, 분노)

15. Maling licin itu terkenal sebagai _____ ulung. (위장하다)

16. _____ agama sesat itu akhirnya mendekam di penjara. (따르다, 좇다)

17. Affandi adalah seorang _____ Indonesia yang termasyur. (그림, 그리다)

18. Lusi suka bersahabat dengan Evita karena ia seorang _____. (명랑한, 유쾌한)

19. _____ modal asing di negara ini mudah mendapat visa. (심다)

20. Ibu berdoa setiap malam memohon _____ dari Yang Maha Kuasa. (지도하다, 지시하다)

21. Mesin _____ ini dibuat oleh PT Samsung. (세탁하다)

22. _____ berat mudah terkena kanker paru-paru. (담배)

23. Saridon adalah obat _____ sakit kepala. (가라앉다, 잠잠해진)

24. Karena sifatnya, Si _____ tidak dapat beradaptasi dengan teman-temannya. (울울한)

25. Di pasar ini banyak orang muda yang bekerja sebagai _____ (나르다, 운반하다) barang dagangan.

26. Pagar _____ kedua bangunan itu roboh hari ini. (갈라진, 헤어진)

27. Semua _____ SD Bumi berhasil dalam ujian kali ini. (공부하다)

28. Di mana kau simpan alat _____ telur itu? (흔들다, 뒤섞다)

29. Setiap _____ motor harus memakai helm. (올라타다)

30. _____ sepak bola favorit kami adalah Park Jisung. (놀다)

C. Tambahkan imbuhan "pe-an" pada kata dasar di bawah ini!

1. Salim sedang menunggu (umum) _____ tentang ujian.

2. (baca) pidato _____ pada hari itu dilakukan oleh Bunga.

3. Adi paling bersemangat waktu membicarakan (ekonomi) _____ negara ini.

4. Sampai saat ini, (hitung) _____ Sudirman tidak pernah meleset.

5. Menurut Kartini (tambah) _____ gedung di kampus kita tidak perlu.

6. Ahmad membaca tingkat (tambah) _____ jumlah penduduk di Korea tidak banyak.

7. Evita mempunyai teman yang ayahnya bekerja di bidang (tambang) _____.

8. (tambang) _____ minyak bumi yang tidak terkontrol akan menyebabkan kekurangan energi di masa depan.

9. Cecep berpendapat bahwa (laksana) _____ eksperimen itu berbahaya.

10. Di dekat rumah Winda ada tempat (tanam) _____ ginseng.

11. Dari (bicara) _____ itu Suci menyimpulkan bahwa orang itu memang tidak bisa dipercaya.

12. Hari ini Lestari membuktikan (lihat) _____nya yang tajam.

13. Setelah melalui (goreng) _____ dengan minyak panas, kentang-kentang itu dibungkus dengan rapi.

14. Pemerintah sedang meninjau kembali (atur) _____ mengenai perkawinan sesama jenis.

15. Komandan militer sedang melakukan (atur) _____ barisan yang berlatih hari ini.

16. Dalam acara itu, (baca) _____ puisi dilakukan oleh Agung.

17. (rebut) _____ mahasiswi cantik itu terjadi antara ketua jurusan dan wakilnya.

18. Jika musim gugur, Kwang Soo sering pergi ke (labuh) _____.

19. Karena ingin tampil beda, Si Ganteng melakukan (ubah) _____ pada rambutnya.

20. Agus menghibur temannya yang sedang mengalami (coba) _____ berat itu.

21. Jangan sekali-kali melakukan (coba) _____ yang berbahaya!

22. Polisi menggeledah wilayah (lacur) _____ di kota itu.

23. Siapalah yang dapat memutuskan hubungan (cinta) _____ mereka?

24. Kapan (tanding) _____ sepak bola antara Korea dan Jepang akan dimulai?

25. Dalam seminar itu para dosen akan membicarakan tentang sejarah (kembang) _____ Bahasa Indonesia.

26. Di samping itu mereka juga membahas tentang (kembang) _____ bakat mahasiswa.

27. Ia menatap gadis itu dengan pandangan penuh (harap) _____ .

28. Ekonomi rumah tangga itu bertambah baik sejak mereka mengurangi (keluar) _____ mereka.

29. Seharusnya Ita turut dalam (makam) _____ ayahnya.

30. Penjahat ekonomi itu berusaha melakukan (cuci) _____ uang.

D. Ubahlah kalimat-kalimat berikut ini sesuai dengan contoh!

Contoh: - Nelayan mengangkut semua ikan.

Pengangkutan semua ikan dilakukan oleh nelayan.

- Kami senang dapat datang di tempat memancing ini.

Kami senang dapat datang di pemancingan ini.

1. Penjahat memutuskan aliran listrik sebelum masuk ke rumah itu.

   _____

2. Tim pengajar di universitas kami meningkatkan kualitas kuliah.

   _____

3. Bupati membuatkan tempat untuk menampung korban bencana.

   _____

4. Proses mendinginkan es krim perlu waktu paling sedikit 4 jam.

   _____

5. Orang-orang di kota-kota biasanya lebih memperhatikan materi daripada orang di desa-desa.

   _____

6. Effendi tidak mau turut campur urusan di tempat mengadili itu.

   _____

7. Dari sekian banyak pendaftar, hanya Rusdilah yang memenuhi hal-hal yang menjadi syarat.

   _____

8. Bagi Salim, hal yang beda tentang warna kulit tidak penting. Siapa saja dapat menjadi temannya.

   _____

9. Darma memelopori proses memberantas buta huruf di desa itu.

   _____

10. Pak Jaya melihat langsung proses menetas telur kura-kura itu.

    _____

11. Sudah lama Chandra mengikat tali (hal ber)sahabat dengan Anto.

    _____

12. Si Pelit bercita-cita membangun pusat kantor-kantor.

    _____

13. Yea Jin melakukan proses mendalami ilmu psikologi.

    _____

14. Sebelum berenang, Ratih selalu melakukan gerakan (proses) memanaskan.

_____

15. Di rumah Pak Haji ada tempat untuk menyimpan beras.

_____

16. Si Ganteng bahagia jika sedang membayangkan proses menikah dengan pacarnya.

_____

17. Hal yang sama dari Ira dan adiknya adalah mereka berambut hitam.

_____

18. Pada liburan depan, Linda akan mengadakan (hal ber)jalan-jalan ke Jepang.

_____

19. Walaupun sudah dinasehati beberapa kali, namun Lusi tidak melakukan (proses) menjadi lebih baik.

_____

20. Di waktu susah, semua orang ingin mendapat kata-kata (hal) menghibur.

_____

E. Isilah bagian yang kosong dengan kata yang tepat di dalam kotak! (주어진 힌트는 어근이다).

> pembakaran, pertanian, pencurian, perusahaan, pengadaan,
> penglihatan, perikanan, pemberian, pendapatan, percakapan,
> pertengkaran, pembaringan, penginapan, penetapan, permintaan,
> penetasan, pelacuran, persekongkolan, penerangan, pengeluaran,
> penyediaan, persamaan, pertanian

1. Salah satu usaha masyarakat di pantai ini adalah industri _____. (생선)

2. Belakangan ini mereka kewalahan karena _____ konsumen meningkat luar biasa. (요구하다)

3. Pada hari ini kami mengumumkan _____ rektor baru di universitas ini. (고정된, 정착된)

4. Akhirnya mereka melihat sebuah _____ yang agak jauh dari jalan raya. (묵다/숙박하다)

5. _____ listrik di desa ini menyebabkan aliran listrik di daerah tertentu sering putus. (훔치다)

6. Anak-anak mengamati _____ telur di dalam laboratorium. (부화하다)

7. _____ kecil antar teman memang biasa terjadi pada siapapun. (다투다)

8. _____ mafia narkoba itu terbukti melibatkan pejabat pemerintah dan aparat keadilan. (공모하다)

9. Orang yang jarak _____nya sempit, biasanya harus memakai kacamata minus. (보다)

10. Apabila _____ selalu lebih besar daripada _____, keadaan ekonomi kita akan merosot. (나가다) (얻다)

11. Anto mengirim surat lamaran setelah membaca lowongan kerja di _____ sepatu itu. (노력하다)

12. Pada jaman dahulu, orang melakukan _____ hutan untuk membuka tanah _____. (불태우다) (농사하다)

13. _____ imunisasi pada bayi harus dilakukan sebelum bayi berumur satu tahun. (주다)

14. Mereka melakukan _____ dalam bahasa isyarat. (말하다)

15. Polisi melakukan razia di tempat _____ itu. (부도덕한, 음란한)

16. Bahasa Indonesia dan Bahasa Malaysia mempunyai banyak _____ . (같다/유사하다)

17. Sistem _____ di jalan umum itu diusahakan agar sedapat mungkin hemat energi. (밝다)

18. Pemerintah desa berusaha mandiri dalam _____ air bersih untuk masyarakatnya. (준비가 된)

19. Seharusnya mereka menimbangkan _____ suku cadang mobil itu sebelum membelinya. (있다)

20. Raja menggerutu karena tempat _____nya tidak cukup empuk. (쉬다, 잠자다)

Unit 11

Imbuhan "-an" dan "ke-an"

Akhiran "-an"

Fungsi akhiran ini adalah mengubah kata dasar menjadi kata benda.
이 접미사의 역할은 어근을 명사화하는 것이다.

1. Verba + -an

Hasil me- / (어근)한 결과.

Contoh: - _Masakan_ Salim enak. 살림의 요리는 맛있다.

- _Tulisan_ anak itu bagus. 그 아이의 손글씨는 좋다.

2. Nomina + -an

a. Membentuk kata benda baru / 새로운 의미의 파생명사를 형성한다.

Contoh: - Saya suka buah _rambutan_. 나는 람부탄 과일을 좋아한다.

- Anak _ingusan_ itu bandel. 저 코흘리개 아이는 개구쟁이다.

b. Untuk nomina berulang artinya adalah 'mainan' atau 'bermacam-macam' / 어근이 반복되면 '장난감' 또는 '다양하다'라는 뜻.

Contoh: - Waktu kecil saya suka bermain _rumah-rumahan_.

어렸을 때 나는 소꿉놀이를 좋아했다.

- _Sayur-sayuran_ baik untuk kesehatan.

(각종) 야채는 건강에 좋다.

3. Adjektiva + -an

Mempunyai sifat, rasa / (어근)의 성질, 맛을 지니고 있다.

Contoh: - Siapa membuat _asinan_ ini? 이 짠지는 누가 만들었나?

- *Manisan* mangga ini mahal. 이 망고 사탕[7]은 비싸다.

4. Numeralia + -an

Perkiraan jumlah / 대략적인 합계.

Contoh: - Gedung itu penuh dengan *ratusan* tamu.

이 건물은 수백 명의 관객들로 가득하다.

- *Jutaan* rupiah dikeluarkan untuk merestorasi candi itu.

저 사원을 복원하는 데에 수백 만 루피아가 지출되었다.

Imbuhan "ke-an"

Fungsi imbuhan "ke-an" dapat membentuk nomina, verba pasif dan adjektiva. Imbuhan ini tidak mengubah huruf awal kata dasar.

접사 "ke-an"은 명사, 수동사, 그리고 형용사를 형성한다. 이 접사는 어근의 첫 글자에 영향을 주지 않는다.

1. Ke-an + Verba

Membentuk kata benda atau kata kerja pasif.

명사 또는 수동사를 형성한다.

a. Mempunyai sesuatu yang di-i / (어근)할 곳, 것이 있다.

Contoh: - Pak Lee mempunyai *kedudukan* tinggi.

이씨는 높은 지위(앉을 곳)를 갖고 있다.

- *Kesadaran* remaja tentang bahaya rokok masih kurang.

흡연위험에 대한 청소년들의 의식(아는 것)이 아직은 적다.

b. dapat di-/ (어근)이 가능한.

Verba yang bisa digunakan hanya yang berhubungan dengan indera.

여기서 사용될 수 있는 어근동사는 오직 오감과 관련된 것이다.

Contoh: - Suara anak itu *kedengaran* sampai sini.

---

[7] 'manisan'은 과일 등을 설탕이나 꿀에 재여서 만든 음식이다.

그 아이의 목소리는 이곳 까지 들린다(들을 수 있다).

- Tulisan kecil itu tidak *kelihatan* di mata nenek.

그 작은 글씨는 할머니 눈에는 보이지 않는다(볼 수 없다).

c. tidak sengaja ter- / 뜻하지 않게, 우연히.

Contoh: - Ia *kejatuhan* buku di perpustakaan.

그는 도서관에서 떨어진 책에 맞았다.

- Kami tidak mau *ketinggalan* kereta.

우리는 기차를 놓치기 싫다.

2. Ke-an + nomina

a. Tentang / (어근)에 관한.

Contoh: - Kakak belajar ilmu *kedokteran*. 형은 의학을 배운다.

- Sekolah *kejuruan* itu terkenal. 그 직업학교는 유명하다.

b. mempunyai sifat, unsur / -한 성질을 갖고 있다.

Contoh: - Suara Pak Lee *kebapakan*. 이씨의 목소리는 자상하다.

- Jika tersipu, pipinya *kemerahan*. 쑥스러우면 그의 볼이 붉어진다.

Catatan / 메모: Bentuk ini dapat ditulis dengan bentuk berulang.
Misalnya: "kebapak-bapakan", "kemerah-merahan".
이 형태는 어근이 반복될 수 있다. 예를 들어
"kebapak-bapakan", "kemerah-merahan".

c. Tempat / (어근)의 장소.

Contoh: - Dia bekerja di *kepresidenan*.

그는 대통령궁에 근무한다.

- *Kerajaan* Majapahit ada di Jawa Timur.

마자빠힛 왕국은 동부자바에 있다.

3. Ke-an + adjektiva

a. Mempunyai sifat, unsur / (어근)한 성질을 갖고 있다.

Contoh: - Terima kasih atas *kebaikan* Anda.

　　　　당신의 친절함에 감사합니다.

　　　 - *Kekayaan* alam Indonesia terkenal.

　　　　인도네시아 자연의 풍부함은 잘 알려져 있다.

b. Terlalu / 지나치게 (어근)하다.

Contoh: - Kopi ini *kemanisan.* 이 커피는 너무 달다.

　　　 - Harga celana ini *kemahalan.* 이 바지의 가격은 너무 비싸다.

4. Ke-an + numeralia

Kelompok / 모임, 팀.

Contoh: - Jagalah *kesatuan* negara kita.

　　　　우리나라의 통일을 지키자.

　　　 - *Kesebelasan* Korea menang lagi.

　　　　한국의 축구팀 (11 명으로 구성된 팀)이 또 이겼다.

Latihan Tata Bahasa dan Menulis

A. Gabungkanlah kata di dalam kurung dengan imbuhan "-an"!

1.　(undang) _____ pernikahan mereka membuat hatinya hancur.

2.　Barang (buat) _____ perusahaan itu memang sudah terkenal.

3.　(ukir) _____ di Candi Borobudur menceritakan tentang kehidupan Sidharta Gautama.

4.　Anak-anak akan tumbuh sesuai dengan (bimbing) _____ dari orang tua dan guru mereka.

5.　Saya paling suka makan (manis) _____ yang dibuat oleh ibu.

6.　Ayah selalu mengumpulkan (potong) _____ berita dari koran untuk dibuat kliping.

7. Acara malam itu diakhiri dengan (tepuk) _____ meriah dari para tamu.

8. Berkat (ramu) _____ tradisional dari nenek, kami sekeluarga tidak pernah masuk angin.

9. Saya hampir tidak percaya mendengar bahwa semua kekayaannya itu adalah hasil (rampas) _____.

10. Suara (rintih) _____ anak kecil itu terdengar ketika suster menyuntiknya.

11. Orang sedesa terbangun malam itu mendengar suara (jerit) _____ dari rumah itu.

12. Suara (letus) _____ itu diiringi dengan pancaran bunga-bunga api yang berwarna-warni.

13. Ia suka mengumpulkan foto karena dapat membawanya kepada (kenang) _____ di masa lalu.

14. Sejak subuh para pedagang mempersiapkan (dagang) _____nya untuk hari itu.

15. Sudah lama ayahnya mengidap penyakit (tekan) _____ darah tinggi.

16. (semprot) _____ serangga dapat mengakibatkan kesulitan bernapas jika dipakai terlalu banyak.

17. Para prajurit sedang mengatur siasat untuk dapat melawan (serang) _____ musuh.

18. Tunggu sebentar, rasanya aku pernah mendengar (nyanyi) _____ ini.

19. Ia menemukan uang yang disembunyikan istrinya di antara (lipat) _____ pakaian di dalam lemari.

20. Wanita genit itu memakai kosmetik yang mahal untuk mengurangi (kerut) _____ di wajahnya.

21. Setiap hari mahasiswa berkumpul di ruang jurusan untuk melakukan (latih) _____ drama.

22. Orang buta itu menyeberang jalan dengan (tuntun) _____ anjingnya yang setia.

23. Kami tidak akan melupakan semua (ajar) _____ Pak Lee.

24. Hati-hati! Jangan sampai kamu termakan oleh kata-kata (rayu) _____nya.

25. Terus terang pacar sayalah yang selalu memberi (dorong) _____ agar saya tidak cepat menyerah.

26. Anak kecil itu suka menirukan (gerak) _____ ayahnya.

27. Kelihatannya mereka belum mendapat (gambar) _____ jelas tentang rencana kita.

28. Dia adalah polisi (jempol) _____ di kota kami.

29. Oleh-oleh wisata yang paling sering dibeli wisatawan adalah (gantung) _____ kunci.

30. (ribu) _____ orang datang untuk menyaksikan pesta kembang api malam itu.

B. Lengkapilah kalimat berikut dengan kata di dalam kotak! (주어진 힌트는 어근이다)!

---
masakan, bacaan, rekaman, kejutan, ramalan, puluhan, jutaan,
satuan, asinan, manisan, jempolan, ingusan, kampungan,
kuda-kudaan, masak-masakan, sembunyi-sembunyian, mobil-mobilan,
buah-buahan, daun-daunan, sayur-sayuran
---

1. Menurut _____ (예언, 예보) cuaca, hari ini akan dingin.

2. Dia adalah dokter _____ (엄지) di kota kami.

3. Anak-anak itu bermain _____ (숨다) di lapangan sekolah.

4. _____ (요리하다) ibu selalu lezat.

5. Anak itu tidak suka makan _____ (야채).

6. Pemuda _____ (촌, 마을) itu belum mempunyai kekasih.

7. Ibu itu membeli _____ (읽다) sulit untuk anaknya.

8. _____ (자동차) ini adalah mainan ayah waktu kecil.

9. Waktu malam, Anda bisa melihat _____ (백만) bintang di langit dari tempat ini.

10. Istri Ali selalu mengharapkan _____ (놀라다) istimewa pada hari ulang tahunnya.

11. Waktu ibu saya kecil, ada tukang _____ (말 동물) yang sering berkeliling di daerah rumah kami.

12. Tolong bawakan _____ (짜다) timun itu ke sini!

13. Pakaian dari _____ (잎사귀) itu cukup tahan lama.

14. _____ (일, 하나) untuk mengukur berat badan di Indonesia adalah kilogram.

15. Waktu kami kecil saya dan adik saya sering bermain _____ (요리하다) sepanjang hari.

16. Polisi sedang memeriksa _____ (녹음하다) telepon itu.

17. Selamat! _____ (열, 십) hadiah ini khusus untuk Anda!

18. Di bulan Ramadan biasanya banyak orang menjual _____ (달다).

19. Anak _____ (콧물) itu sekarang menjadi menteri.

20. Toko itu khusus menjual _____ (과일) impor.

C. Lengkapilah kata-kata dalam kurung dengan imbuhan "ke-an"!

Contoh: Saya berterima kasih atas _____ (baik) Anda.

   -> Saya berterima kasih atas _kebaikan_ Anda.

   -> 당신의 친절함에 감사 드립니다.

1. Sudah lama ia (candu) _____obat terlarang.

2. Gedung ini dibangun untuk (penting) _____ bersama.

3. Tomi menguji (mampu) _____ Bahasa Inggrisnya.

4. (jenius) _____Ira mencengangkan kami.

5. Agung mengagumi (indah) _____ pantai itu.

6. Warna rambut Chul Soo agak (kuning) _____.

7. Ratih selalu memperhatikan (bersih) _____ lingkungan.

8. Jae Hyung tidak suka makanan yang (asin) _____.

9. (banyak) _____ orang Korea suka makan Kimchi.

10. Yea Jin (kenyang) _____ karena (banyak) _____ makan.

11. Lelaki itu menyukai gadis yang (ibu) _____ itu.

12. Chandra merayakan (menang) _____ tim sepak bola Korea bersama teman-temannya.

13. Anak itu menangis setelah mendengar (pergi) _____ ibunya.

14. Dia mempunyai (yakin) _____ yang kuat tentang masalah itu.

15. Chandra menenangkan adiknya yang (takut) _____ melihat cacing tanah.

16. (maju) _____ ekonomi negara ini semakin meningkat.

17. Pak Jaya (repot) _____ menangani tugas-tugas menumpuk.

18. Darma tidak meragukan (cerdas) _____ ketua kami.

19. Rusdi membaca (terang) _____ di belakang botol itu.

20. Mereka bersorak-sorai atas (menang) _____ regu mereka.

21. Jika ada sedikit saja (ragu) _____ dalam hatimu, jangan lakukan pekerjaan ini.

22. Pak Lee adalah orang (percaya) _____ direktur perusahaan kami.

23. Harta (kaya) _____ orang itu ternyata hasil korupsi.

24. Anak itu memang (lihat) _____ berbakat dalam bidang musik.

25. Anak itu (lihat) _____ dari tempat ini.

26. Saya dengar, universitas ini adalah (punya) _____ kakek saya.

27. Pada musim gugur, dedaunan di pohon tampak (coklat) _____.

28. Winda mempunyai (mau) _____ keras untuk memperoleh nilai yang baik.

29. (ada) _____ ekonomi Indonesia semakin lama semakin membaik.

30. Pemuda-pemuda bandel itu lagi-lagi membuat (onar) _____.

D. Isilah bagian yang kosong dengan kata yang tepat di dalam kotak! (주어진 힌트는 어근이다)!

> keamanan, kesibukan, kecantikan, keindahan, keuntungan, kebiasaan, kekurangan, kelebihan, keletihan, kebaratan, kepercayaan, keaslian, kesatuan, kesebelasan, ketidak tahuan, kecerobohan, kehitaman, keberanian, kekanakan, keributan, ketenangan, kejahatan, kebaikan, keramahan, kemiskinan, kekayaan, keyakinan, kepastian, kemanisan, keterangan, kejadian, kesedihan, kegembiraan, kebahagiaan, kesayangan, kedengaran, kelihatan, kejatuhan, kebapakan, keibuan, kerusakan, keadaan, kepahitan

1. Anda harus menjaga _____ di ruang pasien ini. (정숙하다)

2. Pasien itu mengalami _____ pada bagian otaknya. (망가지다)

3. Keluarga pasien itu berusaha menahan _____ mereka. (슬픔)

4. Dokter belum bisa memberi _____ tentang _____ pasien tersebut. (설명, 상태)

5. Sejak kecil, adik bungsu kami adalah _____ ibu. (사랑)

6. Ibu mengajarkan _____ menggosok gigi sesudah makan. (보통, 일반적으로)

7. Sampai sekarang si bungsu bersifat _____. (어린 아이)

8. _____ ayah sehari-hari membuat Beliau jauh dari kami. (바쁜)

9. Pada akhir minggu, ayah sering pergi memancing untuk menikmati _____ alam. (아름다운)

10. Dengan demikian, ayah melepaskan _____nya selama seminggu. (피곤한)

11. Kulit ayah sedikit _____ karena terbakar matahari. (검은)

12. Bagi ayah, nama baik lebih berarti daripada mencari _____ yang banyak. (이익, 유익)

13. Beliau menasehati kami bahwa _____ tidak selalu memberi _____ . (부유한) (행복한)

14. Ayah menanamkan _____ dalam menghadapi berbagai tantangan. (용기)

15. Semua karyawan menyukai ayah karena beliau bersifat _____ . (아버지)

16. Orang itu adalah anggota _____ kota kami. (11, 십일)

17. Kami tidak menyangka orang _____ pelatih tersebut melakukan _____ itu. (신뢰, 믿음) (부주의함)

18. Kami tetap menduga _____ orang itu tidak disengaja. (나쁜)

19. Angka kriminalitas di kota kecil itu diduga berhubungan erat dengan angka _____ masyarakat. (빈곤한, 가난한)

20. Polisi dikerahkan untuk meningkatkan _____ di kota itu. (안전한)

21. Tim _____ polisi itu dilengkapi dengan mobil patroli. (일, 하나)

22. Dengan adanya tim polisi, _____ yang sering terjadi di pasar kota itu berkurang. (소동, 소란)

23. Permen yang kau berikan ini _____ . (달다)

24. Permen seperti ini sangat cocok untuk mengurangi _____ rasa obat ini. (쓰다)

25. Kepala bagian personalia mencoba menilai _____ pelamar kerja itu. (더하다)

26. Pelamar kerja itu _____ jujur dan cerdas. (보다)

27. Atas bantuan Anda, sekarang kami tidak _____ sesuatu apapun. (부족한)

28. Terima kasih banyak atas segala _____ Anda. (친절한)

29. Bangsa Indonesia terkenal dengan _____nya. (친절한)

30. _____ batu permata itu mempengaruhi harganya. (진짜인, 진품인)

31. Si Pelit senang karena ia _____ rejeki. (떨어지다)

32. Tetapi _____nya itu sebentar saja karena ia harus membayar hutangnya. (기쁘다)

33. Adi jatuh cinta pada gadis yang _____ itu. (어머니)

34. Apalagi _____ gadis itu sangat mempesona. (예쁜)

35. Logat bahasa guru kami sedikit _____ . (서쪽, 서양)

36. Jika guru kami berbicara dalam Bahasa Inggris, ia _____ seperti orang Amerika. (듣다)

37. Maafkanlah _____ saya. (모르다)

38. Saya tidak bermaksud meremehkan _____ Anda. (믿음,확신)

39. Namun _____ yang Anda ceritakan, menurut saya tidak masuk akal. (되다)

40. Bisakah Anda memberikan _____ tentang hal itu sekali lagi? (확실한)

Unit 12

Awalan "se-"

Imbuhan "se-nya"

Awalan "se-"

Berikut ini adalah arti imbuhan "se-". 다음은 접두사 "se-"의 의미다:

1. se- + verba

Sebanyak yang(di−) / -한 만큼.

Contoh: - _Setahu_ saya, Ali bukan orang Arab.

　　　　내가 알기로는 알리는 아랍인이 아니다.

　　　　- Ia menjawab pertanyaan itu _sebisa_nya.

　　　　그는 그 질문을 할 수 있는 만큼 답을 했다.

2. se- + nomina

a. Mempunyai satu / 같은 -를 갖고 있다.

Contoh: - Kedua anak itu _seibu_ tetapi lain ayah.

　　　　저 두 아이는 한 배(한 엄마)이지만 아버지는 다르다.

　　　　- Mereka _sehati_ untuk menolong anak itu.

　　　　그들은 그 아이를 도울 한 마음(같은 마음)을 갖고 있다.

b. semua, seluruh / 전체, 모든, 전부.

Contoh: - Murid _sekelas_ bernyanyi bersama guru baru itu.

　　　　반 학생 전체가 새로운 선생님과 함께 노래를 불렀다.

　　　　- Warga _sedesa_ membangun jembatan.

　　　　마을 사람 모두 다리를 만들었다.

3. se- + adjektiva

Sama - seperti / -만큼 -하다.

Contoh: - Kekasih saya *secantik* bidadari. 내 애인은 선녀만큼 예쁘다.

   - Ali *setinggi* kakaknya. 알리는 그의 형만큼 키가 크다.

Catatan:

Ada juga pola "se- + adjektiva + mungkin" yang memiliki arti "sedapat yang mungkin". "se- + 형용사 + mungkin" 형태도 있다. 의미는 "최대한 -하게".

Contoh: - Ia berdandan *secantik mungkin*.

   그녀는 최대한 예쁘게 화장을 하였다.

   - Ali mengangkat tangannya *setinggi mungkin*.

   알리는 최대한 높이 손을 들었다.

4. se- + numeralia

Satu / 하나의.

Contoh: - Dia mempunyai *seratus* pakaian. 그의 옷은 백 벌이다.

   - Harga emas itu *sejuta* rupiah. 저 금값은 백만 루피아이다.

Imbuhan "se-nya"

1. se-nya + verba

Begitu - / -하자마자.

Contoh : - *Sepulangnya* dari kantor, ia mandi.

   회사에서 돌아오자마자 그는 샤워했다.

   - *Seselesainya* acara itu, Ani pergi makan.

   행사가 끝나자마자 아니는 식사하러 갔다.

2. se-nya + nomina

Pada sisi di / -면에서

Contoh: <u>Sebaliknya</u>, mereka tidak pernah berpikir seperti itu.

반면에, 그들은 그 같은 생각을 한 적이 없다.

3. se-nya + adjektiva

Secara, dengan / -한 방법으로, -하게

Contoh: - *Sebenarnya* dia bukan orang Korea.

실은 그는 한국인이 아니다.

- Coba katakan *sejujurnya* pada saya.

나에게 솔직하게 말해 보세요.

Catatan:

Imbuhan "se-nya" dapat bergabung dengan kata reduplikasi adjektiva.

Bentuk seperti ini mempunyai dua buah arti:

"se-nya" 접사는 반복되는 형용사어근과 결합할 수 있다. 의미 다음과 같다:

a. Meskipun, walaupun / 아무리-하더라도, - 일지라도. (seRnya+명사)

Contoh: - *Setinggi-tingginya* langit, lebih tinggi kasih ibu.

하늘이 아무리 높다 하여도, 어머니의 사랑이 더 높다.

- *Sepandai-pandainya* monyet berayun, dia jatuh juga.

원숭이가 나무를 잘 탈지라도 떨어질 때가 있다.

b. Yang paling- yang bisa dilakukan / 최대한 -하게. (동사+ seRnya)

Contoh: - Tomi mandi *secepat-cepatnya*.

토미는 최대한 빨리 목욕을 한다.

- Karena takut, Ita berteriak *sekeras-kerasnya*.

무서워서 이따는 최대한 크게 소리를 쳤다.

4. se-nya + adverbia:

Untuk tambahan pada bagian ini diterangkan "se-nya + adv" yang membentuk arti baru. 이 과에서는 새로운 의미를 갖는 "se-nya + 부사"를 설명을 추가한다.

Contoh : - _Setidaknya_ kamu harus minta maaf kepadanya.

적어도 너는 그에게는 사과해야 해.

- _Seharusnya_ mereka sudah tiba di tempat ini.

원래 그들은 이곳에 도착했어야 된다.

Latihan Tata Bahasa dan Menulis

A. Gabungkanlah kata di dalam kurung dengan awalan "se-"!

1. Suparti mempunyai (kotak) _____ kue manis.

2. Kebaikan saya dikenal oleh (isi) _____ kelas kami.

3. Mereka sudah lama tinggal (rumah) _____ dengan saya.

4. Walaupun Adi tidak (ganteng) _____ Sudirman, tetapi dia juga terkenal.

5. Teman (kamar) _____ Suci adalah seorang kutu buku.

6. Kutu buku itu ingin (pandai) _____ dosennya.

7. Pohon pepaya itu (tinggi) _____ pohon kelapa.

8. Bibir gadis itu (merah) _____ delima.

9. Hari ini ia belum makan (suap) _____ pun.

10. Agung tidak tahu rumah Winda (arah) _____ dengan rumahnya.

11. Mereka semua (tuju) _____ dengan usul itu.

12. Gedung itu tidak (tinggi) _____ pohon kelapa.

13. Kijang itu tidak dapat berlari (cepat) _____ macan tutul.

14. Setiap malam, ibu berdoa (penuh) _____ hati untuk kami.

15. (genap) _____ tenaga dikerahkannya untuk mendorong meja itu.

16. Penerangan di desa kami belum (terang) _____ harapan masyarakat.

17. Kedua anak muda itu (hati) _____ untuk hidup bersama.

18. Chul Soo terdiam (jenak) _____ sebelum menjawab pertanyaan wartawan.

19. Pesta tahun depan belum tentu (meriah) _____ tahun ini.

20. Pelajar-pelajar SD memakai (ragam) _____ baru.

B. Gabungkanlah kata di dalam kurung dengan imbuhan"se-nya"!

1. Yanto mengerjakan ujian itu (bisa) _____.

2. Ayo, mari makan (ada) _____!

3. (pulang) _____ dari kampus, Kartini menelepon pacarnya.

4. Kami tidak suka Pak Lee karena ia selalu bersikap (mau) _____.

5. (tidak) _____ Darma mencuci piring sekarang.

6. Lestari (harus) _____ pergi ke pesta itu.

7. Kau harus berpakaian (pantas) _____ jika ingin bertemu Beliau.

8. Kakak berpikir begini (balik) _____ saya berpikir begitu.

9. Saya belum pernah melihat bakteri atau (jenis) _____.

10. (sungguh) _____ saya kurang puas dengan jawaban Anda.

11. Saya tidak tahu apa (benar) _____ isi hati Anda.

12. Tolong katakan (jujur) _____ kepada saya.

13. (enak) _____ saja kamu mau memotong antrean ini.

14. Ia tidak lupa menelepon ke rumah (tiba) _____ di kota itu.

15. (belum) _____ saya ucapkan banyak terima kasih.

16. Saya menunggu kabar Anda (cepat) _____.

17. (kembali) _____ dari tempat itu, ia melapor kepada

pemimpin kami.

18. Kami akan menyelesaikan masalah itu (lekas) _____ .

19. Ia memberikan tanggung jawab (penuh) _____ kepada saya.

20. Sampai di sini saja tanggung jawab saya, (terus) _____ terserah pada Anda.

C. Gabungkan kata di dalam kurung dengan imbuhan "se-R-nya"!

1. (kaya)_____ orang, selalu ada yang lebih kaya lagi.

2. Ia menghias kamarnya (indah) _____.

3. Karena makanan itu gratis, Gil Dong makan (banyak) _____.

4. Semester ini Jae Hyung belajar (rajin) _____.

5. (tinggi) _____ Agus, masih lebih tinggi kakaknya.

6. Ia melukis pemandangan itu (bagus) _____.

7. Gadis itu menjerit (keras) _____.

8. Anak kecil itu menyanyi (merdu) _____.

9. Lestari berdandan (cantik) _____ untuk kencan hari ini.

10. Ayah dan ibu menjamu tamu itu (ramah) _____.

11. Keong Emas dan Pangeran hidup bahagia (lama) _____.

12. Kerjakanlah tugasmu (baik) _____.

13. Layangkanlah matamu (jauh) _____.

14. Sambil olahraga, ayah mengambil napas (dalam) _____.

15. Saya menunggu kabar Anda (cepat) _____.

16. Orang itu dijatuhi hukuman penjara (kurang) _____ tiga tahun.

17. (pandai) _____ nelayan berlayar, dalam cuaca seperti ini tidak mungkin akan selamat.

18. Gadis itu akhirnya menutup mata untuk (lama) _____ .

19. Cobalah bereskan kamarmu (rapi) _____.

20. Ia melayangkan matanya (jauh) _____ .

D. Lengkapilah kalimat berikut dengan menambahkan imbuhan "se-", "se-nya" atau "se-R-nya" pada kata dasar!

1. Di Indonesia, Anda dapat menyaksikan (juta) _____ pesona alam.
2. (pasang) _____ burung merpati itu membuat sarang di atap rumah kami.
3. Kasus pencurian itu menggentarkan hati orang (desa) _____
4. Agus datang (mobil) _____ dengan istrinya.
5. Kok kamu bisa (bus) _____ dengan dia ke sini?
6. Kamu harus menjamu dia (ramah) _____ mungkin.
7. Kami berusaha menjamu Beliau (ramah) _____ .
8. (jelek) _____ itukah hasil karyanya?
9. (jelek) _____ negeri ini, itu adalah kampung halamanmu.
10. Sejak kapan kamu berpakaian (rapi) _____ ini?
11. (rapi) _____ membungkus barang busuk, akhirnya tercium juga baunya.
12. (mesti) _____ dalam menangani masalah korupsi, aparat pemerintah mempunyai visi yang jelas.
13. (belum) _____ makan, Anda harus mencuci tangan terlebih dahulu.
14. Hal itu belum pernah terpikirkan (belum) _____ oleh kami.
15. Ali selalu baik pada Wati, (balik) _____ Wati tidak begitu.
16. (tiba) _____ di pantai, mereka langsung berenang.
17. Ia tidak boleh makan daging (lama) _____ satu minggu.
18. Tidak (lama) _____ mendung melingkupi hidupmu.
19. Orang itu didenda (banyak) _____ sepuluh juta rupiah.
20. Gadis itu menjaga rahasia mereka (lama) _____ .
21. Mengapa kita mengantuk (sudah) _____ makan siang?
22. Buka mata lebar-lebar (belum) _____ kau menikah dan tutuplah (sudah) _____nya .

23. (besar) _____ apakah cintamu padanya?

24. Motifmu bukanlah kasih sayang, tetapi untuk mendapat keuntungan (besar) _____ .

25. Dengan menyesal, ia menyatakan maaf (besar) _____ .

26. Telepon genggam terbaru itu hanya (tebal) _____ 8,8 mm saja.

27. Mereka mendesain pintu baja itu (tebal) _____ .

28. Gubernur itu menggusur tanah rakyat (enak) _____ perutnya.

29. Banyak pengusaha menentukan harga (enak) _____ .

30. (enak) _____ makanan, kalau sariawan tidak akan terasa lezat di mulut.

31. Ia kecewa karena gadis itu tidak (cantik) _____ di foto.

32. (cantik) _____ bunga mawar, ia akan layu juga.

33. (selesai) _____ dari tugas itu, kami semua bergegas makan malam.

34. Kutub Utara kehilangan lapisan es (luas) _____ sepuluh kali wilayah Pulau Jawa.

35. Adik Tuti dan adikku duduk (bangku) _____ di kelas.

36. Jika sedang marah, kucing itu (galak) _____ harimau.

37. (galak) _____ anjing menggonggong, kafilah berlalu saja.

38. Kamera itu dapat memotret (indah) _____ aslinya.

39. Mereka merangkai bunga-bunga itu (indah) _____ .

40. (giat)_____ kamu bekerja, jangan sampai lupa makan.

Unit 13

Imbuhan "memper-",
"memper-kan" dan "memper-i"

Imbuhan "memper-"

Imbuhan ini membentuk kata kerja aktif intransitif dan tidak bergabung dengan kata kerja. 이 접사는 타동사를 만들고 동사와는 결합하지 않는다.

1. memper- + nomina

Menganggap/mengambil sebagai- / -를 (어근)으로 삼다/여기다.

Contoh: - Deni *memperistri* Lusi. 데니는 루시를 아내로 삼았다.

　　　　- Kami *memperbudak* dia. 우리는 그를 종으로 여긴다.

2. memper- + adjektiva

Membuat objek menjadi lebih / (목적어를) 더 (어근)하게 만들다.

Contoh: - Ida *mempercantik* dirinya. 이다는 자신을 더 예쁘게 한다.

　　　　- Yudi *mempercepat* langkahnya. 유디는 걸음을 재촉한다.

Imbuhan "memper-kan"

1. memper-kan + verba

a. Membuat objek jadi ber- / (목적어)를 (어근)하게끔 하다

Contoh: - Kami *mempekerjakan* Winda. 우리는 윈다를 고용했다.

       - Agus *menikahkan* mereka. 아구스는 그들을 결혼시켰다.

b. Ber- tentang / (목적어)에 대해 (어근)을 행하다.

Contoh : - Kami *mempercakapkan* gadis cantik itu.

        우리는 그 예쁜 아가씨에 대해 이야기를 했다.

       - Mereka *memperdebatkan* pendapat mereka.

        그들은 그들의 의견에 대해 (서로) 토론을 하였다.

2. memper-kan + adjektiva

Membuat objek menjadi- / (목적어)가 (어근)을 당하게 하다.

Contoh: - Ia *mempermalukan* Ali di pasar.

        그는 시장에서 알리를 부끄럽게 했다.

3. memper-kan + nomina

Membuat objek sebagai- / (직접목적어)를 (간접목적어)의 (어근)으로 만든다.

Contoh: - Bambang *memperistrikan* anaknya dengan Ali.

        밤방은 딸을 알리에게 시집 보냈다.

       - Kami *memperhambakan* Ali pada raja itu.

        우리는 알리를 그 왕의 종이 되도록 하였다.

4. memper-kan + numeralia

Membuat objek menjadi- / (목적어)를 (어근)이 되도록 하다.

Contoh: - Bahasa Indonesia *mempersatukan* bangsa.

        인도네시아어는 민족을 통합시킨다.

       - Ia *memperduakan* istrinya.

        그는 아내에게 소홀히 했다.

Imbuhan "memper-i"

Imbuhan "memper-i" tidak bisa bergabung dengan kata benda. Yang bisa bergabung dengan imbuhan ini hanyalah kata dasar *ajar, daya, ingat, percaya* (verba) dan *baik, baru, lengkap* (adjektiva).
접사 "memper-i"는 명사와 결합하지 않다. 이 접사와 결합이 가능한 어근은 *ajar, daya, ingat, percaya* (동사) dan *baik, baru, lengkap* (형용사) 뿐이다.

1. memper-i + verba

Ber- / me- tentang / (목적어)에 관하여 (어근)을 하다.

Contoh: - Kami *mempelajari* tata bahasa.

우리는 문법을 배운다.

- Mereka *memperingati* hari ulang tahun sekolah.

그들은 학교의 창립기념일을 기린다.

2. memper-i + adjektiva

Membuat objek menjadi / (목적어)를 (어근) 상태로 만들다.

Contoh: - Kami *memperbaiki* pagar rumah.

우리는 집 울타리를 고친다.

- Linda *memperbarui* model rambutnya.

린다는 헤어스타일을 새롭게 하였다.

A. Gabungkan kata di dalam kurung dengan awalan "memper-"!

1. Direktur yang kebapakan itu (anak) _____ gadis yatim itu.
2. Effendi (lambat) _____ kecepatan mobilnya.
3. Karena terlambat, Winda (cepat) _____ langkah kakinya.
4. Guru itu (sulit) _____ ujian kelulusan kami.
5. KTX (mudah) _____ transportasi antara Seoul dan kota besar lainnya.
6. Karena tidak terdengar, Winda (besar) _____ suara radionya.
7. Toko serba ada itu (banyak) _____ jenis dagangannya.
8. Wanita jahat itu (kuda) _____ suaminya sendiri.
9. Lestari berusaha (indah) _____ ruangan pesta itu.
10. Sudah lama mereka (tuan) _____ Si Ganteng.
11. Pemerintah daerah selalu berjanji akan (lebar) _____ jalan.
12. Kelebihan kolesterol dapat (sempit) _____ pembuluh darah.
13. Cecep akan segera (hijau) _____ warna pagar rumahnya.
14. Karena kedinginan, Kwang Soo (panas) _____ suhu kamarnya.
15. Pertandingan sepak bola itu bertujuan (erat) _____ hubungan kedua negara.
16. Dalam pertandingan itu kesebelasan kami berhasil (oleh) _____ kemenangan.
17. Janganlah (olok) _____ adikmu sendiri!
18. Untuk (cantik) _____ Ita menambah pita pada kado itu.
19. Tingkat kelahiran yang cepat (padat) _____ populasi desa itu.
20. Salep ini akan (ringan) _____ rasa sakit lukamu.

B. Gabungkan kata di dalam kurung dengan "memper-kan"!

1. Kita tidak boleh lengah, karena musuh selalu (hati) _____ langkah kita.

2. Sebelum memutuskan masalah itu, Kartini harus (timbang) _____ untung ruginya.

3. Tim SAR (taruh) _____ nyawa mereka untuk mencari para korban bencana itu.

4. Ia berjanji akan (kenal) _____ seorang gadis kepada saya.

5. Semua ini Sudirman lakukan untuk (tahan) _____ nama baiknya di kampus.

6. Kami tidak mau (soal) _____ pertengkaran itu lagi.

7. Pada pesta malam itu, mahasiswa (sembah) _____ sebuah lagu merdu untuk dosen kami.

8. Agung berhasil (satu) _____ kembali kedua kekasih yang sempat bertengkar itu.

9. Sore itu, Lisa (lihat) _____ foto-foto wisatanya tahun lalu kepada kami.

10. Penyanyi terkenal itu (dengar) _____ suara merdunya.

11. Penyanyi itu sedang (siap) _____ album perdananya.

12. Akibat (tuhan) _____ uang, Ita menjadi tidak bahagia.

13. Penduduk desa itu bersemangat dalam lomba itu untuk (rebut) _____ hadiah utama sapi tiga ekor.

14. Sekalipun masih muda, kita harus selalu (hati) _____ kesehatan tubuh kita.

15. Dalam pameran teknologi mahasiswa teknik (tonton) _____ robot hasil rancangan mereka.

16. Data survei (lihat) _____ bahwa para responden kurang setuju akan adanya pembangunan gedung seni itu.

17. Pembangunan gedung seni itu dianggap kurang (hitung) _____ lingkungan sekitarnya.

18. Banyak kaum ibu (tanya) _____ kualitas sekolah ini.

19. Sebagai salah satu usaha untuk menurunkan harga, pemerintah (temu) _____ pembeli dan penjual secara langsung.

20. Semua kepala desa (juang) _____ nasib petani miskin.

21. Sekalipun hidupmu sengsara, janganlah engkau (taruh) _____ nama baik keluargamu.

22. Demi untuk (istri) _____ Dewi Laras, Pangeran Kencana bersedia dikurung selama tiga hari.

23. Namun Dewi Laras tidak bersedia (suami) _____ Pangeran Kencana yang buruk rupa.

24. Setelah lewat tiga hari, Raja terpaksa (tunang) _____ putrinya untuk menggenapi janji pada Pangeran Kencana.

25. Walau tidak dicintai, Pangeran (laku) _____ Dewi Kencana dengan lemah lembut.

26. Sebagai rasa terima kasih, ia (tuan) _____ Raja selama hidupnya.

27. Setahun kemudian mereka (anak) _____ Pangeran Adi dan Ali.

28. Sebelum wafat, Raja (percaya) _____ seluruh kerajaannya pada Pangeran Kencana.

29. Ia (hamba) _____ orang-orang yang kalah dalam peperangan itu.

30. Ia selalu berhasil (daya) _____ musuh-musuhnya.

C. Gabungkan kata di dalam kurung dengan imbuhan"memper-i"!

1. Setiap tanggal 17 Agustus, kami (ingat) _____ hari kemerdekaan Indonesia.

2. Sudahkah kamu (ingat) _____ anak itu untuk tidak melawan orang tuanya lagi?

3. Buku panduan mahasiswa ini sudah tidak sesuai dengan keadaan sekarang. Saya dengar tahun depan tim pendidikan akan (baru) _____ nya.

4. Setiap tahun, tim peneliti itu (baru) _____ laporan mereka.

5. Ayah sudah mencoba (baik) _____ mobil kami, tapi kelihatannya mobil itu harus dibawa ke bengkel.

6. Ayu dan kawan-kawannya (ajar) _____ sistem politik.

7. Adik (ajar) _____ bagaimana benda cair berubah menjadi benda padat.

8. Untuk menghadapi ujian itu, guru (senjata) _____ murid-muridnya dengan rumus-rumus baru.

9. Dalam perang pada masa itu, pemimpin (senjata) _____ rakyat dengan bambu runcing.

10. Mereka perlu (lengkap) _____ diri dengan kemampuan berbahasa asing.

D. Buatlah kalimat dengan menambahkan "memper-" pada kata tersebut!

1. (istri) 그 남자는 20살의 예쁜 여인을 부인으로 삼았다.

2. (suami) 그 여인은 그 남자를 남편으로 삼고 싶어했다.

3. (budak) 결국 그 여인은 자기 남편을 노예처럼 부렸다.

4. (hamba) 그러나 그 남자는 아내가 자신을 노예처럼 부리는 것을 좋아한다.

5. (tuan) 그는 평생 아내를 주인으로 모셨다.

6. (merah) 와띠는 남자친구를 만나러 립스틱으로 입술을 붉게 했다.

7. (panjang) 회의 시간에 사장님은 연설을 길게 하였다.

8. (keras) 직원들이 졸자, 사장님은 목소리를 더 크게 하셨다.

9. (banyak) 사장님은 직원들에게 잔소리를 늘렸다.

10. (lemah) 하지만 사장님의 긴 연설은 직원들의 열정을 더 약하게 하였다.

E. Buatlah kalimat dengan menambahkan imbuhan "memper-kan" pada kata tersebut!

1. (istri) 그 나쁜 아버지는 자기의 빚을 갚기 위해 자기 딸을 그 사기꾼에게 시집 보냈다.

2. (main) 그는 남을 놀리는 것을 좋아한다.

3. (sila) 동생은 아버지의 손님을 안쪽으로 들어오시라고 권하였다.

4. (siap) 언니는 우리 가족 여행을 꼼꼼하게 준비하였다.

5. (masalah) 저 사람은 작은 일들을 문제 삼는 사람으로 유명했다.

F. Buatlah kalimat dengan menambahkan imbuhan "memper-i" pada kata tersebut!

1. (baik) 아버지는 망가진 동생의 자전거를 수리하고 있다.

2. (baru) 엄마는 방에 이불을 새롭게 하였다.

3. (senjata) 새 대통령은 국민을 풍부한 지식으로 무장시켰다.

4. (ingat) 오늘은 이 나라를 지키기 위해 희생하신 영웅들을 추모하는 날이다.

5. (ajar) 학생들은 경제에 대해 배우고 있다.

Unit 14

Awalan "ter-"

Awalan "ter-"

Awalan "ter-" tidak bergabung dengan nomina. 접두사 "ter-"은 명사와 결합하지 않는다.

1. ter- + verba

a. Subjek sudah dalam keadaan di- / 이미 (어근) 상태에 있다.

Contoh : - Papan itu sudah lama *terpasang* di sekolah.

그 명판은 오래 전부터 학교에 붙어 있었다.

- Namamu *tercatat* dalam buku itu.

너의 이름이 저 책에 기록되어 있다.

b. Tidak sengaja, spontan / 고의적이지 않은, 돌연히

Contoh : - Makanan kucing itu *termakan* oleh Ali.

그 고양이 밥이 알레에 의해 먹혀 버렸다.

- Lusi *tersandung* batu di jalan itu.

루시는 도로에 있는 돌에 발이 걸렸다.

c. Dapat di- / (어근)이 가능하다.

Contoh : - Makanan sebanyak ini tidak *termakan* oleh Ali.

이 많은 음식을 알리가 먹을 수 없다.

- Tulisan kecil ini tidak *terbaca* oleh nenek.

이 작은 글씨를 할머니는 읽지 못한다.

2. ter- + adjektiva

Paling- / 최상급

Contoh : - Juno *terganteng* di sekolahnya.

주노는 학교에서 가장 잘 생겼다.

- Orang itu *termiskin* di kota ini.

저 사람은 이 도시에서 가장 가난한 사람이다.

Penting!!!

Selain contoh-contoh di atas, ada pula bentuk yang sudah menyatu dengan kata dasarnya dan memiliki arti tersendiri.

위의 예들 외에, 접두사 "ter-"과 굳어져 자체 의미를 지닌 파생어들도 있다.

Contohnya:

- terdiri dari/atas (-로 구성되다)
- terlalu (너무/지나치게 -한)
- tertentu (특정한)
- terjadi (일어나다, 만들어지다)
- terlampau (너무/지나치게 -한)
- ternyata (알고 보니-)
- terjemah (번역하다)
- terpekur (생각에 잠긴)
- terbata-bata (버벅거리며 말하다)

A. Tambahkanlah imbuhan "ter-" pada kata-kata berikut ini!

1. Waktu membalikkan wajahnya, Linda (cium) _____ oleh pemuda itu.

2. Semua peristiwa itu (jadi) _____ di kantin kampus kami.

3. Kami semua berhati-hati agar kabar itu tidak (dengar) _____ oleh Chandra.

4. Kemarin Agung hampir (jatuh) _____ ketika berlari mengejar pacarnya.

5. Ira (diam) _____ sejenak sebelum menjawab pertanyaan itu.

6. Perahu-perahu nelayan itu ditemukan (apung) _____ di laut.

7. Ibu menyimpan kecap asin di botol Coca-cola. Hari ini kecap asin itu (minum) _____ oleh Rusdi.

8. Seteguk kecap asin itu membuat Lusi (sedak) _____.

9. Dapatkah Anda merekomendasikan bank (percaya) _____ di kota ini?

10. Suara petasan di pantai malam itu (dengar) _____ sampai ke kamar Pak Jaya.

11. Mengapa hal itu sama sekali tak (pikir) _____ olehku?

12. Hati pemuda itu (sentuh) _____ oleh kebaikan hati Lestari.

13. Karena hobinya adalah minum dan judi, tidak mengherankan sekarang dia (jerat) _____ hutang.

14. Ahmad (pilih) _____ sebagai calon dalam pemilihan ketua mahasiswa tahun ini.

15. Memasuki musim semi, kami melihat bunga warna-warni (tanam) _____ rapi di sepanjang jalan di kota kami.

16. Semua tanaman Evita (pelihara) _____ dengan baik.

17. Pasukan perang negara kami sangat (latih) _____ dalam menggunakan senjata-senjata mutakhir.

18. Agung (pojok) _____ oleh pertanyaan-pertanyaan gadis itu.

19. Sejak hari itu Chul Soo tahu bahwa hatinya (tambat) _____ pada gadis itu.

20. Mana mungkin uang sebanyak ini (pakai) _____ dalam satu hari?

21. Untuk mencegah demam berdarah, Salim membersihkan jalan di depan rumahnya yang (genang) _____ air.

22. Adik Darma berjalan (tatih) _____ membawa kardus berisi buku-buku.

23. Cecep dan Winda berusaha menghibur teman mereka yang menangis (sedu-sedu) _____ karena putus dengan pacarnya.

24. Wajah Gil Dong (pukul) _____ sewaktu mencoba melerai dua orang yang berkelahi itu.

25. Daging ayam yang alot itu tidak (gigit) _____ oleh Linda.

26. Bus yang menuju ke Seoul hari ini tidak mungkin (kejar) _____ oleh Salim.

27. Mahasiswa baru yang manis itu (lihat) _____ oleh pemuda itu.

28. (nyata) _____ mahasiswa manis itu adalah adik Effendi.

29. Semua orang (pukau) _____ oleh kegantengan kakak kelas kami.

30. Suparti terus berbicara kepada pacarnya lewat telepon sampai pacarnya (tidur) _____.

B. Tambahkanlah awalan "ter-" pada setiap kata dasar di bawah ini kemudian buatlah kalimat!

1. (tanam) 할머니 밭에 옥수수로 심겨져 있었다.

_____

2. (jepit) 린다의 옷은 자동차 문에 끼었다.

_____

3. (buka) 이 행사는 남녀노소에게 열렸다.

_____

4. (lantar) 저 학교는 오랫동안 방치되었다.

_____

5. (hibur) 어머니는 내가 보낸 편지를 읽고 위로를 받았다.

_____

6. (hirup) 그녀의 향수의 향이 살림에 의해 맡아지게 되었다.

_____

7. (minum) 병 안에 있는 이상한 액체는 루스디에 의해 마셔졌다.

_____

8. (injak) 불이 갑자기 꺼져서, 내 발이 낯선 남자에게 밟히고 말았다.

_____

9. (cium) 그의 교활함의 냄새가 결국은 경찰에게 맡아지게 되었다.

_____

10. (lihat) 도서관에서 공부하는 주노가 린다에게 보여졌다.

_____

11. (tangkap) 선수가 때린 베이스볼 공은 주노에 의해 잡혔다.

_____

12. (jawab) 시험 문제가 너무 어려워서 학생들이 답을 못했다.

_____

13. (dorong) 저 무거운 상자도 지원은 밀 수 있다.

_____

14. (baca) 할머니는 안경을 쓰시고야 그 작은 글씨를 읽으실 수 있었다.

_____

15. (sambung) 나는 린다 집으로 전화했는데, 주노 집으로 전화가
걸렸다.

_____

16. (murah) 돈이 없어서 여행 온 대학생들이 가장 싼 음식을 먹었다.

_____

17. (sayang) 내가 가장 사랑하는 어머님, 아들은 여기서 잘 지내고
있습니다.

_____

18. (tinggi) 알리는 학교에 가장 키가 큰 아이와 어제 싸웠다.

_____

19. (sulit) 이 문제는 이번 시험에서 가장 어려운 문제이다.

_____

20. (sabar) 우리 선생님은 내가 본 선생 중 가장 인내심이 강한
사람이다.

_____

21. (diri) 인도네시아는 대략 17,000 개의 섬으로 구성되었다.

_____

22. (tentu) 특정 인물들만 그 만찬에 초대 받았다.

_____

23. (jadi) 그 사건이 50 년 전에 일어났었다.

_____

24. (pekur) 아름다운 자연을 바라보다 린다는 생각에 잠겼다.

_____

25. (bata-bata) 린다는 주노가 너무 좋아서 말을 더듬거렸다.

_____

Unit 15

Imbuhan "ber-R", "ber-an", "ber-R-an", dan "ber-kan"

Imbuhan "ber-R"

1. ber- + reduplikasi verba

a. Melakukan berulang-ulang / 반복해서 (어근)을 하다.

Contoh: - Wati *berbisik-bisik* dengan Ita.

와띠는 이따와 (계속) 귓속말을 하다.

b. Melakukan untuk tujuan tertentu / 목적을 갖고 (어근)을 하다.

Contoh: - Juno *berlari-lari* ke arah Sora.

주노는 소라를 향해 달려갔다.

2. ber- + reduplikasi nomina

Dalam keadaan seperti / (어근)과 같은 상태에 있다.

Contoh: - Matanya *berkaca-kaca*.

그의 눈에 눈물이 (유리가 낀 것처럼) 고였다.

3. ber- + reduplikasi adjektiva

Melakukan aktvitas untuk menjadi / (어근)하도록 행동을 하다.

Contoh: - Kami *bersenang-senang*. 우리는 즐거운 시간을 보낸다.

4. ber- + reduplikasi numeralia

Dalam kelompok masing-masing berjumlah / 각각 (어근)씩.

Contoh: - Kami keluar dari kelas *berdua-dua*.
우리는 강의실에서 두 명씩 나왔다.

Imbuhan "ber-an"

1. ber-an + verba

Tindakan yang dilakukan oleh banyak pelaku atau benda / 많은 것들이 한 번 (어근)하다.

Contoh: - Daun-daun di pohon itu *berguguran*.
저 나무에 잎사귀는 떨어졌다.

2. ber-an + nomina

Dua pelaku saling - / 두 개가 서로 (어근)을 하다.

Contoh: - Deni dan Lusi *bersalaman* di depan kantor.
데니와 루시는 사무실 앞에서 인사를 나누었다.

3. ber-an + adjektiva

Beberapa pelaku berada dalam keadaan- / 여러 개가 (어근) 상태에 있다.

Contoh: - Mereka duduk *berdekatan*. 그들은 서로 가까이 앉았다.

Imbuhan "ber-R-an"

1. ber-an + reduplikasi verba

a. Melakukan berulang-ulang / 반복해서 (어근)한다.

Contoh: - Anak-anak *berlompat-lompatan* di tempat tidur.
아이들은 침대에서 (계속) 뛴다.

b. Dua pelaku berulang-ulang saling/ 두 개가 서로 계속 (어근)을 한다.

Contoh: - Suami istri itu *berpandang-pandangan* mesra.

그 부부는 서로 사랑스럽게 (계속) 바라본다.

2. ber-an + reduplikasi nomina

Dua pelaku saling banyak ber- / 두 개가 서로 많이 (어근)을 한다.

Contoh: - Juno dan Sora *bersurat-suratan*.

주노와 소라는 서로 편지를 주고 받는다.

3. ber-an + reduplikasi adjektiva

Beberapa pelaku berada dalam keadaan - / 여러 개가 (어근) 상태에 있다.

Contoh: - Mereka duduk *berdekat-dekatan*. 그들은 서로 가까이 앉았다.

Imbuhan "ber-kan"

Imbuhan ini tidak bergabung dengan adjektiva. 이 접사는 형용사와 결합되지 않는다.

1. ber-kan + verba

Seperti / 마치 (어근)을 하듯.

Contoh: - Bandung sangat cantik *bermandikan* cahaya bulan.

반둥은 달빛에 (샤워를 하듯) 매우 아름답다.

2. ber-kan + nomina

Menggunakan, mempunyai objek sebagai / (목적어)를 (어근)으로 삼다.

Contoh: - Di gunung kami tidur *beratapkan* bintang-bintang.

산에서 우리는 별들을 지붕 삼아 잤다.

A. Gabungkan dengan imbuhan "ber-an" atau "ber-kan"!

1. Anda tidak boleh menangkap Ali hanya (dasar) _____ laporan istrinya.

2. Negara Indonesia (asas) _____ Pancasila.

3. Deni datang di kantor (tepat) _____ waktu rapat dimulai.

4. Waktu ibu diopname kami bertiga (ganti) _____ menjaganya.

5. Dua mobil itu (tabrak) _____ dengan sangat keras.

6. Biasanya kita (jabat) _____ waktu (kenal) _____.

7. Rumah Juno (dekat) _____ dengan rumah Sora.

8. Pantai Kuta sangat indah (mandi) _____ surya senja.

9. Jangan duduk (dekat) _____ dengan orang itu.

10. Wati (ibu) _____ seorang dosen terkenal.

11. Waktu menikah Lusi memakai gaun (hias) _____ manik-manik dan benang emas.

12. Pada zaman dulu, laki-laki dan perempuan tidak boleh duduk (sentuh) _____.

13. Si Mulut Besar itu selalu berbicara (lebih) _____.

14. Pengusaha itu (istri) _____ seorang wanita muda.

15. Mahasiswi cantik itu duduk (hadap) _____ dengan Simon.

16. Buah-buah (jatuh) _____ dari keranjang belanja nenek.

17. Gadis itu menikah dengan lelaki (rumah) _____ istana.

18. Kami (pamit) _____ dengan teman-teman kami.

19. Anak-anak kecil itu berjalan sambil (gandeng) _____ tangan.

20. Ibu dan anak itu (peluk) _____ erat sambil menangis.

B. Gabungkan dengan "ber-an", "ber-R-an", atau "ber-kan"!

1. Kami (lari) _____ mengejar bus itu.

2. Anak-anak ayam itu (lari) _____ ketika melihat kucing itu.

3. Istri Ali suka (ganti) _____ pakaian.

4. Mereka menelepon kepada nenek (ganti) _____.

5. Kami akan (jalan) _____ ke Singapura minggu depan.

6. Anak nakal itu suka (foya) _____.

7. Apakah kamu sudah (baik) _____ dengan temanmu?

8. Kedua negara itu masih (musuh) _____ sampai sekarang.

9. Waktu cuaca baik, langit (tabur) _____ bintang.

10. Karena bungkusan rusak, gula itu (tabur) _____ di lantai.

11. Setiap pagi kota Bandung (selimut) _____ kabut.

12. Anak-anak muda itu (suit) _____ menggoda gadis itu.

13. Pada akhir minggu biasanya saya (malas) _____ di rumah.

14. Pengemis itu tidur (alas) _____ koran.

15. Anak-anak bebek itu (renang) _____ di danau.

16. Matanya (binar) _____ ketika bertemu dengan gadis cantik itu.

17. Pada liburan ini keluarga kami akan (senang) _____ di Bali.

18. Banyak kupu-kupu (terbang) _____ di taman bunga kami.

19. Bendera itu (kibar) _____ tertiup angin kencang.

20. Mereka menyanyi (sahut) _____ dengan gembira.

Bagian C : Daftar Kata

회화 단어집

kosa kata (단어) arti (의미)	kata dasar (어근) arti (의미)
1	**unit** "구성단위, 단원"	unit "구성단위, 단원"
2	**perkenalan** 소개	kenal "알다, 익숙하다"
3	**alfabet** 알파벳	alfabet 알파벳
4	**dan** 그리고	dan 그리고
5	**angka** "숫자, 부호, 점수, 등급"	angka "숫자, 부호, 점수, 등급"
6	**coba** 시도해 보다	coba 시도해 보다
7	**eja** 철자	eja 철자
8	**kata-kata** "낱말들, 단어들"	kata "낱말, 단어, 말"
9	**di bawah ini** "아래와 같은, 아래와 같이"	di / bawah / ini "~에 / 아래 / 여기, 이것"
10	**buku** 책	buku 책
11	**pensil** 연필	pensil 연필
12	**bolpen** 볼펜	bolpen 볼펜
13	**penghapus** 지우개	hapus "없어지다, 사라지다"
14	**tipp ex** 수정펜	
15	**meja** "상, 책상, 탁자"	meja "상, 책상, 탁자"
16	**kursi** "의자, 걸상"	kursi "의자, 걸상"
17	**nasi goreng** 나시고렝(볶음밥)	nasi / goreng "밥 / 튀긴, 볶은"
18	**air putih** "물, 생수"	air / putih "물 / 흰, 흰색"
19	**sendok** 숟가락	sendok 숟가락
20	**garpu** 포크	garpu 포크
21	**sumpit** 젓가락	sumpit 젓가락
22	**babi** 돼지	babi 돼지
23	**ayam** 닭	ayam 닭
24	**sapi** 소	sapi 소
25	**zebra** 얼룩말	zebra 얼룩말
26	**apel** 사과	apel 사과
27	**jeruk** "감귤, 오렌지"	jeruk "감귤, 오렌지"
28	**semangka** 수박	semangka 수박
29	**mangga** 망고	mangga 망고
30	**satu** 하나	satu 하나
31	**dua** 둘	dua 둘
32	**tiga** 셋	tiga 셋
33	**empat** 넷	empat 넷
34	**lima** 다섯	lima 다섯
35	**enam** 여섯	enam 여섯
36	**tujuh** 일곱	tujuh 일곱
37	**delapan** 여덟	delapan 여덟

	kosa kata (단어) arti (의미)	kata dasar (어근) arti (의미)
38	**sembilan** 아홉	sembilan 아홉
39	**sepuluh** 열	puluh 열
40	**cobalah** 시도해 보아라!	coba 시도해 보다
41	**baca** "읽다, 낭독하다"	baca "읽다, 낭독하다"
42	**kalimat-kalimat** 문장들	kalimat 문장
43	**sederhana** "간단한, 간소한"	sederhana "간단한, 간소한"
44	**ada** "있다, 소유하다"	ada "있다, 소유하다"
45	**pertanyaan** 질문	tanya "묻다, 질문하다"
47	**tidak ada** 없다	tidak / ada "~이 아니다, ~하지 않다 / 있다"
48	**sudah** "이미, 벌써"	sudah "이미, 벌써"
49	**mengerti** "알아듣다, 이해하다"	erti "뜻, 의미"
50	**paham** "이해, 납득, 파악"	paham "이해, 납득, 파악"
51	**belum** 아직 ~하지 않은	belum 아직 ~하지 않은
52	**tidak** "~이 아니다, ~하지 않다"	tidak "~이 아니다, ~하지 않다"
53	**silakan** "부디, ~하세요"	silakan "부디, ~하세요"
54	**buka** 열다	buka 열다
55	**halaman** "뜰, 마당, 정원, (책 따위의) 페이지"	halaman "뜰, 마당, 정원, 페이지"
56	**tulis** "쓰다, 기록하다"	tulis "쓰다, 기록하다"
57	**mengikuti** "~를 따르다, ~을 쫓아가다"	ikut "따르다, 쫓아가다"
58	**saya** "나, 저"	saya "나, 저"
59	**ulang sekali lagi** 한 번 더 반복하다	ulang / sekali / lagi "반복하다 / 한 번 / 여분의, 추가의"
60	**arti kata** 단어의 뜻	arti / kata "의미, 뜻 / 말, 단어"
61	**maaf** "용서, 용서를 빌다, 죄송합니다"	maaf "용서, 용서를 빌다, 죄송합니다"
62	**apa** "무엇, 어떤 것"	apa "무엇, 어떤 것"
63	**istirahat** "휴식, 휴양"	istirahat "휴식, 휴양"
64	**selama 10 menit** 10분 동안	selama / menit "~동안, ~할 때 / 분"
65	**pergi** 가다	pergi 가다
66	**makan siang** 점심을 먹다	makan / siang 먹다 / 낮(오전11시~오후3시)
67	**belajar** "공부하다, 배우다"	ajar "교수, 교육, 훈육"
68	**bahasa Indonesia** 인도네시아어	bahasa / indonesia "말, 언어 / 인도네시아"
69	**pusing** "어지러운, 머리 아픈"	pusing "어지러운, 머리 아픈"
70	**lapar** "공복, 배고픈"	lapar "공복, 배고픈"
71	**makan** 먹다	makan 먹다
72	**haus** "목이 마른, 갈증나는"	haus "목이 마른, 갈증나는"
73	**minum** "마시다, 빨아들이다"	minum "마시다, 빨아들이다"
74	**bagus** 좋은	bagus 좋은
75	**kemudian** "~후에, ~뒤에"	kemudian "~후에, ~뒤에"
76	**giliran** "차례, 순서, 순번"	gilir "차례, 순번"
77	**Anda** 당신	Anda 당신
78	**di** ~에	di ~에

	kosa kata (단어) arti (의미)	kata dasar (어근) arti (의미)
79	**bandara** 공항	bandara 공항
80	**selamat pagi** 아침인사	selamat / pagi "안전한, 무사한 / 아침"
81	**selamat datang** 어서 오세요	selamat / datang "안전한, 무사한 / 오다"
82	**Jakarta** 자카르타	Jakarta 자카르타
83	**terima kasih** 감사합니다	terima / kasih "받다, 받아들이다 / 애정, 사랑"
84	**siapa** "누구, 무엇(이름을 물을 때)"	siapa "누구, 무엇(이름을 물을 때)"
85	**nama** 이름	nama 이름
86	**dari mana** 어디로부터	dari / mana "~로부터 / 어디에서, 어디로"
87	**petugas** 직원	tugas "의무, 본분, 과제"
88	**dari** ~로부터	dari ~로부터
89	**kota** 도시	kota 도시
90	**akan** ~할 것이다	akan ~할 것이다
91	**tinggal** "살다, 머물다"	tinggal "살다, 머물다"
92	**Pondok Indah** 뽄독 인다 (지역명)	pondok / indah "집, 오두막 / 아름다운, 멋진"
93	**rumah orang tua** 부모님의 집	rumah / orang tua 집 / 부모님
94	**tujuan** "방향, 목적, 대상"	tujuan "방향, 목적, 대상"
95	**datang** 오다	datang 오다
96	**ke sini** "여기에, 여기로"	ke / sini "~로, ~에 / 여기"
97	**bahasa** 언어	bahasa 언어
99	**budaya** 문화	budaya "사고, 생각, 문화"
100	**baru sampai** "방금 도착하다, 막 도착한"	baru / sampai "막~한, 새로운, 새 / ~까지"
101	**makan waktu** "시간이 걸리다, 시간이 소요되다"	makan / waktu 먹다 / 시간
102	**bersama** "함께, 같이"	sama "동일한, 같은"
103	**bacaan** "문학, 강독"	baca "읽다, 낭독하다"
104	**berapa lama** "얼마나 오랫동안, 얼마만큼"	berapa / lama "얼마, 몇 / 긴, 오래"
105	**kampus** 캠퍼스	kampus 캠퍼스
106	**kenalkan** 소개하다	kenal "알다, 친숙하다"
107	**apakah** ~ㅂ니까?/ 입니까?	apa "무엇, 어떤 것"
108	**mahasiswa** 대학생	mahasiswa 대학생
109	**senior** "나이가 더 많은, 선배"	senior "상급자, 선배"
110	**adalah** ~이다	ada "있다, 소유하다"
111	**jurusan** "방향, 학과, 전공"	jurus "똑바로, 곧바로, 자세, 공식"
112	**kita** 우리(상대방을 포함)	kita 우리(상대방을 포함)
113	**senang sekali** "매우 기쁜, 매우 반가운"	senang / kali "기쁜, 즐거운 / 회, 번"
114	**bertemu dengan** ~와(를) 만나다	temu / dengan 만나다 / ~와 함께
115	**kakak** "형, 오빠, 누나, 언니"	kakak "형, 오빠, 누나, 언니"
116	**bagaimana** "어떠한, 어떻게 "	bagaimana "어떠한, 어떻게 "
117	**minggu** "주, 주일, 일요일"	minggu "주, 주일, 일요일"
118	**pertama** "으뜸의, 첫 번째의"	pertama "으뜸의, 첫 번째의"
119	**menarik sekali** 매우 흥미있는	tarik / kali "당기다 / 회, 번"
120	**~ duluan** 먼저~ 하다	dulu "먼저, 예전의"

	kosa kata (단어) arti (의미)	kata dasar (어근) arti (의미)
121	**kuliah** "(대학의) 강의, 수업"	kuliah "(대학의) 강의, 수업, 수업을 듣다, 대학을 다니다"
122	**jangan** "~하지 않다, ~해선 안된다"	jangan "~하지 않다, ~해선 안된다"
123	**lupa** "잊다, 잊어버리다"	lupa "잊다, 잊어버리다"
124	**nanti** "나중에, 이따가"	nanti "나중에, 이따가"
125	**sore** 오후(15시 이후~ 일몰 전)	sore 오후(15시 이후~ 일몰 전까지)
126	**orientasi** 오리엔테이션	orientasi 오리엔테이션
127	**ingat** "생각해 내다, 기억하다"	ingat "생각해 내다, 기억하다"
128	**sampai jumpa lagi** 다시 보자	sampai / jumpa / lagi "~까지 / 만나다, 상봉하다 / 여분의, 추가의"
129	**selamat jalan** 안녕히 가세요	selamat / jalan "안전한, 무사한 / 길, 도록"
130	**selamat belajar** 공부 열심히 해	selamat / ajar "안전한, 무사한/ 교수, 교육, 지도"
131	**mahasiswi** 여대생	mahasiswa/i 대학생 / 여대생
132	**merasa** ~를 느끼다	rasa "감정, 맛, 느낌"
133	**baru** "새로운, 새것"	baru "새로운, 새것"
134	**ingin** "바라다, 원하다, 희망하다"	ingin "바라다, 원하다, 희망하다"
135	**pada** "~에, ~안에, ~사이에"	pada "~에, ~안에, ~사이에"
136	**perasaan** "감정, 기분, 생각"	rasa "감정, 맛, 느낌"
137	**ada apa** 무엇이 있다	ada / apa 있다 / 무엇
138	**mengapa** "왜, 무슨 까닭에"	apa "무엇, 어떤 것"
139	**kantor** "사무실, 사무소"	kantor "사무실, 사무소"
140	**apa kabar** 어떻게 지내세요?	apa / kabar "무엇, 어떤 것 / 뉴스, 소식"
141	**baru mau** 지금 막 ~을 하려던 참	baru / mau "새로운, 새것 / 바라다, 희망하다"
142	**berangkat** "출발하다, 떠나다"	angkat "드러내다, 뽑다"
143	**rapat** "가까운, 친근한, 회의(하다)"	rapat "가까운, 친근한, 회의(하다)"
144	**hadir** "참석한, 참가한"	hadir "참석한, 참가한"
145	**berbicara tentang** ~에 대해 말하다	bicara / tentang "생각, 사고, 숙고 / ~에 대하여"
146	**karyawan** "직원, 회사원"	karyawan "직원, 회사원"
147	**perlu** "~해야 한다, 필요로 하다"	perlu "~해야 한다, 필요로 하다"
148	**begitu** "그렇게, 그처럼"	begitu "그렇게, 그처럼"
149	**ngomong-ngomong** "그러나 저러나, 그건 그렇고, by the way"	omong "말, 언어"
150	**apa saja** 무엇이든	apa / saja "무엇 / 단지, 오직"
151	**yang penting** 중요한 것	yang / penting "~하는 것 / 으뜸의, 근본이 되는"
152	**kenyang** 배부른	kenyang 배부른
153	**rekan kantor** 회사 동료	rekan / kantor "벗, 친구, 동료 / 사무실"
154	**kantin** 매점	kantin 매점

	kosa kata (단어) arti (의미)	kata dasar (어근) arti (의미)
155	**pekerjaan** "직업, 일, 업무"	kerja "일, 노동, 활동"
156	**dalam** "깊은, 속, 안"	dalam "깊은, 속, 안"
157	**tetangga** 이웃 사람	tetangga 이웃 사람
158	**permisi** "실례합니다, 저기요"	permisi "실례합니다, 저기요"
159	**keluarga** "가족, 식구"	keluarga "가족, 식구"
160	**pindah** 옮기다	pindah 옮기다
161	**kemarin** 어제	kemarin 어제
162	**betul** "정확한, 바른"	betul "정확한, 바른"
163	**istri** "아내, 부인"	istri "아내, 부인"
164	**anak-anak** 아이들	anak 아이
165	**aduh** (감탄사)아이고	aduh (감탄사)아이고
166	**manis** "단, 달콤한, 귀여운, 사랑스러운"	manis "단, 달콤한, 귀여운, 사랑스러운"
167	**semarang** 스마랑(지역명)	semarang 스마랑(지역명)
168	**orang asli** "원주민, 토착민"	orang / asli "사람 / 원본의, 원래의"
169	**sini** "여기, 이 곳"	sini "여기, 이 곳"
170	**pandai sekali** "매우 똑똑한, 유창한, 유능한, 능숙한"	pandai / sekali "똑똑한, 영리한 / 매우, 아주"
171	**belum lancar** "아직 원활하지 않은, 잘 하지 못한"	belum / lancar "아직 ~하지 않은 / 원활한, 유창한"
172	**hanya** "오직, 단지, 다만"	hanya "오직, 단지, 다만"
173	**sedikit-sedikit** "아주 조금, 조금씩"	sedikit "조금, 약간, 좀"
174	**kapan-kapan** 언젠가	kapan "언제, 어느 때에"
175	**main** "놀다, 놀이를 하다"	main "놀다, 놀이를 하다"
176	**ke** "~에, ~에서"	ke "~에, ~에서"
177	**rumah** 집	rumah 집
178	**kami** 우리(청자를 제외한)	kami 우리(상대방을 제외한)
179	**tamu** 손님	tamu 손님
180	**berkenalan** "~와 사귀다, 교제하다, 알게 되다"	kenal "알다, 친숙하다"
181	**orang** 사람	orang "사람 / 원본의, 원래의"
182	**Korea Selatan** "남한, 대한민국"	Korea / selatan 한국 / 남쪽
183	**berasal dari** "~가 원산지인, ~출신인"	asal / dari "기원, 유래 / ~로부터"
184	**memperkenalkan diri** 자신을 소개하다	kenal / diri "알다,친숙하다 / 자신, 자기"
185	**cerita** 이야기	cerita "기사, 이야기, 소설"
186	**asrama kampus** 대학교 기숙사	asrama / kampus 기숙사 / 대학교
187	**akhir minggu** 주말	akhir / minggu "마지막, 끝 / 주"
188	**lalu** "지나가다, 통과하다"	lalu "지나가다, 통과하다"
189	**berjalan-jalan** "산책하다, 놀러가다, 여행하다"	jalan "길, 도로"
190	**plaza** "플라자, 상가"	plaza "플라자, 상가"
191	**hobi** 취미	hobi 취미
192	**membaca** "읽다, 낭독하다"	baca "읽다, 낭독하다"

kosa kata (단어) arti (의미)	kata dasar (어근) arti (의미)
193 **buku** 책	buku 책
194 **mendengar musik** 음악을 듣다	dengar / musik 듣다 / 음악
195 **semoga** "바라건대, 부디"	semoga "바라건대, 부디"
196 **teman** "친구, 동료, 벗"	teman "친구, 동료, 벗"
197 **baik** "좋은, 멋진"	baik "좋은, 멋진"
198 **bisa** ~할 수 있다	bisa ~할 수 있다
199 **nama lengkap** 완전한 이름(풀네임)	nama / lengkap 이름 / 완전한
200 **memanggil** "부르다, 칭하다"	panggil "부르다, 칭하다"
201 **tetapi** 그러나	tetapi 그러나
202 **sejak** "~이래로, 그 뒤로"	sejak "~이래로, 그 뒤로"
203 **panggilan** "부르는 이름, 호칭, 부름"	panggil "부르는 이름, 호칭, 부름, 호출"
204 **tahun ini** 올해	tahun / ini "해, 년 / 이것, 이"
205 **tingkat** "층, 계층, 등급"	tingkat "층, 계층, 등급"
206 **impian** "꿈, 희망, 바람"	impi "바라다, 희망하다"
207 **menjadi** ~가 되다	jadi "이루어진, 성취된, 그래서"
208 **penerjemah** "번역가, 역자"	terjemah 번역하다
209 **atau** 또는	atau 또는
210 **diplomat** 외교관	diplomat 외교관
211 **berjumpa dengan** ~와 만나다	jumpa / dengan "만나다, 상봉하다 / ~와 함께"
212 **restoran** 레스토랑	restoran 레스토랑
213 **mempunyai** "가지다, 소유하다"	punya "가지다, 소유하다"
214 **dekat kampus** 캠퍼스 가까이	dekat / kampus "가까이, 근접한 / 학교, 캠퍼스"
215 **biasanya** "대개, 보통한"	biasa "숙달된, 보통, 일상의"
216 **menjual** "~를 팔다, 매매하다"	jual 팔다
217 **berbagai** 여러가지의	bagai 종류
218 **makanan** "먹을 것, 음식"	makan 먹다
219 **laki-laki** "남성, 남자"	laki "남성, 남자"
220 **perempuan** "여성, 여자"	perempuan "여성, 여자"
221 **berumur** 나이가 ~이다	umur 나이
222 **berusia** 나이가 ~이다	usia "나이, 연령"
223 **sayang** "사랑하다, 아끼다, 가엾게도, 유감스럽게도"	sayang "사랑하다, 아끼다, 가엾게도, 유감스럽게도"
224 **dua puluh** 20	dua / puluh 둘 / 십 단위
225 **delapan belas** 18	delapan / belas 여덟 / 10의(11-19)
226 **selamat siang** 낮 인사	selamat / siang "안전한, 무사한 / 낮(오전11시부터 오후3시)"
227 **saudara-saudara** 여러분	saudara "형제, 자매"
228 **tepatnya** 정확히 말하자면	tepat 정확한
229 **masih** "아직, 지금까지"	masih "아직, 지금까지"
230 **kecil** "어린, 작은"	kecil 작은

kosa kata (단어) arti (의미)	kata dasar (어근) arti (의미)
231 **baru-baru ini** "최근에, 요즘은"	baru / ini "새로운, 새것 / 이것"
232 **masuk** "입학하다, 들어가다"	masuk 들어가다
233 **kelompok bermain** "보육원, 어린이집"	kolompok / main "모임, 단체, 집단 / 놀다"
234 **pernah** "~해본 적 있는, ~한 적 있는"	pernah "~해본 적 있다, ~한 적 있는"
235 **sebagai** "~로, ~로서"	bagai ~처럼
236 **dosen** "강사, 교수"	dosen "강사, 교수"
237 **mengajar** "가르치다, 강의하다"	ajar "교수, 교육, 훈육"
238 **orang asing** "외국인, 낯선 사람"	orang / asing "사람 / 외국의, 해외의, 낯선"
239 **harapan** "바람, 예상, 기대"	harap "요청하다, 바라다"
240 **cita-cita** "욕구, 이상, 기대"	cita "감각, 감정, 느낌"
241 **dramatisasi** "상황극, 각색, 극화"	dramatisasi "상황극, 각색, 극화"
242 **diskusi** "토론, 논의"	diskusi "토론, 논의"
243 **buatlah** 만들어라	buat 만들다
244 **salah satu** ~중 하나	salah / satu "잘못된, 틀린 / 하나"
245 **situasi** "상황, 경우"	situasi "상황, 경우"
246 **berikut ini** 이것 다음에 오는	ikut /ini "따라가다, 좇다 / 이것"
247 **sebuah** 한 개	se~ / buah "하나의 / 열매, ~개 (수량사)"
248 **universitas** 대학교	universitas 대학교
249 **ternyata** 알고 보니	nyata "분명한, 명백한"
250 **direktur** "사장, 관리자, 이사"	direktur "사장, 관리자, 이사"
251 **perusahaan** "사업, 기업"	usaha "노동, 일, 노력, 사업, 장사"
252 **terkenal** "유명한, 알려진"	kenal "알다, 친숙하다"
253 **tiba** "도착하다, 닿다"	tiba "도착하다, 닿다"
254 **bintang film** 영화 배우	bintang / film "별, 배우 / 영화"
255 **adik kelas** 학교 후배	adik / kelas "동생 / 반, 학년, 등급, 계급"
256 **kabar** "뉴스, 소식"	kabar "뉴스, 소식"
257 **nama kecil** "별명, 호칭"	nama / kecil 이름 / 작은

	kosa kata (단어) arti (의미)	kata dasar (어근) arti (의미)
1	**satuan** "단위, 일의 자리 수"	satu 하나
2	**nol** "영, 0"	nol "영, 0"
3	**kosong** "빈, 비어있는, 영, 0"	kosong "빈, 비어있는, 영, 0"
4	**sebelas** 열하나	belas 10의 (11-19)
5	**dua belas** 열둘	belas 10의 (11-19)
6	**seratus** "백, 100"	ratus "백, 100"
7	**seribu** "천, 1000"	ribu "천, 1000"
8	**sepuluh ribu** "만, 10000"	puluh / ribu "10 / 천, 1000"
9	**seratus ribu** "십만, 100000"	ratus / ribu "백, 100 / 천, 1000"
10	**sejuta** 백만	juta 백만
11	**koma** "콤마, 쉼표"	koma "콤마, 쉼표"
12	**persen** "비, 비율, 퍼센트"	persen "비, 비율, 퍼센트"
13	**setengah** "반절, 절반"	tengah "가운데, 중앙"
14	**seperdua** "절반, 1/2"	dua "둘, 2"
15	**satu per dua** "이분의 일, 1/2"	satu / per / dua 하나 / ~당 / 둘
16	**mengenal** "~를 알다, ~와 아는 사이다"	kenal "알다, 친숙한"
17	**waktu** "시간, 시"	waktu "시간, 시"
18	**lewat** "~을 경유하다, ~을 통과하다, ~을 지나다"	lewat "~을 경유하다, ~을 통과하다, ~을 지나다"
19	**kemarin dulu** 그저께	kemarin / dulu "어제 / 전에, 이전에"
20	**hari ini** 오늘	hari / ini "날, 일 / 이것, 이"
21	**besok** 내일	besok 내일
22	**lusa** 모레	lusa 모레
23	**tanggal** "일, 날짜"	tanggal "일, 날짜"
24	**tadi** "방금, 조금 전"	tadi "방금, 조금 전"
25	**baru saja** "가까스로, 겨우, 방금"	baru / saja "막 ~을 하다, 새로운, 새 / 단지, 오직"
26	**sekarang** 지금	sekarang 지금
27	**sedang** "중간, 보통의, ~하는 중"	sedang "중간, 보통의, ~하는 중"
28	**menit** 분	menit 분
29	**mandi** "샤워하다, 몸을 씻다"	mandi "샤워하다, 몸을 씻다"
30	**makan pagi** 아침을 먹다	makan / pagi 먹다 / 아침
31	**siang** 낮 (오전 11시~오후3시)	siang 낮 (오전 11시~오후 3시)
32	**melakukan apa** 무엇을 하나요?	laku / apa "행동, 태도 / 무엇"
33	**batang** "줄기, 대, 막대기"	batang "줄기, 대, 막대기"
34	**helai** "~장, ~벌(옷감 등을 셀 때 쓰는 단위)"	helai "~장, ~벌(옷감 등을 셀 때 쓰는 단위)"
35	**pasang** "~짝, ~쌍, ~켤레"	pasang "~짝, ~쌍, ~켤레"
36	**kaus kaki** 양말	kaus / kaki "양말 / 발, 다리"
37	**piring** 접시	piring 접시
38	**potong** "조각, 일부분, 덩어리, 자르다"	potong "조각, 일부분, 덩어리, 자르다"

kosa kata (단어) arti (의미)	kata dasar (어근) arti (의미)
39 **ayam goreng** "닭 튀김, 치킨"	ayam / goreng "닭 / 볶다, 튀기다"
40 **mangkuk** "공기, 그릇"	mangkuk "공기, 그릇"
41 **sup sayuran** "야채 수프, 야채 국"	sup / sayur "수프, 국 / 야채"
42 **gelas** "잔, 유리잔"	gelas "잔, 유리잔"
43 **jus jeruk** 감귤(오렌지) 주스	jus / jeruk "주스 / 감귤, 오렌지 "
44 **banyak** "많은, 많이"	banyak "많은, 많이"
45 **selalu** 항상	lalu "지나가다, 통과하다"
46 **membawa** "가지고 오다, 나르다, 지참하다"	bawa "나르다, 운반하다"
47 **botol** 병	botol 병
48 **air dingin** "찬물, 냉수"	air / dingin "물 / 차가운, 추운"
49 **perjalanan** "여행, 여정, 관광"	jalan "길, 도로, 이동하다"
50 **ekor** "꼬리, ~마리"	ekor "꼬리, ~마리"
51 **anjing** 개	anjing 개
52 **bagian** "부분, 일부, 분야, 부서"	bagi "~를 위하여, 부분, 일부분, 나누다, 분리하다 "
53 **sepatu** "신, 구두"	sepatu "신, 구두"
54 **setiap hari** 매일	setiap / hari "매, 각각의 / 일"
55 **roti** 빵	roti 빵
56 **susu** 우유	susu 우유
57 **piknik** "피크닉, 소풍"	piknik "피크닉, 소풍"
58 **memesan** 주문하다	pesan "요청, 주문, 메시지"
59 **mi goreng** 볶음면	mi / goreng "면 / 볶다, 튀기다"
60 **jumlah anggota** "인원수, 구성원, 회원수"	jumlah / anggota "합계, 총 / 인원, 구성, 회원"
61 **anak tunggal** "외아들, 외동딸"	anak / tunggal "아이, 자식 / 혼자의, 홀로"
62 **adik** 동생	adik 동생
63 **kakek** 할아버지	kakek 할아버지
64 **nenek** 할머니	nenek 할머니
65 **juga** "역시, 또한, ~도"	juga "역시, 또한, ~도"
66 **lahir** "태어나다, 출생하다"	lahir "태어나다, 출생하다"
67 **sebenarnya** 사실은	benar "올바른, 옳은"
68 **ulang tahun** 생일	ulang / tahun "반복하는 / 해, 년"
69 **acara** "일정, 행사"	acara "일정, 행사"
70 **merayakan** "경축하다, 기념하다"	raya 위대한
71 **tahun kabisat** "윤년, 윤달"	tahun / kabisat "해, 년 / 윤년, 윤달"
72 **membuat** 만들다	buat "만들다, 하다"
73 **janji** "약속, 약조"	janji "약속, 약조"
74 **menerima** 받아들이다	terima 받다
75 **telepon** 전화	telepon 전화
76 **berdering** "(전화, 자전거 벨) 따르릉거리다"	dering 딸랑딸랑(울리는)
77 **sendiri** "혼자, 자신, 본인"	diri "자신, 자기, 자아"
78 **sibuk** 바쁜	sibuk 바쁜

	kosa kata (단어) arti (의미)	kata dasar (어근) arti (의미)
79	**santai** "한가로운, 긴장이 풀린"	santai "한가로운, 긴장이 풀린"
80	**pesta** "축제, 잔치, 파티"	pesta "축제, 잔치, 파티"
81	**oh begitu** 오 그렇군요 (감탄사)	begitu "그렇게, 그처럼"
82	**tentu saja** 당연하죠!	tentu / saja "확정된, 정확한, 당연한 / 단지, 오직"
83	**mengajak** 데리고 오다	ajak "데리고 오다, 청하다, 초대하다"
84	**kado** 선물	kado 선물
85	**menyanyikan** ~의 노래를 부르다	nyanyi 노래
86	**mencari tahu** "알아내다, 알아보다, 발견하다"	cari / tahu "구하다, 찾다 / 알다"
87	**mempelajari** "공부하다, 배우다, 연구하다"	ajar "가르치다, 교육하다"
88	**berlatih** "연습하다, 훈련하다"	latih "훈련된, 숙달된"
89	**hafal** "암기하다, 외우다"	hafal "암기하다, 외우다"
90	**panjang umurnya** "나이가 많은, 장수하다"	panjang / umur "긴 / 나이, 생명"
91	**serta** 그리고	serta 그리고
92	**mulia** 고귀한	mulia "고귀한, 저명한, 높은"
93	**selamat ulang tahun** 생일 축하해!	selamat / ulang / tahun "안전한, 무사한 / 반복되는 / 해, 년"
94	**ucapkan** "표현하다, 말하다"	ucap 말
95	**doakan** 기도한다 (수동형)	doa 기도
96	**sejahtera** "평온한, 안정된"	sejahtera "평온한, 안정된"
97	**sehat** "건강한, 튼튼한"	sehat "건강한, 튼튼한"
98	**sentosa** "평화로운, 안정된, 고요한"	sentosa "평화로운, 안정된, 고요한"
99	**bahagia** 행복한	bahagia 행복한
100	**malu** "수줍어하는, 쑥스러운, 창피한"	malu "수줍어하는, 쑥스러운, 창피한"
101	**lumayan** "꽤 ~한, 꽤 괜찮은"	lumayan "적당한, 충분한, 꽤 ~한"
102	**menawar** 흥정하다	tawar "제시하다, 제안하다, 흥정하다, (맛이) 싱거운"
103	**kasih** "애정, 사랑, ~를 주다, 지급하다"	kasih "애정, 사랑, ~를 주다, 지급하다"
104	**baju** 옷	baju 옷
105	**murah** "값싼, 싼"	murah "값싼, 싼"
106	**kemeja** 셔츠	kemeja 셔츠
107	**batik** 바틱	batik 바틱
108	**warna** 색깔	warna 색깔
109	**cantik** "예쁜, 아름다운"	cantik "예쁜, 아름다운"
110	**sebelah** "반쪽, (왼, 오른) 쪽, 편"	belah "반, 갈라진"
111	**umur** 나이	umur 나이
112	**dua puluhan** 이십대	dua / puluh 둘 / 십
113	**tunjukkan** "표시하다, 제시하다, 가리키다, 보여주다"	tunjuk 보여주다
114	**berwarna** 색깔이 있는	warna 색깔
115	**merah muda** 분홍색	merah / muda "빨강 / 젊은, 어린, 덜 익은"

kosa kata (단어) arti (의미)	kata dasar (어근) arti (의미)
116 **motif** 무늬	motif "도안, 동기, 무늬"
117 **bunga** 꽃	bunga 꽃
118 **gadis** "소녀, 처녀, 아가씨"	gadis "소녀, 처녀, 아가씨"
119 **membeli** "사다, 구입하다"	beli "구입, 구매"
120 **kelihatan** "보이는, 볼 수 있는"	lihat "보다, 쳐다보다"
121 **harga** "가격, 값"	harga "가격, 값"
122 **barang** "물건, 물품"	barang "물건, 물품"
123 **belum bisa** "(구어체) 할 수 없어요, 그렇게는 어려워요"	belum / bisa 아직 ~ 않는 / 할 수 있다
124 **untung** "운, 행운, 재수, 이윤, 이득"	untung "운, 행운, 재수, 이윤, 이득"
125 **kalau** 만약 ~라면	kalau 만약 ~라면
126 **boleh** "가능한, 허용되는"	boleh "가능한, 허용되는"
127 **ambil** "가져가다, 취하다, 얻다, 잡다"	ambil "가져가다, 취하다, 얻다, 잡다"
128 **sekalian** "~도 같이, 단번에"	kali "회, 번"
129 **biru muda** "하늘색, 연파랑"	biru / muda "파랑 / 옅은, 어린, 젊은"
130 **pintar** "잘 하는, 영리한, 총명한, 능숙한"	pintar "영리한, 총명한, 능숙한"
131 **dibungkus** 포장	bungkus "짐, 꾸러미, 봇짐"
132 **hadiah** "상, 상품"	hadiah "상, 상품"
133 **melihat-lihat** "구경하다, 아이 쇼핑하다"	lihat "보다, 쳐다보다"
134 **berpatungan** "합작하다, (비용, 가격, 등) ~을 함께 부담한다"	patungan "함께 부담한다, 합작하다"
135 **busana** "옷, 의상"	busana 의상
136 **pakaian** 옷	pakai 입다
137 **akhirnya** "마침내, 결국"	akhir "끝, 마지막"
138 **mereka** 그들	mereka 그들
139 **berhasil** "성공하다, 이루다"	hasil "결실, 결말"
140 **siap** "준비된, 완성된"	siap "준비된, 완성된"
141 **bulan** "달, 월"	bulan "달, 월"
142 **Blok M** 블록 M (남부자카르타 지역명)	blok / M 구획 / 알파벳 M
143 **bus** 버스	bus 버스
144 **pertama-tama** "무엇보다도, 맨 먼저, 우선"	tama "으뜸의, 첫 번째의"
145 **toko buku** 서점	toko / buku "가게, 상점 / 책"
146 **Gramedia** 인도네시아 출판사 이름	
147 **kamus** 사전	kamus 사전
148 **mampir** "들르다, 경유하다"	mampir "들르다, 경유하다"
149 **masing-masing** "각기, 각자"	masing "각기, 각자"
150 **buku tulis** "노트, 공책"	buku / tulis 책 / 쓰다
151 **stabilo** 형광펜	stablio 형광펜
152 **tipp-ex** 수정펜	
153 **menghitung** "계산하다, 셈하다"	hitung "계산, 셈"
154 **sisa** "나머지, 여분"	sisa "나머지, 여분"
155 **uang** 돈	uang 돈

kosa kata (단어) arti (의미)	kata dasar (어근) arti (의미)
156 **paket hamburger** 햄버거 세트	paket / hamburger "꾸러미, 짐 / 햄버거"
157 **pisang goreng** 바나나 튀김	pisang / goreng "바나나 / 튀기다, 볶다"
158 **kesukaan** 좋아하는 것	suka 좋아하다
159 **letih** "피곤한, 지친"	letih "피곤한, 지친"
160 **memutuskan untuk** ~하기로 결정하다	putus / untuk "끊긴, 끊어진 / ~를 위하여"
161 **naik** 타다	naik 타다
162 **bajaj** "삼륜차, 바자이"	bajaj "삼륜차, 바자이"
163 **ongkos** "비용, 요금, 운임"	ongkos "비용, 요금, 운임"
164 **bentuk** "형상, 형태"	bentuk "형상, 형태"
165 **kendaraan** "탈것, 운송기구"	kendara "타다, 올라앉다"
166 **disebut** "언급되다, 불리어지다"	sebut "언급하다, 말하다"
167 **dihabiskan** "소모되다, 소진되다"	habis "끝난, 종료한"
168 **mula-mula** "처음에, 시초에"	mula "처음, 시초 "
169 **setelah** ~이후에	telah "이미, 벌써"
170 **libur** "방학, 휴가"	libur "방학, 휴가"
171 **nasional** 국가의	nasional "국가의, 국민의, 민족의"
172 **beberapa** "몇몇의, 약간의"	berapa "얼마, 몇"
173 **liburan** "방학, 휴가"	libur "방학, 휴가"
174 **rencanakan** 계획되다	rencana 계획
175 **mengundang** 초대하다	undang 초대하다
176 **diskusikan** "의견을 나누다, 이야기하다"	diskusi "토론하다, 의견을 나누다"
177 **cocok** "잘 어울리는, 알맞은, 일치한, 정확한"	cocok "잘 어울리는, 알맞은, 일치한, 정확한"
178 **toko** "가게, 매점"	toko "가게, 매점"
179 **mintalah** "요구하다, 청하다"	minta "요구하다, 청하다"
180 **merekomendasi** 추천하다	rekomendasi 추천하다
181 **tepat** "정확한, 정각, 바른"	tepat "정확한, 정각, 바른"
182 **kapan** "언제, 어느 때에"	kapan "언제, 어느 때에"
183 **di mana** 어디에	di / mana "~에 / 어디로, 어디에"
184 **kelebihan** "대부분, 대다수"	lebih "능가한, 빼어난, 뛰어난"
185 **kekurangan** "부족한, 결핍된"	kurang "적은 양의, 근소한, ~보다 적은"
186 **golongan darah** 혈액형	golong / darah "분류된 / 피, 혈액"
187 **nomor telepon** 전화번호	nomor / telepon 번호 / 전화
188 **dompet** 지갑	dompet 지갑
189 **mata pelajaran** "학과목, 교과목"	mata / ajar "눈, 중심 / 교수, 교육, 훈육"
190 **masih kecil** "여전히 작은, 아직 어린"	masih / kecil "아직, 여전히 / 작은, 어린"
191 **bicarakan** "~대해 이야기하다, 대화하다"	bicara "말, 생각, 사고"
192 **teman lama** 오랜 친구	teman / lama "친구 / 오랜, 긴"

	kosa kata (단어) arti (의미)	kata dasar (어근) arti (의미)
1	**hari** 날/일(日 Day)	hari 날/일(日 Day)
2	**bulan** 월(Month)/달(Moon)	Bulan 월(Month)/달(Moon)
3	**Senin** 월요일	Senin 월요일
4	**Selasa** 화요일	Selasa 화요일
5	**Rabu** 수요일	Rabu 수요일
6	**Kamis** 목요일	Kamis 목요일
7	**Jum' at** 금요일	Jum' at 금요일
8	**Sabtu** 토요일	Sabtu 토요일
9	**Januari** 1월	Januari 1월
10	**Februari** 2월	Februari 2월
11	**Maret** 3월	Maret 3월
12	**April** 4월	April 4월
13	**Mei** 5월	Mei 5월
14	**Juni** 6월	Juni 6월
15	**Juli** 7월	Juli 7월
16	**Agustus** 8월	Agustus 8월
17	**September** 9월	September 9월
18	**Oktober** 10월	Oktober 10월
19	**November** 11월	November 11월
20	**Desember** 12월	Desember 12월
21	**kesibukan** "일정, 분주함"	sibuk "바쁜, 분주한 / 활동적인"
22	**hampir** 거의	hampir "가까이에, 거의"
23	**kok** "(구어체) 왜, 의도를 나타내는 강조어"	kok "(구어체) 왜, 의도를 나타내는 강조어"
24	**gara-gara** "~인 이유로, ~ 때문에, ~탓으로"	gara-gara "~인 이유, ~ 때문에"
25	**sifat** "특징, 본성, 성격"	sifat "특징, 형태, 본성"
26	**diam** "조용한, 과묵한, 정지된"	diam "조용한, 과묵한"
27	**perpustakaan** "도서관, 서재"	pustaka "책, 서적"
28	**mengobrol** "잡담하다, 이야기를 나누다"	obrol 잡담
29	**ruang jurusan** 학과 사무실	ruang / jurus "방, 공간 / 곧바로, 똑바로"
30	**aktivitas** 활동	aktivitas "활동, 적극성"
31	**ikut** "따르다, 쫓아가다"	ikut "따르다, 쫓아가다"
32	**agak** "약간, 조금, 다소"	agak "약간, 조금, 다소"
33	**membosankan** "지치게 만들다, 지루하다"	bosan "지친, 싫증난"
34	**kuis** 퀴즈	kuis(-ioner) "질문, 퀴즈, 앙케이트"
35	**lho** (감탄사)	
36	**belakangan ini** "최근에, 근래에"	belakang "뒤쪽, 등, 배후"
37	**terlambat** "늦은, 더딘"	lambat "느린, 늦은"
38	**mau** "바라다, 희망하다, 원하다"	mau "바라다, 희망하다 / 소망"
39	**tutup** "닫힌, 폐쇄된, 뚜껑"	tutup "닫힌, 폐쇄된, 뚜껑"

	kosa kata (단어) arti (의미)	kata dasar (어근) arti (의미)
40	**masa** "(구어체) 정말?, 그럴리가?, 진짜 / 기간, 기한, 시기"	masa "(구어체) 정말?, 그럴리가?, 진짜 / 기간, 기한, 시기"
41	**baru tahu** 지금 막 알게 된	baru / tahu "새로운 / 최근의, 알다, 이해하다"
42	**hari biasa** "일상, 평범한 날"	hari / biasa "날, 일(日 Day) / 숙달한, 익숙한, 보통의, 일상의, 평소의"
43	**buka** 열다	buka 열다
44	**semesteran** 학기 기간	semester 학기
45	**liburan** "휴가, 방학"	libur "휴가, 방학"
47	**pesan** "명령, 지시, 주문"	pesan "명령, 지시, 주문"
48	**kebetulan** "우연히, 때 마침"	betul "정확한, 진실된"
49	**sedikit** "조금, 약간"	sedikit "조금, 약간"
50	**nasi** 밥	nasi 밥
51	**tersisa** 남겨진	sisa "나머지, 여분"
52	**dapur** "부엌, 취사장"	dapur "부엌, 취사장"
53	**tempat** "장소, 곳"	tempat "장소, 곳"
54	**atas nama** "~라는 이름으로, ~의 이름으로"	atas / nama "~위에, ~에 대해 / 이름"
55	**dekat** "가까이, 근접한"	dekat "가까이, 근접하여"
56	**jendela** "창문, 창"	jendela "창문, 창"
57	**meminta** "부탁하다, 요청하다, 요구하다"	minta "청하다, 부탁하다, 요구하다"
58	**ruang tertutup** 밀폐 공간	tutup "닫힌, 마감된"
59	**cek** "수표, 어음, 체크하다, 확인하다"	cek "수표, 어음, 체크하다, 대조하다"
60	**disiapkan** 준비된	siap 준비하다
61	**melati** 자스민	melati 자스민
62	**antar** "인도하다, 데려다주다"	antar "인도하다, 데려다주다"
63	**minta** "청하다, 부탁하다"	minta "청하다, 부탁하다"
64	**menu** "메뉴, 차림표"	menu "메뉴, 차림표"
65	**berisi** "담고 있는, 포함한"	isi "내용, 내용물"
66	**saja** "단지, 오직"	saja "단지, 오직"
67	**terdiri dari** ~로 이루어져 있는	diri 자신
68	**sate ayam** 닭 꼬치	sate / ayam 꼬치 / 닭
69	**tusuk** "핀, 꼬치, 찌르다"	tusuk "핀, 꼬치, 찌르다"
70	**gulai** 인도네시아식 카레 요리	gulai 인도네시아식 카레 요리
71	**sop buntut** 인도네시아식 꼬리곰탕	sop / buntut "국, 수프 / (Jawa어) 꼬리"
72	**cah kangkung** 깡꿍요리	cah / kangkung (물을 조금 넣어) 볶다 / 야채 이름
73	**lalapan** 인도네시아식 야채 쌈	lalap 밥과 함께 먹는 야채
74	**sambal terasi** 인도네시아식 고추장	sambal / terasi 고추장 / 새우장
75	**minuman** 음료	minum 마시다
76	**tambah** "더, 많은 / 더하기"	tambah "더, 많은/ 마시다"
77	**teh manis** 달콤한 홍차	teh / manis 차 / 달콤한
78	**acar** 인도네시아식 피클	acar 피클
79	**kerupuk udang** 새우 과자	kerupuk / udang 과자 / 새우

	kosa kata (단어) arti (의미)	kata dasar (어근) arti (의미)
80	**gratis** "무료인, 공짜"	gratis "무료, 공짜"
81	**biaya tambahan** 추가 비용	biaya / tambah 비용 / 추가
82	**terlalu** "몹시, 지나치게"	lalu 지나가다
83	**mahal** 값이 비싼	mahal 값이 비싼
84	**rasanya** "~인 것처럼, 보이다, ~인 것 같다"	rasa 감정
85	**disajikan** 차려진	saji 차려 놓은 음식
86	**melihat** "보다, 바라보다"	lihat 보다
87	**lalat** 파리	lalat 파리
88	**percakapan** "회의, 회화, 담화"	cakap "~할 수 있는, 유능한"
89	**rusak** "부서진, 고장난"	rusak "부서진, 고장난"
90	**wajah** 얼굴	wajah 얼굴
91	**kusut** "난잡한, 헝클어진"	kusut "난잡한, 헝클어진"
92	**masalah** "문제, 일"	masalah "문제, 일"
93	**komputer** 컴퓨터	komputer 컴퓨터
94	**tidak mau jalan** 작동하지 않은	tidak mau jalan 작동하지 않은
95	**akses internet** 인터넷 접속	akses internet 인터넷에 접속하다
96	**macet** "빡빡한, 막힌, 멈춘"	macet "빡빡한, 막힌, 멈춘"
97	**virus** 바이러스	virus 바이러스
98	**tetap saja** "여전히, 그럼에도 불구하고"	tetap / saja "여전히 / 단지, 오직"
99	**berfungsi** "역할을 하다, 기능을 하다"	fungsi "기능, 역할"
100	**matikan** (전원을) 끄다	mati "죽다, 사망한"
101	**nyalakan** (전원을) 켜다	nyala "불꽃, 화염"
102	**tidak mungkin** "불가능한, 그럴 리 없는"	mungkin "아마도, 짐작컨대"
103	**ditukar** 바뀌어진	tukar 바꾸다
104	**seperti yang kamu lihat** 네가 본 그대로	lihat "보다, 바라보다"
105	**layar** "돛, 스크린, 화면"	layar "돛, 스크린, 화면"
106	**malah** "오히려, 도리어"	malah "오히려, 도리어"
107	**mati sama sekali** "완전히 죽은, 완전히 작동 안 된"	mati / sama sekali "죽다, 사망하다 / 완전히, 아예"
108	**lebih baik** 차라리	lebih / baik 더 / 좋은
109	**hubungi** 연락을 취하다	hubung 연결
110	**tim inventaris** "자제팀, 업무지원팀"	inventaris "목록, 재고품"
111	**padahal** ~를 해야 하는데	padahal "~이기는 하지만, 그러나 (사실은)"
112	**apa boleh buat** 어쩔 수 없지	apa / boleh / buat 무엇 / 해도 되는 / 만들다
113	**toh** "어차피, 그럼에도 불구하고, 더욱"	toh "어차피, 그럼에도 불구하고, 더욱"
114	**pastikan** 확인하다	pasti "반드시, 틀림 없는"
115	**agenda** "수첩, 일정, 의제, 협의 사항"	agenda "의제, 협의 사항"
116	**les** "개인 교습, 레슨"	les "레이스(옷), 끈"
117	**berenang** "수영하다, 헤엄치다"	renang "수영하다, 헤엄치다"
118	**si dia** "(사랑하는) 그녀, 그"	dia 그
119	**kumpulkan tugas** 과제를 제출하다	kumpul "모으다, 수집하다"
120	**konsultasi** "상의, 상담, 협의회"	konsultasi "상의, 상담, 협의회"

kosa kata (단어) arti (의미)	kata dasar (어근) arti (의미)
121	**mendaftar** "~에 등록하다, 목록을 만들다"	daftar "목록, 명부, 시간표"
122	**kursus** "과정, 학습, 교육"	kursus "과정, 학습, 교육"
123	**pandai** "영리한, 슬기로운, 능숙한"	pandai "영리한, 슬기로운, 능숙한"
124	**mengatakan bahwa** ~라고 말하다	bahwa ~에 관하여
125	**penting** 중요한	penting 중요한
126	**dipakai** "사용되어진, 착용된"	pakai "사용하다, 착용하다"
127	**masyarakat** "대중, 사회, 국민"	masyarakat "대중, 사회, 국민"
128	**internasional** 국제적인	internasional 국제적인
129	**awal** "시초의, 먼저"	awal "시초의, 먼저"
130	**menarik perhatian** 관심을 끌다	tarik / hati "당기다, 끌다 / 마음, (신체) 간"
131	**mentor** 멘토	mentor 멘토
132	**bagi** "~를 위한, 일부, 부분"	bagi "~을 위한, 부분, 일부"
133	**seperti mendapat durian runtuh** 횡재를 얻다	seperti / dapat / durian / runtuh "~처럼 / 얻다, 받다 / 두리안 / 무너지다"
134	**dijatah** 배급 받다	jatah "몫, 할당"
135	**tersebut** "언급된, 알려진"	sebut "언급하다, 말하다"
136	**berdua** 단 둘이	dua "둘, 2"
137	**belum apa-apa** 아직 아무것도 안한	belum / apa-apa 아니다 / 아무것도
138	**hati** "간, 마음"	hati "(신체) 심장, 마음"
139	**berdebar** "심장이 뛰다, 두근거리다"	debar 맥박
140	**tak keruan** "무질서한, 혼산한, 주체 없이"	tak / keruan "(tidak) 아니다 / 알고 있는, 확실한"
141	**kegiatan** 활동	giat 열심인
142	**rencana** "계획 / 보고, 제안"	rencana "계획 / 보고, 제안"
143	**mengumpulkan** "모으다, 수집하다, (과제, 숙제를) 제출하다"	kumpul "모이다, 집합하다"
144	**pacar** "연인, 애인"	pacar "연인, 애인"

kosa kata (단어) arti (의미)	kata dasar (어근) arti (의미)
1 **bagian** "부분, 부서, 할당"	bagi "나누다, ~를 위해"
2 **kepala** "머리, 우두머리"	kepala "머리, 우두머리"
3 **rambut** "머리털, 머리카락"	rambut "머리털, 머리카락"
4 **dahi** 이마	dahi 이마
5 **telinga** "귀, 손잡이"	telinga "귀, 손잡이"
6 **mata** 눈	mata 눈
7 **alis mata** 눈썹	alis / mata 눈썹 / 눈
8 **kelopak mata** 눈꺼풀	kelopak / mata 껍질 / 눈
9 **bulu mata** 속눈썹	bulu / mata 털 / 눈
10 **hidung** 코	hidung 코
11 **pipi** 뺨	pipi 뺨
12 **mulut** 입	mulut 입
13 **bibir** 입술	bibir 입술
14 **gigi** 치아	gigi 치아
15 **lidah** 혀	lidah 혀
16 **dagu** "턱, 턱끝"	dagu 턱
17 **rahang** 턱뼈	rahang 턱뼈
18 **badan** "몸, 신체"	badan "몸, 신체"
19 **leher** 목	leher 목
20 **pundak / bahu** 어깨	pundak / bahu 어깨
21 **dada** 가슴	dada 가슴
22 **pusar** 배꼽	pusar 배꼽
23 **perut** 배	perut 배
24 **pinggang** 허리	pinggang 허리
25 **pinggul** 골반	pinggul 골반
26 **punggung** "등, 등허리"	punggung "등, 등허리"
27 **pantat** 엉덩이	pantat 엉덩이
28 **tangan** 손	tangan 손
29 **lengan atas** 위팔	lengan / atas 팔 / 위
30 **siku** 팔꿈치	siku 팔꿈치
31 **lengan bawah** 팔뚝	lengan / bawah 팔 / 아래
32 **jari tangan** 손가락	jari / tangan 손가락 / 손
33 **ibu jari / jempol** 엄지손가락	ibu / jari / jempol 엄마 / 손가락 / 엄지손가락
34 **telunjuk** 집게손가락	telunjuk 집게손가락
35 **jari tengah** 중지	jari / tengah 손가락 / 가운데
36 **jari manis** 무명지(네번째 손가락)	jari / manis "손가락 / 달콤한, 귀여운"
37 **kelingking** 새끼손가락	kelingking 새끼손가락
38 **telapak** (손/발)바닥	telapak (손/발)바닥
39 **pergelangan** "손목, 발목, 둘레"	gelang "원형물체, 팔찌, 발찌"
40 **kaki** 다리	kaki 다리

	kosa kata (단어) arti (의미)	kata dasar (어근) arti (의미)
41	**paha** 허벅지	paha 허벅지
42	**lutut** 무릎	lutut 무릎
43	**betis** "종아리, 장딴지"	betis "종아리, 장딴지"
44	**mata kaki** 발목	mata / kaki "눈, 중심지 / 다리"
45	**jari kaki** 발가락	jari / kaki 손가락 / 다리
47	**sebutkan** 언급하다	sebut 언급하다
48	**kunci jawaban** 해법	kunci / jawab "열쇠, 자물쇠 / 답"
49	**jumlahkan** "총액, 합계"	jumlah "합계, 총액"
50	**ujung** "꼭대기, 끝"	ujung "꼭대기, 끝"
51	**kiri** "왼쪽, 왼편"	kiri "왼쪽, 왼편"
52	**kanan** "오른쪽, 오른편"	kanan "오른쪽, 오른편"
53	**misalnya** "예컨대, 예를 들면"	misal 예시
54	**untuk** ~를 위하여	untuk ~를 위하여
55	**menebak** "추측하다, 짐작하다, 알아 맞추다"	tebak "추측하다, 짐작하다, 알아 맞추다"
56	**kartu** "카드, 엽서"	kartu "카드, 엽서"
57	**lain** 다른	lain 다른
58	**semua** 모두	semua 모두
59	**sakit** 아픈	sakit 아픈
60	**tumben** 웬일로	tumben 웬일로
61	**sendirian** "홀로, 고독하게"	sendiri "자신, 본인, 스스로"
62	**parah** "심한, 중상의"	parah "심한, 중상의"
63	**minggu lalu** 저번 주	minggu / lalu "주, 주말 / 전에"
64	**mengeluh** "한숨쉬다, 불평하다"	keluh "한숨, 불평, 불만"
65	**dokter kulit** 피부과 전문의	dokter / kulit 의사 / 피부
66	**syukurlah** "다행이군!, 감사하게도! "	syukur "감사하다, 운이 좋구나! "
67	**berat** "무거운, 심한"	berat "무거운, 심한"
68	**katanya** "그가 말하길, 들리는 소문에 의하면"	kata "말, 단어"
69	**keracunan** "중독, 독살"	racun "독, 독약"
70	**memangnya** "물론, 참으로, 도대체"	memang "물론, 정말로, 참으로"
71	**kurang jelas** 불분명	kurang / jelas "~보다 적은, 빈 / 분명한"
72	**mungkin** "아마, 어쩌면"	mungkin "아마, 어쩌면"
73	**kedaluwarsa** "만료일, 유통기한"	dalu / warsa "익은, 다 된 / 1년"
74	**seperti tidak tahu saja**	seperti / tidak / tahu / saja ~처럼 / 아니다
	"(구어체) 모르는 척 하기는, 잘 알면서"	/ 알다 / 단지
75	**tentang** ~에 관하여	tentang ~에 관하여
76	**menganggap x sebagai** ~을 처럼 여기다	anggap / sebagai 여기다 / ~처럼
77	**cepat** 빨리	cepat 빨리
78	**sembuh** 회복되다	sembuh 회복되다
79	**mengunjungi** 방문하다	kunjung 방문하다
80	**silakan masuk** 어서 들어오십시오	sila / masuk "어서, 부디 / 들어오다"
81	**mari** 자 ~ 합시다	mari 자 ~합시다
82	**keluhan** "불평, 불만"	keluh "한숨, 불평, 불만"

	kosa kata (단어) arti (의미)	kata dasar (어근) arti (의미)
83	**terasa** 느껴지다	rasa "감정, 의견, 주장"
84	**perih** 쓰라린	perih "고통스러운, 쓰라린"
85	**susah** 어려운	susah 어려운
86	**waktu** (+ verba) ~할 때	waktu "~할 때, 시간, 시"
87	**menelan** "삼키다, 삼켜버리다"	telan "삼키다, 삼켜버리다"
88	**bahkan** "더욱이, 특히, 게다가"	bahkan "더욱이, 특히, 게다가"
89	**sulit** "어려운, 곤란한"	sulit "어려운, 곤란한"
90	**demam** "열, 발열, 열병"	demam "열, 발열, 열병"
91	**atau** 또는	atau 또는
92	**meriang** "몸살이 있는, 열이 있는"	meriang "몸살이 있는, 열이 있는"
93	**panas** "더운, 뜨거운"	panas "더운, 뜨거운"
94	(badan) **tidak enak** 몸이 좋지 않은	tidak / enak "아니다 / 맛있는, 기분이 좋은"
95	**periksa** "조사, 검사"	periksa "조사, 검사"
96	**kelihatannya** ~처럼 보이다	lihat 보다
97	**radang** 염증	radang "염증, 격노한"
99	**berbahaya** "위험한, 모험적인"	bahaya "위험, 모험"
100	**membengkak** "부풀다, 부어오르다"	bengkak "부은, 부푼"
101	**obat** "약, 약품"	obat "약, 약품"
102	**kumur** 입을 헹구다	kumur 입을 헹구다
103	**air garam** 소금물	air / garam 물 / 소금
104	**resep** "조리법, 처방전"	resep "조리법, 처방전"
105	**berbentuk** ~한 형태를 가진	bentuk "형상, 형태, 모습"
106	**sirup** 시럽	sirup 시럽
107	**kalau begitu** 만약 그렇다면	kalau / begitu "만약 ~한다면 / 그렇게, 그처럼"
108	**ganti** 바꾸다	ganti 바꾸다
109	**pil** 알약	pil 알약
110	**apotek** 약국	apotek 약국
111	**tunggu sebentar** 잠시 기다리세요	tunggu / sebentar "기다리다 / 잠시, 잠깐"
112	**meramu** "제조하다, 조제하다"	ramu "제조하다, 조제하다"
113	**beberapa** 여러가지	berapa "얼마나, 얼마만큼"
114	**apoteker** 약사	apoteker 약사
115	**salep** 연고	salep 연고
116	**terramycin** 테라마이신(항생제)	terramycin 테라마이신(항생제)
117	**tidak dijual bebas** "자유롭게 판매하지 않다, 처방전 없이 판매하지 않다"	tidak / jual / bebas "아니다 / 팔다 / 자유로운, 독립의"
118	**cara** "방법, 방식"	cara "방법, 방식"
119	**jenis** 종류	jenis 종류
120	**bungkus** "짐, 꾸러미, 포장, 봉투"	bungkus "짐, 꾸러미, 포장, 봉투"
121	**efek samping** 부작용	efek / samping 효과 / 옆부분
122	**menyebabkan** ~의 원인이 되다	sebab "원인, 동기"
123	**berhenti** "멈추다, 중지하다"	henti "멈추다, 중지하다"

	kosa kata (단어) arti (의미)	kata dasar (어근) arti (의미)
124	**minuman soda** 탄산음료	minum / soda 마시다 / 소다
125	**kopi** 커피	kopi 커피
126	**paling** "가장, 매우"	paling "가장, 매우"
127	**diminum** 마시게 되다	minum 마시다
128	**sahabat kental** 절친한 친구	sahabat / kental 친한 / 농도가 짙은
129	**api unggun** "화롯불, 모닥불"	api / unggun 불 / 더미
130	**pesta jurusan** 학과 축제	pesta / jurus "축제 / 곧바로, 똑바로"
131	**sempat** "시간이 있는, 여유가 있는, 잠시~한 적 있는"	sempat "시간이 있는, 여유가 있는, 잠시~한 적 있는"
132	**ngobrol** "(구어체) 수다떨다, 이야기 나누다"	obrol "수다떨다, 이야기 나누다"
133	**teman baik** 좋은 친구	teman / baik 친구 / 좋은
134	**terpaksa** "강제로, 할 수 없이"	paksa "강압, 강제"
135	**bolos** "관통하다, 뚫리다"	bolos "관통하다, 뚫리다"
136	**dokter gigi** 치과의사	dokter / gigi 의사 / 치아
137	**lubang** "구멍, 움푹한 곳"	lubang "구멍, 움푹한 곳"
138	**berjerawat** 여드름이 나다	jerawat 여드름
139	**dokter hewan** 수의사	dokter / hewan 의사 / 짐승
140	**sedih** 슬픈	sedih 슬픈
141	**kesepian** "외로운, 고독한"	sepi "조용한, 한적한"
142	**bercerita** 이야기하다	cerita "기사, 이야기, 소설"
143	**teringat** "머리에 떠오르다, 생각이 떠오르다"	ingat 기억하다
144	**terkena malaria** 말라리아에 걸리다	kena / malaria "~을 당한, 맞은 / 말라리아"
145	**sepanjang siang** 오후 내내	panjang / siang "먼, 긴 / 오후"
146	**seluruh tubuh** 몸 전체	luruh / tubuh "갈다, 떨어지다 / 몸"
147	**menggigil** "떨다, 몸서리치다"	gigil "떨다, 몸서리치다"
148	**berkeringat dingin** 식은땀을 흘리다	keringat / dingin "땀 / 추운, 차가운"
149	**temperatur** "온도, 기온"	temperatur "온도, 기온"
150	**suhu normal** 보통 온도	suhu / normal "온도, 기온 / 보통"
151	**hampir saja** 거의 ~할 뻔하다	hampir / saja "가까이에, 근접한 / 단지"
152	**diopname** 입원하다	opname 입원하다
153	**disuntik** 주사 맞다	suntik "주사, 주입"
154	**tak dapat dipungkiri** "어길 수 없는 사실이다, 기정사실이다"	tak / dapat / pungkiri "아니다 / ~할 수 있다 / 거부하다, 부정하다"
155	**harta** "재산, 재물"	harta "재산, 재물"
156	**berharga** 비용이 ~인	harga "가격, 값"
157	**bagi siapa saja** 누구에게든지	bagi / siapa / saja ~를 위하여 / 누구 / 단지
158	**gejala** 증상	gejala 증상
159	**penyakit** 병	sakit 아프다
160	**arti** "의미, 뜻"	arti "의미, 뜻"
161	**membatik** 바띡작업을 하다	batik 바띡
162	**alat** "도구, 기구"	alat "도구, 기구"
163	**canting** (바띡작업에 쓰이는) 주입기	canting (바띡작업에 쓰이는) 주입기

	kosa kata (단어) arti (의미)	kata dasar (어근) arti (의미)
164	**malam** (wax) 왁스	malam 왁스
165	**zaman dahulu** 옛날 옛적에	zaman / dahulu "시기, 시대 / 옛날, 예전"
166	**menemukan** "만나다, 마주치다"	temu "만나다, 마주치다"
167	**populer** "인기있는, 유명한"	populer "인기있는, 유명한"
168	**benua** 대륙	benua "대륙, 나라"
169	**berada** 위치하다	ada "있다, 소유하다, 위치하다"
170	**urutan atas** 상위권	urut / atas 일련의 / 위에
171	**dunia** "지구, 세상"	dunia "지구, 세상"
172	**bangga** "뿌듯함, 자랑스러운"	bangga "뿌듯한, 자랑스러운"
173	**terdaftar** 등록된	daftar "등록, 명부"
174	**warisan budaya** 문화 유산	waris / budaya 유산 상속인 / 문화
175	**dirayakan sebagai** ~로 기념되다	raya / sebagai "가장 큰, 위대한 / ~처럼"
176	**selain** + (n) "~ 이외에도, ~ 말고도"	lain "외에, 다른"
177	**bukti** "증명, 입증"	bukti "증명, 입증"
178	**beliau** 그 분(3인칭)	beliau 그 분(3인칭)
179	**ramal** "예측하다, 예상하다, 예언하다"	ramal "예측하다, 예상하다, 예언하다"
180	**sendiri** "혼자, 스스로"	diri "자기, 자신, 자아"
181	**baru** "새로운, 새것, 지금 막"	baru "새로운, 새것"
182	**nakal** "개구장이의, 장난꾸러기"	nakal "개구장이의, 장난꾸러기"
183	**gusi** 잇몸	gusi 잇몸
184	**sebelum** 이전에 ~하기 전에	belum 아직 ~ 않다
185	**becak** 3륜 자전거	becak 3륜 자전거
186	**malas** + (v) "~하고 싶지 않은, ~하기 귀찮은"	malas "~하고 싶지 않은, ~하기 귀찮은"
187	**hati-hati** "소심하는, 조심스러운"	hati 마음
188	**kasir** "캐셔, 출납원, 창구"	kasir "캐셔, 출납원, 창구"
189	**keramaian** "소란, 야단법석, 군중"	ramai "붐비는, 소란스러운"
190	**contoh** 예시	contoh 예시
191	**kuda** 말 (동물)	kuda 말
192	**jalan** 길	jalan 길
193	**upah** "봉급, 임금"	upah "봉급, 임금"
194	**panggil** "부르다, 소집하다"	panggil "부르다, 소집하다"
195	**selamat** "안전한, 무사한"	selamat "안전한, 무사한"
196	**bara** 연소물	bara 연소물
197	**yakin** "확실한, 틀림없는"	yakin "확실한, 틀림없는"
198	**kurang enak badan** 몸이 좋지 않은	kurang / enak / badan "부족한 / 맛있는, 기분이 좋은 / 몸"
199	**walaupun** 비록 ~ 일지라도	walau 비록 ~ 일지라도
200	**menyarankan** "제안하다, 제의하다"	saran "건의, 제의"
201	**agar** ~하도록	agar ~하도록
202	**terkilir** "삐다, 접질리다"	kilir "삐다, 접질리다"
203	**mengurut kaki** 다리를 마사지하다	urut / kaki 일련의 / 다리
204	**bengkak** "부은, 부푼"	bengkak "부은, 부푼"

kosa kata (단어) arti (의미)	kata dasar (어근) arti (의미)
205 **segera** "즉시, 곧, 빨리, 급히"	segera "즉시, 곧, 빨리, 급히"
206 **dioperasi** 수술받다	operasi 수술
207 **menjaga** "지키다, 돌보다"	jaga "잠이 깨다, 경계하다"
208 **kesehatan** "보건, 건강"	sehat 건강한
209 **tidur** "자다, 취침하다"	tidur "자다, 취침하다"
210 **sehari-hari** "일상, 매일"	hari 하루

kosa kata (단어) arti (의미)	kata dasar (어근) arti (의미)
1　**rumah** 집	rumah 집
2　**pura-pura** "가장하다, ~인 체하다"	pura-pura "가장하다, ~인 체하다"
3　**tidak tahu** 알지 못하다	tidak / tahu "~하지 않다 / 알다, 알고 있다"
4　**masa** "설마, 말이 돼?, 기간, 기한, 시기, 단계"	masa "설마, 말이 돼?, 기간, 기한, 시기, 단계"
5　**sih** "도대체, 정말, 진짜"	sih "도대체, 정말, 진짜"
6　**bohong** "거짓말, 허위"	bohong "거짓말, 허위"
7　**semangat** 의욕	semangat "생명력, 의욕, 기운"
8　**benar** "올바른, 곧은, 공정한"	benar "올바른, 곧은, 공정한"
9　**ide** "생각, 아이디어"	ide "생각, 아이디어"
10　**malas belajar** 공부하기 귀찮은	malas / ajar "나태한, ~하기 귀찮은 / 교수, 교육, 지도"
11　**mending** (구어체) 차라리	mending "상당한, 제법인"
12　**memelas** "불쌍한 척하다, 애원하다"	pelas "측은한, 가련한"
13　**lagi pula** "더욱이, 게다가"	lagi / pula "여분의, 추가, 더 / 다시, 다시 한 번"
14　**jauh** "먼, 멀리 떨어진"	jauh "먼, 멀리 떨어진"
15　**rupa-rupanya** "모양새를 보니, 보기에는"	rupa "형태, 모습, 생김새"
16　**ada mau** 바라는 것이 있다	ada / mau "있다, 존재하다 / 바라다, 희망하다"
17　**terus terang saja** 그냥 솔직히 말해	terus / terang / saja "곧바로, 직접 / 분명한, 명백한 / 단지, 오직"
18　**siapa bilang** 누가 말했니	siapa / bilang "누구, 누가 / 말하다"
19　**ada-ada saja** "별일 다보네!, 별말 다하네!"	ada / saja "있다, 존재하다 / 단지, 오직"
20　**jangan-jangan** (구어체) 혹시 ~ 아니야?	jangan ~하지 않다 / ~해서는 안된다
21　**justru** "오히려, 되려"	justru "오히려, 되려"
22　**cihuy** 아싸! 신난다!	
23　**sobat** "친구, 절친"	sobat "친구, 절친"
24　**bertamu** "방문하다, 찾아가다"	tamu "손님, 방문자"
25　**kamar mandi** "욕실, 샤워실"	kamar / mandi "방 / 목욕하다, 샤워하다"
26　**foto** 사진	foto 사진
27　**mertua** "장인, 장모, 시부모"	mertua "장인, 장모, 시부모"
28　**berkunjung** "방문하다, 찾아가다"	kunjung "방문하다, 찾아가다"
29　**teh** "차, 찻잎"	teh "차, 찻잎"
30　**biar** 내버려 두다	biar "괜찮다, 허락하다"
31　**suruh** 심부름시키다	suruh "명령하다, 보내다"
32　**pembantu** "도움을 주는 사람, 가정부"	bantu "도움, 원조"
33　**kue** "과자, 쿠키, 케이크"	kue "과자, 쿠키, 케이크"
34　**asal** "기원, 유래, 근원, (구어체) ~만 한다면"	asal "기원, 유래, 근원, (구어체) ~만 한다면"
35　**merepotkan** 번거롭게 하다	repot "바쁜, 분주한, 어려운"

	kosa kata (단어) arti (의미)	kata dasar (어근) arti (의미)
36	**tidak sama sekali** 전혀 ~않다	tidak / sama / kali "~않다 / 동일한, 같은 / 회, 번"
37	**toples** "항아리, 과자통"	toples 항아리
38	**lupa** 잊다	lupa 잊다
39	**rendang** 수마트라식 고기 조림	rendang 고기 조림
40	**balasan** "회신, 답, 답례 "	balas "응답하다, 응수하다"
41	**repot-repot** "번거롭게, 귀찮게 "	repot "바쁜, 분주한,어려운"
42	**sampaikan** 전하다	sampai ~까지
43	**antar jemput** "출퇴근시키다, 등하원시키다, 바라다 주고 마중 나가다"	antar / jemput 데려다 주다 / 데리러 오다
44	**mesin** "엔진, 기계"	mesin "엔진, 기계"
45	**fotokopi** 복사	fotokopi 복사
47	**sambil** "~하는 동안, ~하면서"	sambil "~하는 동안, ~하면서"
48	**berlari** "달리다, 뛰다"	lari "달리다, 뛰다"
49	**kaget** "깜짝 놀라는, 놀라서 펄쩍 뛰는"	kaget "깜짝 놀라는, 놀라서 펄쩍 뛰는"
50	**lari-lari** "배회하는, 뛰어다니는"	lari "달리다, 뛰다"
51	**kakek-kakek** "노인, 할아버지 같은"	kakek "할아버지, 조부"
52	**kebakaran** "불타는, 화재의"	bakar "불타는, 불에 구운"
53	**jenggot** 턱수염	jenggot 턱수염
54	**copot** "분리된, 떨어진, 빠진"	copot "불리된, 떨어진"
55	**jantung** "심장, 염통"	jantung "심장, 염통"
56	**mengatur napas** 숨을 고르다	atur / napas "정돈된, 배열된 / 숨, 호흡"
57	**telat** "늦은, 연착한"	telat "늦은, 연착한"
58	**tepat waktu** "정각, 정시"	tepat / waktu "정확한 / 시간, 시"
59	**baterei** 배터리	baterei 배터리
60	**jam** "시간, 시"	jam "시간, 시"
61	**habis** "끝난, 종료한, 없어진, 소모된"	habis "끝난, 종료한, 없어진, 소모된"
62	**berkokok** 수탉이 울다	kokok 닭 울음소리
63	**tidak biasa** "특유한, 독특한"	tidak / biasa ~가 아니다 / 일반적인
64	**memelihara** "보호하다, 돌보다, 기르다"	pelihara "지키다, 돌보다"
65	**sepasang** "한 쌍, 한 켤레"	pasang "~짝, ~쌍, ~켤레"
66	**jantan** "남성의, 수컷의"	jantan "남성의, 수컷의"
67	**betina** 암컷	betina 암컷
68	**kasihan** "불쌍히 여김, 가여움"	kasih "애정, 사랑, 연모"
69	**mendaftar** "등록하다, 기록하다"	daftar "목록, 등록부"
70	**golf** 골프	golf 골프
71	**sungguh-sungguh** "정말로, 실로, 성심껏"	sungguh "실로, 진실한, 매우"
72	**pikir-pikir** 생각해 보다	pikir "생각, 사고, 의견"
73	**terkejut** 깜짝 놀라다	kejut 깜짝 놀라다
74	**bangun** "일어서다, 깨다"	bangun "일어서다, 깨다"
75	**membantu** "~를 지지하다, 돕다"	bantu "도움, 원조"
76	**menolak** "밀다, 물리치다, 거절하다"	tolak 밀다

kosa kata (단어) arti (의미)	kata dasar (어근) arti (의미)
77 **atap** 지붕	atap 지붕
78 **merah** 빨간색	emrah 빨간색
79 **dinding** "벽, 담, 칸막이"	dinding "벽, 담, 칸막이"
80 **pintu** 문	pintu 문
81 **biru** "파란, 파란색"	biru "파란, 파란색"
82 **putih** "흰, 흰색"	putih "흰, 흰색"
83 **pintu gerbang** "정문, 대문"	pintu / gerbang "문 / 정문, 대문"
84 **kayu** "나무, 목재"	kayu "나무, 목재"
85 **coklat muda** 연갈색	coklat / muda "갈색 / 어린, 덜 익은"
86 **pekarangan** "집 주변의 땅, 뜰"	pekarangan "집 주변의 땅, 뜰"
87 **pagar** 울타리	pagar 울타리
88 **mengelilingi** ~를 둘러싸다	keliling "분할선, 주변"
89 **pagar tanaman** 식물 (나무)로 만들어진 울타리	pagar / tanaman "울타리, 담 / 식물, 재배물"
90 **rajin** "부지런한, 자주"	rajin "부지런한, 자주"
91 **dirawat** "치료받다, 키워지다"	rawat "시중, 간호, 돌봄"
92 **ruang tamu** 거실	ruang / tamu "공간, 넓은 방 / 손님, 방문자"
93 **ruang makan** 식당	ruang / makan "공간, 넓은 방 / 먹다"
94 **pohon** "나무, 목재"	pohon "나무, 목재"
95 **garasi** 차고	garasi 차고
96 **gudang** 창고	gudang 창고
97 **duduk di kelas 2** 2학년이다	duduk / di / kelas "앉다, 학년이다 / ~에 / 학급"
99 **sepeda** 자전거	sepeda 자전거
100 **berjalan kaki** 도보로 걷다	jalan / kaki "도로, 길 / 다리"
101 **mungil** "귀여운, 사랑스러운, 깜찍한, 아담한"	mungil "귀여운, 사랑스러운, 깜찍한, 아담한"
102 **fungsi** "기능, 작용"	fungsi "기능, 작용"
103 **binatang** 짐승	binatang 짐승
104 **tradisional** 전통적인	tradisional 전통적인
105 **beraneka** 가지각색의	aneka "다양한, 여러 종류의"
106 **lebih dari** ~보다 더	lebih / dari ~더 / ~로부터
107 **sekitar** "주변, 주의, ~에 관하여"	sekitar "주변, 주의, ~에 관하여"
108 **keunikan** "독특함, 특별함"	unik "특별한, 특이한"
109 **rumah adat** 전통 집	rumah / adat "집 / 관습, 습관"
110 **tanduk kerbau** 물소 뿔	tanduk / kerbau 뿔 / 물소
111 **rangkiang** 수마트라 전통가옥에 쌀 창고	
112 **menyimpan** "보관하다, 저축하다"	simpan "두다, 보관하다"
113 **padi** 벼	padi 벼
114 **tiang** "장대, 기둥"	tiang "장대, 기둥"
115 **penyangga** "지지대, 유지자"	sangga "지줏대, 받침대"
116 **mengapung** 물에 뜨다	apung "뜨다, 떠오르다"

	kosa kata (단어) arti (의미)	kata dasar (어근) arti (의미)
117	udara "공기, 대기"	udara "공기, 대기"
118	tongkonan 술라웨시 전통가옥	
119	menghadap "만나러 가다, ~을 향하다"	hadap "측면, 앞"
120	arah "방향, 목적"	arah "방향, 목적"
121	utara "북, 북쪽"	utara "북, 북쪽"
122	melambangkan ~을 상징하다	lamgang "상징, 표시, 문자"
123	kehidupan "생활 방법, 살아가는 방법"	hidup "살아있다, 거주하다"
124	akhir "끝, 종결"	akhir "끝, 종결"
125	selatan 남쪽	selatan 남쪽
126	ujian akhir semester 기말고사	ujian / akhir / semester "시험 / 끝, 종결 / 학기"
127	membulatkan tekad 마음을 단단히 하다	bulat / tekad "구형의, 깨지지 않은 / 의지가 굳은"
128	hasil "수확, 소득"	hasil "수확, 소득"
129	dua jam penuh 두시 꼬박	dua / jam / penuh "둘 / 시계, 시간 / 가득 찬, 꽉 찬"
130	penat "지친, 피로한"	penat "지친, 피로한"
131	mengambil "집다, 줍다, 가져가다"	ambil "취하다, 얻다, 잡다"
132	secarik 한 장	carik "장, 조각"
133	tiba-tiba "갑자기, 별안간"	tiba "도착하다, 오다, 도달하다"
134	terbersit (생각이) 스치다	bersit "돌출한, 돌기한"
135	masa depan "미래, 장래"	masa / depan "기간, 시기 / 앞"
136	membawakan 대신 갖고 오다	bawa 가져 오다
137	kalau tidak 만약 그렇지 않으면	kalau / tidak ~한다면 / ~하지 않다
138	tentunya "분명히, 물론"	tentu "확정된, 일정한"
139	bagian administrasi 행정부	bagian / administrasi "부분, 몫 / 행정 업무"
140	pangkat "직급, 계급, 학년"	pangkat "직급, 계급, 학년"
141	tertentu "확실한, 고정된"	tentu "확정된, 일정한"
142	apartemen 아파트	apartmen 아파트
143	menikah "결혼하다, 혼인하다"	nikah "결혼, 혼인"
144	berjanji 약속하다	janji "약속, 약조"
145	menyetir 운전하다	setir "손잡이, 핸들"
146	mobil 자동차	mobil 자동차
147	mahir 능수능란한	mahir 능수능란한
148	berarti "의미하다, 의미를 갖다"	arti "의미, 뜻"
149	SIM 면허증	SIM 면허증
150	negara 국가	negara 국가
151	meneliti "조사하다, 관찰하다"	teliti "정확한, 신중한"
152	perbedaan "다름, 차이, 다른 것"	beda "다름, 차이, 상이"
153	sosial "사회, 사회적인"	sosial "사회, 사회적인"
154	sejarah "역사, 계보, 사"	sejarah "역사,계보, 사"
155	mewujudkan 실현하다	wujud "존재, 있음, 실제"

kosa kata (단어) arti (의미)	kata dasar (어근) arti (의미)
156 **langkah awal** 첫단계	langkah / awal "걸음, 보폭 / 시초의, 처음의"
157 **sekedar** "그냥, 단지"	kedar "그냥, 단지"
158 **iseng-iseng** "재미로, 장난삼아"	iseng "귀찮은, 성가신"
159 **lengkapi** 채우다	lengkapi 채우다
160 **gambar** "그림, 회화"	gambar "그림, 회화"
161 **kotak** "상자, 박스"	kotak "상자, 박스"
162 **sesuka hati** "네 마음대로, 원하는 대로"	suka / hati 좋아하다 / 마음
163 **percaya atau tidak** 믿거나 말거나	percaya / atau / tidak "믿다, 신뢰하다 / 또는 / ~이 아니다"
164 **terserah Anda** 당신에게 맡겨지다	serah / anda 몸을 맡기다 / 당신
165 **(me)naksir** "마음에 두다, (이성을) 좋아하다"	taksir "추산하다, 예상하다, 견적을 내다"
166 **tertarik** 관심을 두게 되다	tarik "당기다, 끌어당기다"
167 **bantuan** "지원, 지지, 도움"	bantu "도움, 원조"
168 **kencan** 데이트	kencan 데이트
169 **tampak** ~처럼 보이다	tampak ~처럼 보이다
170 **terganggu** 방해받다	ganggu "집적거리다, 괴롭히다"
171 **meminta izin** 허가 요청	minta / izin "요청하다, 바라다 / 허가, 승낙, 승인"
172 **asrama** 기숙사	asrama 기숙사
173 **melarang** "금하다, 막다"	larang "금하다, 막다"
174 **khawatir** "걱정하는, 근심하는"	khawatir "걱정하는, 근심하는"
175 **kurang aman** 불안전한	kurang / aman "부족한 / 안전한, 평화로운"
176 **keinginan** "소원, 희망"	ingin "바라다, 희망하다"
177 **idaman** "이상형, 원하는 ~"	idam "동경하다, 연모하다"
178 **bawa-bawa** "운반하다, 들고 다니다"	bawa "나르다, 운반하다"
179 **alergi** 알러지	alergi 알러지
180 **mirip** "닮은, 유사한, 비슷한"	mirip "닮은, 유사한, 비슷한"
181 **favorit** 가장 좋아하는	favorit 가장 좋아하는
182 **unik** "독특함, 특별함 "	unik "독특한, 특별한"
183 **puas** "흡조한, 뿌듯한"	puas "흡족한, 뿌듯한"
184 **warga negara** "국민, 시민"	warga / negara 단체의 일원 / 국가

kosa kata (단어) arti (의미)	kata dasar (어근) arti (의미)
1　lokasi "위치, 장소"	lokasi "위치, 장소"
2　mata angin "나침반 침, 풍향"	mata / angin "눈 / 바람, 공기"
3　timur "동, 동쪽"	timur "동, 동쪽"
4　tenggara 남동쪽	tenggara 남동쪽
5　selatan 남쪽	selatan 남쪽
6　barat daya 남서쪽	barat / daya "서쪽 / 영향, 힘, 능력"
7　barat 서쪽	barat 서쪽
8　barat laut 북서쪽	barat / laut "서쪽 / 바다, 북쪽"
9　utara "북, 북쪽"	utara "북, 북쪽"
10　timur laut 북동쪽	timur / laut 동쪽 / 북쪽
11　berdiri 일어서다	diri "자기, 자신"
12　depan 앞	depan 앞
13　belakang 뒤	belakang 뒤
14　atas 위	atas 위
15　bawah 아래	bawah 아래
16　luar 밖	luar 밖
17　pikir "생각, 의견"	pikir "생각, 의견"
18　ruang "넓은 방, 실"	ruang "넓은 방, 실"
19　berpikir 생각하다	pikir "생각, 의견"
20　seperti ~처럼	seperti ~처럼
21　seperti yang kamu ketahui 네가 아는 바와 같이	seperti / kamu / tahu ~처럼 / 너 / 알다
22　penuh "가득찬, 꽉찬"	penuh "가득찬, 꽉찬"
23　kelihatan "보이는, 볼 수 있는"	lihat 보다
24　printer 프린터	printer 프린터
25　hitam putih 흑백	hitam / putih "검은, 검은색 / 흰, 흰색"
26　tumpukan "쌓아놓은 것, 더미"	tumpuk "쌓은 더미, 무더기"
27　kertas 종이	kertas 종이
28　dispenser 정수기	dispenser 정수기
29　gelas kertas 종이컵	gelas / kertas "컵, 전 / 종이"
30　lemari "찬장, 벽장"	lemari "찬장, 벽장"
31　dokumen 문서	dokumen 문서
32　faks 팩스	faks 팩스
33　tidak ada habisnya 끝이 없는	tidak / ada / habis "~않다 / 있다 / 끝난, 소모된"
34　pindahkan "이전, 옮김"	pindah 옮기다
35　jauh-jauh "먼, 멀리 떨어진"	jauh "먼, 멀리 떨어진"
36　antarkan 데리고 가다	antar 소개하다
37　intercom 구내전화	intercom 구내전화
38　buatkan 만들어 주다	buat 만들다

kosa kata (단어) arti (의미)	kata dasar (어근) arti (의미)
39	**mengirimkan** "보내다, 부치다"	kirim "보내다, 전달하다"
40	**menang** "승리하다, 이기다"	menang "승리하다, 이기다"
41	**batal** 취소되다	batal 취소되다
42	**tunggu** "기다리다, 대기하다"	tunggu "기다리다, 대기하다"
43	**kira-kira** "대략, 대강"	kira-kira "대략, 대강"
44	**reaksi** 반응	reaksi 반응
45	**hilang** "잃은, 잃어버린"	hilang "잃은, 잃어버린"
46	**buku harian** "일기장, 일기"	buku / hari 책 / 하루
47	**mesin ATM** ATM 기계	mesin / ATM 기계 / ATM
48	**menarik uang** "돈을 뽑다, 출금하다"	tarik / uang "뽑다, 끌다 / 돈"
49	**café** 카페	cafe 카페
50	**pintu masuk** 입구	pintu / masuk 문 / 들어가다
51	**pot bunga** 꽃병	pot / bunga 그릇 / 꽃
52	**meja kasir** 계산대	meja / kasir 책상 / 출납원
53	**nada khawatir** 걱정하는 말투로	nada / khawatir "음의 높낮이, 톤 / 걱정, 근심"
54	**soalnya** (구어체) 왜냐하면	soal "문제, 질문"
55	**rahasia pribadi** 사적인 비밀	rahasia / pribadi "비밀 / 개인의, 사적인"
56	**tertinggal** 남겨지다	tinggal "살다, 머물다"
57	**membayar** 지불하다	bayar "갚은, 지불한"
58	**bernapas lega** 안도의 숨을 쉬다	napas / lega "숨, 호흡 / 넓은, 널찍한"
59	**simpan** "보관하다, 저축하다"	simpan "보관하다, 저축하다"
60	**awas** "명심해! 조심해!, 주의하다, 조심하다"	awas "주의하다, 조심하다"
61	**isi** "내용, 내용물"	isi "내용, 내용물"
62	**mengganggu** "괴롭히다, 방해하다"	ganggu "괴롭히다, 방해하다"
63	**meminjam** 빌리다	pinjam "빌다, 빌어오다"
64	**kamera** 카메라	kamera 카메라
65	**butuh** 필요하다	butuh 필요하다
66	**mendapat** "받다, 수령하다"	dapat "~할 수 있다, 받다"
67	**tugas** "의무, 과제"	tugas "의무, 과제"
68	**presentasi** "발표, 발표하다"	presentasi "발표, 발표하다"
69	**kantor pos** 우체국	kantor / pos 사무실 / 우편
70	**gang** "골목, 좁은 길"	gang "골목, 좁은 길"
71	**jalan terus** 직진하다	jalan / terus "길 / 곧바로, 곧장"
72	**pertigaan** 삼거리	pertigaan 삼거리
73	**telepon umum** 공중전화	telepon / umum "전화 / 일반의, 공중의"
74	**bingung** "혼동되는, 헷갈리는"	bingung "혼동되는, 헷갈리는"
75	**cepat dan tepat** 빠르고 정확히	cepat / dan / tepat 빠른 / 그리고 / 정확한
76	**mudik** 귀향하다	mudik 귀향하다
77	**supir** 운전사	supir 운전사
78	**lebaran** 르바란	lebaran 르바란
79	**pulang kampung** 고향으로 돌아가다	pulang / kampung "돌아가다 / 고향, 시골"

kosa kata (단어) arti (의미)	kata dasar (어근) arti (의미)
80 **kampung halaman** 고향	kampung / halaman "고향, 시골 / 뜰, 마당, 정원"
81 **membelikan** 사주다	beli 구매
82 **oleh-oleh** "선물, 기념품"	oleh ~에 의하여
83 **memberikan** "주다, 전해 주다"	beri "주다, 제의하다"
84 **bujang** 총각	bujang 총각
85 **membekali** "(선물로, 준비물로, 양식으로) ~에게 주다"	bekal 도시락
86 **pamit** 작별인사를 하다	pamit 작별인사를 하다
87 **stasiun** "역, 정거장"	stasiun "역, 정거장"
88 **kereta api** 기차	kereta / api "탈것 / 불, 빛"
89 **pelabuhan** "항구, 정박소"	labuh "내려져 있는, 늘어진"
90 **kapal** "큰 배, 함대"	kapal "큰 배, 함대"
91 **nyaman** "편안한, 안락한"	nyaman "편안한, 안락한"
92 **aman** 안전한	aman 안전한
93 **musim** 계절	musim 계절
94 **sunyi** "고요한, 조용한"	sunyi "고요한, 조용한"
95 **berencana** 계획을 갖다	rencana 계획
96 **menitip** 맡기다	titip 맡기다
97 **sementara** ~하는 동안	sementara ~하는 동안
98 **bawang putih** 마늘	bawang /putih 마늘 / 흰색
99 **bawang merah** (동남아 지역의 작은 양파 종류)	
100 **hidup** "살다, 거주하다"	hidup "살다, 거주하다"
101 **berhati emas** 마음이 고운	hati / emas "마음, 심장 / 금"
102 **tiri** 의부	tiri 의부
103 **mengerjakan** "해내다, 수행하다"	kerja 일하다
104 **pekerjaan rumah** "집안일, 가사일, 숙제, 과제"	kerja / rumah 일하다 / 집
105 **sehingga** ~할 때까지	hingga ~할 때까지
106 **lelah** "지친, 기진맥진한"	lelah "지친, 기진맥진한"
107 **ikan emas** 금붕어	ikan / emas 물고기 / 금
108 **dipelihara** "돌봐지다, 키워지다"	pelihara "지키다, 돌보다"
109 **kolam** 연못	kolam 연못
110 **terletak** "~에 있는, ~에 놓인"	letak "위치, 장소"
111 **hutan** 숲	hutan 숲
112 **menolong** "도와주다, 거들다"	tolong "도움, 원조, 구조"
113 **aneh** "이상한, 기묘한"	aneh "이상한, 기묘한"
114 **undangan** "초대(장), 초청(장)"	undang "초대하다, 부르다"
115 **istana raja** 왕궁	istana / raja "궁전, 대궐 / 왕"
116 **pangeran** 왕자	pangeran 왕자
117 **calon istri** 부인 후보자	calon / istri "후보자, 지원자 / 부인, 아내"

	kosa kata (단어) arti (의미)	kata dasar (어근) arti (의미)
118	**menyuruh** "명령하다, 지시하다"	suruh 명령하다
119	**menuai padi** "벼를 베다, 벼를 수확하다"	tuai / padi "베다, 추수하다 / 벼"
120	**menimba air** 물을 퍼내다	timba / air "물통, 양동이 / 물"
121	**kayu bakar** 장작	kayu / bakar 나무 / 불타는
122	**membuntuti** "따라가다, 뒤좇다"	buntut 꼬리
123	**alangkah** "와, 어쩜!"	
124	**menangkap** "붙잡다, 체포하다"	tangkap "잡다, 체포하다"
125	**membakar** 태우다	bakar 불타는
126	**makan malam** 저녁식사	makan / malam 먹다 / 저녁
127	**andai** 만일 ~한다면	andai 만일 ~한다면
128	**terkunci** 잠겨진	kunci "자물쇠, 자물통"
129	**pesta** "파티, 축제"	pesta "파티, 축제"
130	**pas** "정확한, 맞는, 잘 어울리는"	pas "정확한, 맞는, 잘 어울리는"
131	**mencicipi** "맛보다, 시식하다"	cicip 맛을 보다
132	**taman** "정원, 공원"	taman "정원, 공원"
133	**kesan** "인상, 느낌"	kesan "인상, 느낌"
134	**bujursangkar** 정사각형의	bujur / sangkar "길이, 세로 / 새장"
135	**persegi panjang** 직사각형	segi / panjang "각, 측(면) / 긴"
136	**segitiga** 삼각형	segi / tiga "각, 측(면) / 셋"
137	**lingkaran lonjong** 타원형	lingkar / lonjong 원 / 타원형의
138	**kacang mete** 콩 종류	kacang / mete 콩 / 콩 이름
139	**garis horisontal** 수평선	garis / horisontal "선, 줄 / 수평"
140	**pendapat** "의견, 견해"	dapat "할 수 있다, 가능한, 얻다"
141	**diri sendiri** "자기자신, 자아"	diri "자기, 자신"
142	**keadaan** "사정, 상황"	ada 있다
143	**psikis** "심적인, 정신적인"	psikis "심적인, 정신적인"
144	**pasangan idaman** 소망하는 짝	pasang / idaman "짝, 쌍 / 소망, 갈망"
145	**lajang** "처녀인, 총각의, 미혼인"	lajang "처녀인, 총각인, 미혼인"
146	**menonton** "시청하다, 구경하다"	tonton "시청하다, 구경하다"
147	**film** "영화, 필름"	film "영화, 필름"
148	**sekaligus** "동시에, 한꺼번에"	kali "회, 번"
149	**cuci mata** 눈요기하다	cuci / mata "씻다, 감다 / 눈"
150	**pusat perbelanjaan** 쇼핑센터	pusat / belanja "지출, 경비"
151	**bioskop** 영화	bioskop 영화
152	**antre** "줄, 행렬"	antre "줄, 행렬"
153	**tiket** 티켓	tiket 티켓
154	**menyadari** "깨닫다, 알아채다"	sadar "의식이 있는, 알고 있는"
155	**bahwa** "~라고, ~라는 것"	bahwa "~라고, ~라는 것"
156	**pesta reuni** 친목 축제	pesta / reuni "축제, 연회 / 친목회"
157	**pendiam** 조용한 사람	diam "조용한, 말없는"
158	**gemuk** 뚱뚱한	gemuk 뚱뚱한
159	**modis** 유행의	modis 유행의

kosa kata (단어) arti (의미)	kata dasar (어근) arti (의미)
160 **periang** (성격이) 밝은 사람	riang (성격이) 밝은
161 **langsing** 날씬한	langsing 날씬한
162 **sampai-sampai** "도착하자마자, 그래서"	sampai ~까지
163 **pangling** 못 알아보다	pangling 알아보지 못하다
164 **muncul** 나타나다	muncul 나타나다
165 **bau hangus** 탄냄새	bau / hangus "냄새, 향기 / 검게 탄, 그을린"
166 **ganti rugi** 손해 배상	ganti / rugi 배상 / 손실
167 **jenuh** "지루한, 피곤한"	jenuh "지루한, 피곤한"
168 **istimewa** "특별한, 특수한"	istimewa "특별한, 특수한"
169 **listrik** "전기, 전류"	listirk "전기, 전류"
170 **program televisi** 텔레비전 프로그램	program / televisi 프로그램 / 텔레비전
171 **terdampar** 좌초된	dampar 좌초되다
172 **pulau tak bernama** "무인도, 이름이 없는 섬"	pulau / tidak / nama 섬 / ~가 아니다 / 이름

	kosa kata (단어) arti (의미)	kata dasar (어근) arti (의미)
1	**lagu kebangsaan** 애국가	lagu / bangsa "노래 / 나라, 국민"
2	**karya** "일, 작업"	karya "일, 작업"
3	**tanah air** "조국, 고국"	tanah / air "땅, 토지 / 물"
4	**tanah tumpah darah** "조국, 고국"	tanah / tumpah / darah "땅, 토지 / 쏟다 / 피"
5	**sana** "먼 장소, 저쪽"	sana "먼 장소, 저쪽"
6	**pandu** "개척자, 안내인, 항해사, 이정표"	pandu "개척자, 안내인, 항해사, 이정표"
7	**kebangsaan** 국적	bangsa "나라, 국민"
8	**bangsa** "나라, 국민"	bangsa "나라, 국민"
9	**marilah** "자,"	mari "여기, 자 ~합시다"
10	**berseru** 외치다	seru "외침, 고함"
11	**bersatu** "하나가 되다, 통일되다"	satu 하나
12	**hiduplah** 만세!	hidup 살다
13	**negeri** "국토, 국유의"	negeri "국토, 국유의"
14	**rakyat** 국민	rakyat 국민
15	**jiwa** "영혼, 정신"	jiwa "영혼, 정신"
16	**merdeka** "자유의, 독립의"	merdeka "자유의, 독립의"
17	**lambang negara** 국가 상징	lambang / negara 상징 / 국가
18	**burung garuda** 가루다	burung / garuda 새 / 가루다
19	**lihat** 보다	lihat 보다
20	**bulu burung** 깃털	bulu / burung 털 / 새
21	**menunjukkan** 보여주다	tunjuk "보이다, 보여주다"
22	**kemerdekaan** "독립, 자유"	merdeka "자유의, 독립의"
23	**perisai** "방패, 막이"	persai "방패, 막이"
24	**pancasila** 인도네시아 5개 기본 원칙	pancasila 인도네시아 5개 기본 원칙
25	**sayap** 날개	sayap 날개
26	**sila pancasila** 빤짜실라 규정	sila / pancasila "규정, 원칙 / 빤짜실라"
27	**ketuhanan yang maha esa** 유일신에 대한 신앙	hutan / maha / esa "숲 / 매우, 큰 / 하나, 유일한"
28	**kemanusiaan yang adil** 공평한 인간성	manusia / adil "인간, 인류 / 공정한, 공평한"
29	**beradab** 공손한	adab 공손함
30	**persatuan indonesia** 인도네시아 대통합	satu / indonesia 하나 / 인도네시아
31	**kerakyatan yang dipimpin** 대의 민주주의	rakyat / pimpin 민족 / 이끌리다
32	**oleh hikmat kebijaksanaan** 현명함으로	hikmat / bijaksana "지혜, 교훈 / 지혜로운"
33	**dalam permusyawaratan** 토론을 통한	dalam / musyawarah "~안에 / 토론, 협의"
34	**perwakilan** 대표	wakil "대리인, 대리역"
35	**keadilan sosial** 사회 정의	adil / sosial "올바른, 공정한 / 사회적인"
36	**seluruh** "전부, 모든"	luruh "떨어지다, 벗다"
37	**bintang emas** 금성	bintang / emas 별 / 금
38	**rantai emas** 금 사슬	rantai / emas "사슬, 체인 / 금"

kosa kata (단어) arti (의미)	kata dasar (어근) arti (의미)
39 **pohon beringin** 벤자민 나무	pohon / beringin 나무 / 벤자민 나무
40 **kepala banteng** 들소 머리	kepala / banteng "머리, 우두머리 / 들소"
41 **padi kapas** 벼와 목화 나무	padi / kapas 벼 / 목화 솜
42 **menarik** "끌다, 끌어당기다"	tarik "당기다, 끌어당기다"
43 **luas wilayah** 면적	luas / wilayah "넓은, 전체의 / 지역, 지구"
44 **laut** "바다, 해양, 북쪽"	laut "바다, 해양, 북쪽"
45 **pulau** 섬	pulau 섬
47 **suku** 종족	suku 종족
48 **daerah** "영토, 지역"	daerah "영토, 지역"
49 **berbeda** 다르다	beda "다름, 차이, 상이"
50 **penduduk** "주민, 시민"	duduk 앉다
51 **melepas kejenuhan** "피곤함을 풀다, 따분함/지루함을 해소한다"	lepas / jenuh "풀린, 벗어난 / 포만한, 만족한, 따분함, 지루함"
52 **tidak kunjung selesai** 끝날 기미가 보이지 않는	tidak / kunung / selesai "~않다 / 급히, ~한 적이 있는 / 완료되다"
53 **tandanya** ~을 의미한다	tanda "표시, 기호"
54 **stres** 스트레스	stres 스트레스
55 **maksudku** "내 뜻은, 내 말은"	maksud "의미, 뜻"
56 **angin segar** 신선한 바람	angin / segar "바람, 공기 / 가뿐한, 신선한"
57 **luar kota** 교외	luar / kota 바깥 쪽 / 도시
58 **ke mana enaknya?** (구어체) 어디로 가는 것이 좋을까?	ke / mana / enak ~에 / 어디/ 맛있는
59 **taman mini** 작은 공원	taman / mini "공원 / 미니, 작은"
60 **taman safari** 사파리 공원	taman / safari 공원 / 사파리
61 **antar** "~로 데려다 주다, 안내하다"	antar "~로 데려다 주다, 안내하다"
62 **traktir** "(구어체) 대접하다, 한턱 쏘다"	traktir "(구어체) 대접하다, 한턱 쏘다"
63 **cakar** (조류의) 발톱	cakar 발톱
64 **selembar** 한 장	lembar "실, 줄, 페이지, 쪽"
65 **pita** 리본	pita 리본
66 **motto** "표어, 슬로건"	motto "표어, 슬로건"
67 **bhinneka tunggal ika** 다양성 속의 통일	bhinneka / tunggal / ika "여러가지, 다양한 / 유일한, 단수, 완전한 / 통일"
68 **pertahanan** "방어, 수비"	tahan "참다, 참아내다"
69 **berujung** "끝이 있는, 뾰족한 부분이 있는"	ujung "첨단, 꼭대기, 끝"
70 **Islam** 이슬람	Islam 이슬람
71 **Kristen** 기독교	Kristen 기독교
72 **Katolik** 카톨릭	Katolik 카톨릭
73 **Hindu** 힌두교	Hindu 힌두교
74 **Buddha** 불교	Buddha 불교
75 **hubungan manusia** 인간관계	hubung / manusia 연결되어 있는 / 인간
76 **lingkaran** "원형, 원주, 주변"	lingkar "원형, 원주, 궤도"
77 **persegi** 정사각형	segi "측, 측면, 각"

kosa kata (단어) arti (의미)	kata dasar (어근) arti (의미)
78 akar gantung (나뭇가지에) 늘어진 뿌리	akar / gantung 뿌리 / 매달려 있는
79 beraneka ragam "여러 종류의, 다양한"	aneka / ragam "다양한 / 태도, 행동, 종류"
80 ciri-ciri 특징	ciri 특징
81 bermusyawarah 회의를 열다	musyawarah 회의
82 bergotong royong "상호부조, 상부상조, 함께 일을 한다"	gotong royong "상호부조, 상부상조, 함께 일을 한다"
83 pangan "음식, 음식물"	pangan "음식, 음식물"
84 sandang "옷감, 의복"	sandang "옷감, 의복"
85 kunci "자물쇠, 열쇠"	kunci "자물쇠, 열쇠"
86 kesan pertama 첫 인상	kesan / pertama "발자취, 흔적 / 제1의, 첫 번째의"
87 sangat "매우, 정말로"	sangat "매우, 정말로"
88 terbiasa 일상적인	biasa "숙달된, 일상의, 보통의"
89 terutama 가장 우선시 되는	utama "최고의, 가장 중요한"
90 jam sibuk 바쁜 시간	jam / sibuk "시간, 시 / 바쁜"
91 terjebak 함정에 빠진	jebak "덫, 함정"
92 hujan deras 폭우	hujan / deras "비 / 매우 빠른, 퍼붓다"
93 banjir 홍수	banjir 홍수
94 bus kota 시내버스	bus / kota 버스 / 도시
95 mogok "파업하다, 멈추다"	mogok "파업하다, 멈추다"
96 lengkaplah sudah 완전히~ 하다	lengkap / sudah "완전한, 완벽한 / 이미, 끝난"
97 alasan "이유, 동기"	alasan "이유, 동기"
99 penyebab "이유, 원인"	sebab "이유, 원인"
100 kemacetan "막힘, 교통 체증"	macet "빡빡한, 막힌"
101 lalu lintas "통행하다, 교통"	lalu / lintas "지나가다, 통과하다 / 지나간, 지나친"
102 semrawut 혼란한	semrawut 혼란한
103 mendengarkan 경청하다	dengar 듣다
104 menyiarkan "전하다, 전파하다"	siar "전하다, 전파하다"
105 riang "즐거운, 유쾌한"	riang "즐거운, 유쾌한"
106 memikirkan "생각하다, 숙고하다"	pikir "생각, 의견"
107 bebas macet 교통 체증이 없는	bebas / macet "자유로운 / 고장난, 빡빡한"
108 bertambah "증가하다, 늘다"	tambah "더, 더욱, 많은"
109 fasilitas 시설	fasilitas 시설
110 berubah 변하다	ubah "다른, 차이"
111 angkutan umum 대중교통	angkutan / umum "수송한 물건, 운송방법 / 공중의"
112 sembarang tempat 아무 곳이나	sembarang / tempat "마음대로, 멋대로 / 장소, 용기"
113 pejalan kaki 보행자	jalan / kaki "길, 도로 / 다리"
114 menyeberang 건너다	seberang "건너편, 대안"

	kosa kata (단어) arti (의미)	kata dasar (어근) arti (의미)
115	seenaknya "마음 가는 대로, 자기 멋대로"	enak 맛있는
116	pedagang kaki lima 노점상	dagang / kaki / lima "장사, 무역 / 다리 / 5"
117	pinggiran jalan 길가	pinggir / jalan "가장자리, 끝 / 길"
118	ramalan cuaca 일기예보	ramal / cuaca "모래알 / 날씨, 일기"
119	mulai 시작하다	mulai 시작하다
120	jadi "결과, 그러므로"	jadi 결과, 그러므로
121	solusi 해결책	solusi 해결책
122	detektif "비밀경찰관, 수사관"	detektif "비밀경찰관, 수사관"
123	ditemukan 마주침	temu "만나다, 마주치다"
124	meninggal "죽다, 사망하다"	tinggal "살다, 머물다"
125	perpustakaan pribadi 개인 서재	pustaka / pribadi "책, 서적 / 개인적인"
126	dipukul 맞다	pukul 때리다
127	benda "물건, 물체"	benda "물건, 물체"
128	hangat 따뜻한	hangat 따뜻한
129	hasil pemeriksaan "연구결과, 검사결과"	hasil / periksa "결과, 수확 / 검토하다, 연구하다"
130	polisi 경찰	polisi 정책
131	retak "금이 간, 결함"	retak "금이 간, 결함"
132	situ "저기, 저곳"	situ "저기, 저곳"
133	diketahui 알려지다	tahu 알다
134	perlawanan "대항, 저항"	lawan "적수, 상대방, 반대"
135	terhenti 정지된	henti "멈추다, 서다"
136	tersangka "용의자, 피의자"	sangka "생각, 추측"
137	terjadi "발생하다, 일어나다"	jadi "결과, 그러므로"
138	petunjuk "지시, 안내"	tunjuk "보이다, 보여주다"
139	bandingkan 비교하다	banding "동등한, 같은"
140	partner 파트너	partner 파트너
141	patung "조각품, 상"	patung "조각품, 상"
142	kuningan "놋쇠, 황동"	kuning 노란색의
143	mayat "시체, 주검"	mayat "시체, 주검"
144	puntung rokok 담배 꽁초	puntung / rokok "둔한, 무딘, 뭉툭한 / 담배"
145	secarik kain 천 한 조각	carik / kain "장, 조각 / 옷감, 천"
146	hitam "검은, 검정색의"	hitam "검은, 검정색의"
147	pembunuhan 살인	bunuh "죽이다, 살해하다"
148	kecuali ~을 제외하다	kecuali ~을 제외하고
149	penjudi 노름꾼	judi "도박, 노름"
150	cek (uang) "수표, 어음"	cek "수표, 어음"
151	hutang "빚, 부채"	hutang "빚, 부채"
152	terbuka 열린	buka 열다
153	menyediakan "준비하다, 조달하다"	sedia 준비가 된
154	perokok 흡연가	rokok 담배
155	jaket 자켓	jaket 자켓

kosa kata (단어) arti (의미)	kata dasar (어근) arti (의미)
156 **tas tangan** 핸드백	tas / tangan 가방 / 손
157 **menunggu** ~를 기다리다	tunggu 기다리다
158 **surat** 편지	surat 편지
159 **berat hati** "부담스러운, 마음이 무거운"	berat / hati "무거운, 심한, 어려운 / 마음"
160 **menghibur** "위로하다, 위안하다"	hibur "위로하다, 위안하다"
161 **sudah lama** 이미 오래 전	sudah / lama "이미, 끝난 / 긴, 오랫동안"
162 **mengembalikan** 돌려주다	kembali "돌아가다, 돌아오다"
163 **secepat mungkin** 가능한한 빨리	cepat / mungkin "빠른 / 아마, 있을 법한"
164 **bertengkar** "다투다, 싸우다"	tengkar "다투다, 싸우다"
165 **ujian** 시험	ujian 시험
166 **tips** "팁, 요령"	tips "팁, 요령"
167 **pedoman hidup** "삶의 지침, 좌우명"	pedoman / hidup "나침반, 지침서 / 살아가다, 거주하다"
168 **terharu** 감동을 받는	haru "감정의, 정서의"
169 **takut** 무서워하는	takut 무서워하는
170 **segan** "공경하여 어려워하는, 부담스러운, 하기 싫은"	segan "공경하여 어려워하는, 부담스러운, 하기 싫은"
171 **putus asa** "절망적인, 희망을 잃은"	putus / asa "끊긴, 끊어진 / 희망, 의욕"
172 **mengubah** "바꾸다, 변경하다"	ubah "다른, 차이"
173 **sebutir obat** 약 하나	butir / obat "곡물, 작은 물체 / 약"
174 **manjur** 효과 좋은	manjur 효과 있는
175 **belum juga** 아직도 ~않다	belum / juga "아직 ~하지 않은 / 역시, 또한"
176 **seandainya mungkin** 만일 가능하다면	andai / mungkin "만일 ~한다면 / 아마, 있을 법한"
177 **tidak ada batas** "무한정, 한계가 없다"	tidak / ada / batas "~아니다 / 있다 / 경계, 한계"

kosa kata (단어) arti (의미)	kata dasar (어근) arti (의미)
1　berwisata "여행하다, 관광하다"	wisata "여행, 관광"
2　halo 안녕(하세요)	halo 안녕(하세요)
3　bandung "짝, 쌍"	bandung "짝, 쌍"
4　ibukota periangan 쁘리앙안의 수도	ibu / kota 어머니 / 도시
5　kenang-kenangan "추억, 기념품"	kenang "회상하다, 떠올리다"
6　beta (고어)나	beta (고어)나
7　lautan api 불바다	laut "바다, 해양"
8　rebut kembali 재차 강탈하다	rebut / kembali "강탈하다, 강압하다 / 돌아 오다, 재차"
9　dewa 신	dewa 신
10　menceritakan ～에 대해 이야기하다	cerita 이야기
11　peristiwa "사건, 일"	peristiwa "사건, 일"
12　mencegah "방지하다, 예방하다"	cegah "막다, 예방하다"
13　tentara 군인	tentara 군인
14　penjajah 식민국	jajah 지배
15　menguasai "～에 대한 권한을 갖다, ～을(를) 관리하다, 지배하다"	kuasa "힘, 권력, 권위"
16　monumen "역사적인 건물, 기념비"	monumen "역사적인 건물, 기념비"
17　makanan ringan 간식	makan 먹다
18　asli bandung 반둥의 특산물	asli / bandung "원본의, 진짜의 / 반둥 (도시 이름)"
19　pesawat "기계, 비행기"	pesawat "기계, 비행기"
20　penumpang 승객	tumpang "타다, 승차하다"
21　yang terhormat 존경하는	hormat "명예, 존경"
22　tertunda 지연된	tunda "연기하다, 늦추다"
23　kondisi "조건, 상태"	kondisi "조건, 상태"
24　cuaca 날씨	cuaca 날씨
25　penerbangan 비행	terbang "날다, 비행하다"
26　waktu setempat 현지시간	waktu / tempat "시간 / 장소, 자리"
27　dikabarkan ～에 대한 소식이 전해지다	kabar 소식
28　berawan "구름 긴, 흐린"	awan 구름
29　berkisar "회전하다, 돌다"	kisar 회전
30　video keselamatan 안전 비디오	video / selamat 비디오 / 안전한
31　ditayangkan "방영된, 상영된"	tayang "나르다, 운반하다"
32　awak kapal "승무원, 선원"	awak / kapal "배 또는 비행기에서 일하는 사람 / 배, 비행기"
33　menghidangkan "음식을 제공하다, 차리다"	hidang "주다, 차리다"
34　lepas landas 이륙하다	lepas / landas "빠져나가다, 분리되다 / 바닥, 도태"
35　perjalanan "여정, 여행"	jalan "길, 도로"
36　diperkenankan "동의되다, 허락되다"	kenan 동의하다

kosa kata (단어) arti (의미)	kata dasar (어근) arti (의미)
37 **menggunakan** "이용하다, 사용하다"	guna "쓸모, 용도"
38 **alat elektronik** 전자도구	alat 도구
39 **kenakan sabuk pengaman** 안전벨트를 착용하세요	kena ~을 당한
40 **mendarat** 착륙하다	darat "육지, 내륙"
41 **merokok** 흡연하다	rokok 담배
42 **dilarang** 금지된	larang 금지하다
43 **sepanjang perjalanan** 여행하는 동안	panjang 긴
44 **menikmati** 즐기다	nikmat "즐거움, 위락, 만족함"
45 **ringkaslah** "간단히 하세요, 요약하세요"	ringkas "간단한, 간결한"
47 **informasi** 정보	informasi 정보
48 **pemberitahuan** "공고, 통보, 알림"	beri / tahu "주다, 제공하다 / 알다"
49 **hotel** 호텔	hotel 호텔
50 **kran** 수돗꼭지	kran 수돗꼭지
51 **mengirim orang** 사람을 보내다	kirim / orang "전달하다, 보내다 / 사람"
52 **handuk** 수건	handuk 수건
53 **sikat gigi** 칫솔	sikat / gigi "솔 / 치아, 이빨"
54 **odol** 치약	odol 치약
55 **shampo** 샴푸	shampo 샴푸
56 **dikenakan biaya** 비용을 부담시키다	kena / biaya ~을 당한 / 비용
57 **menerapkan** "적용하다, 응용하다"	terap "~을 설치하다, ~을 고정시키다"
58 **kampanye** "(사회적) 운동, 캠페인"	kampanye "(사회적) 운동, 캠페인"
59 **hijau** 초록색	hijau 초록색
60 **berseri** "반짝이는, 빛나는"	seri "발광, 빛"
61 **mengurangi** "삭감하다, 줄이다"	kurang "적은, 모자란"
62 **pemborosan** 낭비	boros 낭비하는
63 **produk mandi** 목욕 용품	produk / mandi "용품, 생산품, 상품 / 목욕하다, 샤워하다"
64 **tidak terpakai** "사용하지 않는, 불필요한"	tidak / pakai "~가 아닌, 아니다 / 사용하다, 입다"
65 **remote TV** 텔레비전 리모콘	remote 리모콘
66 **setrika** 다리미	setrika 다리미
67 **pengering rambut** 드라이어기	kering / rambut "마른, 건조한 / 머리카락"
68 **alat cukur** "면도기, 이발기"	alat / cukur "도구 / 면도하다, 이발하다"
69 **es batu** 각 얼음	es / batu 얼음 / 돌
70 **silakan ditunggu** (구어체) 기다려 주세요	silakan / tunggu ~하세요 / 기다리다
71 **menelepon** 전화하다	telepon 전화기
72 **lobi** 로비	lobi 로비
73 **menyewa** "임대하다, 빌리다"	sewa 임대
74 **bensin** 휘발유	bensin 휘발유
75 **parkir** 주차장	parkir 주차장
76 **biaya tol** 톨게이트 비용	biaya / tol 비용 / 고속도로

77	**uang rokok** 팁	uang / rokok 돈 / 담배
78	**ditanggung** 책임이 지어진	tanggung "받치다, 짊어지다"
79	**congklak** 쫑끌락(인도네시아 전통놀이)	congklak 쫑끌락(인도네시아 전통놀이)
80	**permainan** 놀이	main 놀다
81	**batok kelapa** 코코넛 껍질	batok / kelapa 코코넛 속의 껍질 / 코코넛
82	**daun kelapa** 야자수 잎	daun / kelapa 잎 / 코코넛
83	**papan** "판, 널빤지"	papan "판, 널빤지"
84	**batang kayu** 나무기둥	batang / kayu "줄기, 대, 기둥 / 나무"
85	**dibelah** 갈라진	belah 틈
86	**tembus** "뚫다, 관통하다"	tembus "뚫다, 관통하다"
87	**berupa** ~한 형태를 가지다	rupa "형태, 종류"
88	**cekungan** "옴폭한 부분, 오목한 곳"	cekungan "옴폭한 부분, 오목한 곳"
89	**baris** "줄, 행"	baris "줄, 행"
90	**sejajar** 한 줄	jajar 줄
91	**siput** 달팽이	siput 달팽이
92	**biji** 씨앗	biji 씨앗
93	**diisi** 채워지다	isi 내용
94	**dimainkan** "~를 갖고 놀게 되다, 연주되다"	main 놀다
95	**berhompimpah** "가위 바위 보' 하다, 데덴찌를 하다"	hompimpah "데덴찌, 가위 바위 보"
96	**menentukan** "확정하다, 결정하다"	tentu 확실한
97	**sebanyak-banyaknya** 가능한 한 많이	banyak 많은
99	**diizinkan** 허가된	izin 허가
100	**pengisian** "기입, 주입"	isi 내용
101	**berputar** "돌다, 회전하다"	putar 회전
102	**berlawanan** 반대(편)가 되다	lawan "적수, 반대"
103	**arah jarum jam** 시계침 방향	arah 방향
104	**melewati** ~을(를) 통과하다	lewat ~을 지나쳐
105	**diperbolehkan** 허용되다	boleh "가능한, 허용되는"
106	**selesai** "끝나다, 완료되다"	selesai "끝나다, 완료되다"
107	**agama utama** 주된 종교	agama / utama 종교 / 주요
108	**diakui** 인정받은	aku "나, 고백하다, 인정하다"
109	**menurut UUD '45** 45년 헌법에 따라	turut / UUD '45 "따르다, 따라가다 / 인도네시아 1945 헌법"
110	**berhubungan** 관련이 있다	hubung 관계가 있는
111	**mudah** 쉬운	mudah 쉬운
112	**pengaruh** "영향, 세력"	pengaruh "영향, 세력"
113	**kepercayaan tradisional** "전통적인 믿음, 신뢰, 신앙"	percaya / tradisional "믿다, 의지하다 / 전통의"
114	**hipotesis** "가설, 가정"	hipotesis "가설, 가정"
115	**menyatakan bahwa** ~를 설명하다	nyata "분명한, 명백한"
116	**nusantara** 군도	nusantara 군도

	kosa kata (단어) arti (의미)	kata dasar (어근) arti (의미)
117	**pada masa itu** 그 당시에	masa "시간, 때"
118	**upacara keagamaan** "종교행사, 종교의식"	upacara / agama "의식, 의례 / 종교"
119	**ilmu pengetahuan** 학문	ilmu / tahu "지식, 학문 / 알다"
120	**berperang** 전쟁을 하다	perang 전쟁
121	**menyebarkan** "~을(를) 퍼뜨리다, 배포하다"	sebar "흩뿌리다, 퍼뜨리다"
122	**penyebar** ~을(를) 퍼뜨린 사람 혹은 도구	sebar "흩뿌리다, 퍼뜨리다"
123	**arus balik** 역류	arus / balik "흐름 / 되돌아오다, 뒤집다"
124	**peninggalan** 남겨진 물건	tinggal "살다, 머물다"
125	**kerajaan** "왕국, 왕정"	raja 왕
126	**masa lampau** "예전, 지난 시기"	masa / lampau "시간, 때 / 옛, 옛날의"
127	**pusat** "중심, 핵심"	pusat "중심, 핵심"
128	**tepi sungai** 강가	tepi "(물)가, 가장자리"
129	**peta** 지도	peta 지도
130	**teka-teki silang** 가로세로퀴즈	teka-teki silang 가로세로퀴즈
131	**mampu** "가능한, ~할 수 있는, 능력 있는, 재산이 있는"	mampu "가능한, ~할 수 있는, 능력 있는, 재산이 있는"
132	**cemburu** "질투하는, 부러워하는"	cemburu "질투하는, 부러워하는"
133	**hasil** "수확, 결과"	hasil "수확, 결과"
134	**menginap** "묵다, 투숙하다"	inap "밤을 보내다, 투숙하다"
135	**keramas** 머리를 감다	keramas 머리를 감다
136	**putus** "끊긴, 끝난"	putus "끊긴, 끝난"
137	**berbelanja** "쇼핑하다, 장을 보다"	belanja "지출, 쇼핑하다"
138	**asyik belanja** 쇼핑에 푹 빠진	asyik / belanja "열정적인, ~에 푹 빠진 / 지출, 쇼핑하다"
139	**sadar** 의식이 있는	sadar 의식이 있는
140	**yang menjadi masalah** 문제가 되는 것	jadi ~(이)가 되다
141	**tidak sengaja** 고의가 아닌	sengaja "고의로, 일부러"
142	**tanda pengenal** "증표, id card"	tanda / kenal "표시, 신호 / 알다, 낯익은"
143	**hemat** "절약하는, 아끼는"	hemat "절약하는, 아끼는"
144	**mimpi seram** "무시무시한 꿈, 악몽"	mimpi / seram "꿈 / 무서운, 공포스러운"
145	**sakti** 초능력	sakti 초능력
146	**keramat** "신성한, 성스러운"	keramat "신성한, 성스러운"
147	**kebiasaan buruk** 악습	biasa / buruk "보통의, 일상의 / 나쁜"
148	**dewasa** "성인의, 어른의"	dewasa "성인의, 어른의"

kosa kata (단어) arti (의미)	kata dasar (어근) arti (의미)
1　terkenang ~를 불현듯 떠올리다	kenang "기억, 회상"
2　selama hidupku 내 생애에	lama / hidup / ku "오래 / 살다, 삶 / 나, 나의"
3　biarpun 비록 ~일지라도	biarpun 비록 ~일지라도
4　kalbu "가슴, 마음"	kalbu "가슴, 마음"
5　masyur 유명한	masyur 유명한
6　kampung 시골	kampung 시골
7　dibilangin "(구어체) 말해 주었는데, 말해 주면"	bilang (구어체) 말하다
8　ga percaya amat (구어체) 그렇게도 못 믿느냐	ga / percaya / amat "(구어체) 아니다 / 믿다, 의지하다 / 정말로, 너무"
9　jaim "(구어체) jaga imej의 약자, 이미지 지켜라"	jaga / imej "지키다, 감시하다 / 이미지"
10　dikit "(구어체) sedikit의 약자, 적은, 조금"	dikit "(구어체) sedikit의 약자, 적은, 조금"
11　napa "(구어체) kenapa의 약어, 왜"	napa "(구어체) kenapa의 약어, 왜"
12　ya ampun 세상에!	ampun 용서
13　buat apa (구어체) 뭐하러	buat / apa 만들다 / 무엇
14　salon 미용실	salon 미용실
15　ultah "(구어체) ulang tahun의 약어, 생일"	ultah "(구어체) ulang tahun의 약어, 생일"
16　ribet "(구어체) 바쁜, 분주한"	(구어체) ribet "바쁜, 분주한"
17　beruntung "이익을 내다, 운이 좋은"	untung 운
18　ramah "친절한, 친한, 친근한"	ramah "친절한, 친한, 친근한"
19　baik hati "품성이 좋은, 마음씨 착한"	baik / hati "좋은 / 마음, (신체) 간"
20　sabar "인내심 있는, 자상한, 느긋한"	sabar "인내심 있는, 자상한, 느긋한"
21　bikin "(구어체) ~하다, 만들다"	bikin "(구어체) ~하다, 만들다"
22　elo (구어체) 너	elo (구어체) 너
23　gue (구어체) 나	gue (구어체) 나
24　makasih "(구어체) 고마워, 감사합니다"	makasih "(구어체) 고마워, 감사합니다"
25　duit (구어체) 돈	duit (구어체) 돈
26　makan-makan "(즐기며)먹다, 외식하다, 파티하다"	makan-makan "(즐기며)먹다, 외식하다, 파티하다"
27　ogah "싫어하다, 반대하다"	ogah "싫어하다, 반대하다"
28　boros 낭비하는	boros 낭비하는
29　jomblo "(구어체) 싱글, 애인이 없는"	jomblo "(구어체) 싱글, 애인이 없는 "
30　cewek "(구어체) 여자, 아가씨"	cewek "(구어체) 여자, 아가씨"
31　cowok "(구어체) 남자, 청년"	cowok "(구어체) 남자, 청년"
32　kudu (구어체) ~해야 한다	kudu (구어체) ~해야 한다
33　gandengan "(구어체) 짝궁, 애인"	gandeng 손을 맞잡다
34　teori "이론, 학설"	teori "이론, 학설"
35　kayak "(구어체) ~처럼, ~로써"	kayak "(구어체) ~처럼, ~로써"
36　ABG "(구어체) Anak Baru Gede의	ABG "(구어체) Anak Baru Gede의

kosa kata (단어) arti (의미)	kata dasar (어근) arti (의미)
약자, 청소년"	약자, 청소년"
37 **daripada** ~보다	daripada ~보다
38 **berisik** 시끄러운	berisik 시끄러운
39 **bakal** "재료, 예정자, (구어체) ~할 것이다"	bakal "재료, 예정자, (구어체) ~할 것이다"
40 **apalagi** 더욱이	apalagi 더욱이
41 **macho** "(구어체) 남성적인, 남성미 있는"	macho "(구어체) 남성적인, 남성미 있는"
42 **tajir** "(구어체) 부자, 부유한 사람"	tajir "(구어체) 부자, 부유한 사람"
43 **ngarang** (구어체) 이야기를 만들다	karang "배열하다, 엮는다, 구성하다, 작문하다"
44 **metong** (구어체) 죽다	metong (구어체) 죽다
45 **disemprot bonyok** (구어체) 부모에게 혼난다	semprot / bonyok "분무기, 분출시키다 / (구어체) 부모, 아빠 엄마"
47 **imbalan** "대가, 보상"	imbalan "대가, 보상"
48 **jayus** "(구어체) 웃기지 않아, 막말하는구나"	jayus "(구어체) 웃기지 않아, 막말하는구나"
49 **iseng doang** (구어체) 단지 장난치는 것	iseng "(구어체) 귀찮은, 성가신"
50 **kece** (구어체) 멋진	kece (구어체) 멋진
51 **tega** "무정한, 정없는"	tega "무정한, 정없는"
52 **cemberut** 심술난	cemberut 심술난
53 **marah** 화난	marah 화난
54 **bercanda** 농담하다	canda 농담
55 **ntar** "(구어체) sebentar의 약어, 잠시만"	ntar "(구어체) sebentar의 약어, 잠시만"
56 **SMS** 문자메시지	SMS 문자메시지
57 **merubah** 변경하다	ubah 변하다
58 **pernikahan** 결혼식	nikah "결혼, 혼인"
59 **menghadiri** ~에 참석하다	hadir "참석한, 참가한"
60 **sulung** 맏아이	sulung 맏아이
61 **bungsu** 막내	bungsu 막내
62 **pengantin** "신랑, 신부"	pengantin "신랑, 신부"
63 **teman sekantor** 직장 동료	teman / kantor 친구 / 사무실
64 **menempuh hidup baru** 결혼하다	tempuh 공격하다
65 **langgeng** "영원한, 영구한"	langgeng "영원한, 영구한"
66 **termasuk** 포함된	termasuk 포함된
67 **kabisat** 윤년	kabisat 윤년
68 **melewatkan** ~을(를) 지나가게 하다	lewat "~을(를) 지나쳐, 통하여"
69 **begitu saja** 그냥 그렇게	begitu / saja "그렇게 / 단지, 오직"
70 **kebebasan** 자유	bebas 자유로운
71 **terdengar** "들리다, 알려지다"	dengar 듣다
72 **nyanyian** 노래	nyanyi 노래하다
73 **tepukan** 박수	tepuk 박수 치다
74 **meriah** 성대한	meriah 성대한
75 **hidangan** "접대음식, 공연물"	hidang "주다, 공연하다"
76 **penganan** 과자	penganan 과자

kosa kata (단어) arti (의미)	kata dasar (어근) arti (의미)
77 **lahap** 많이 먹는	lahap 많이 먹는
78 **berceloteh** 잡담하다	celoteh 잡담
79 **jam tangan** 손목시계	jam / tangan 시간 / 손
80 **menyingkat** "단축하다, 요약하다"	singkat 간략한
81 **menari** 춤추다	tari 춤
82 **minggu depan** 다음주	minggu / depan 주 / 앞
83 **diharapkan** "~가 기대되다, ~하길 바라다"	harap "요청하다, 희망, 기대"
84 **mengenakan** "~을 착용하다, ~을 입다"	kena "~을 당하다, 겪다"
85 **iuran** "기부금, 회비"	iuran "기부금, 회비"
86 **informasi lebih lanjut** 자세한 내용	informasi / lebih / lanjut "정보 / 더 / 계속되는, 끊임 없는"
87 **menaruh hati** "~을 좋아하다, ~에게 마음을 두다"	taruh / hati "두다 / 마음, (신체) 간"
88 **canggung** 서투른	canggung 서투른
89 **kuliner** "요리, 음식"	kuliner "요리, 음식"
90 **sembari** ~하는 동안	sembari ~하는 동안
91 **melupakan** ~에 대해 잊어버리다	lupa 잊다
92 **kenikmatan** 즐거움	nikmat "위안, 위로"
93 **bakso** 박소	bakso 박소
94 **es teler** 다양한 과일을 넣은 주스	es teler 다양한 과일을 넣은 주스
95 **sate** "사떼, 꼬치"	sate "사떼, 꼬치"
96 **salam hangat** "경건한 인사말, 따뜻한 안부"	salam hangat "경건한 인사말, 따뜻한 안부"
97 **kesempatan** 기회	sempat "여유, 기회가 있다"
99 **konyol** "어리석은, 우스꽝스러운"	konyol "어리석은, 우스꽝스러운"
100 **salam manis** 달콤한 인사말	salam manis 달콤한 인사말
101 **balas** "응답, 답장"	balas "응답, 답장"
102 **disebarkan** "퍼뜨려지다, 유포되다"	sebar "흩뿌리다, 유포시키다"
103 **pedagang** 상인	dagang "무역, 거래"
104 **kontak dagang** 무역 거래	kontak / dagang "접촉 / 무역, 거래"
105 **jalan darat dan laut** 육해상로	jalan / darat / dan / laut "길, 도로 / 육지 / 그리고, 와 / 바다"
106 **perdagangan** "무역, 교역"	dagang "무역, 거래"
107 **perkawinan** 결혼	kawin "결혼, 혼인"
108 **pendidikan agama** 종교 교육	didik 교육
109 **kesenian** 예술	seni "예술, 예술적인"
110 **berunsur** ~한 요소가 있다	unsur "요소, 성분"
111 **diperkirakan** 예측되어진다	kira ~라고 생각하다
112 **berkembang** "개화하다, 발전하다"	kembang "꽃, 꽃이 피다"
113 **nisan** 묘비	nisan 묘비
114 **binti** ~의 딸	binti ~의 딸
115 **puncak keemasan** 전성기	puncak / emas "꼭대기, 정상 / 금"

kosa kata (단어) arti (의미)	kata dasar (어근) arti (의미)
116 **diterima** 받아들여지다	terima 받다
117 **kaum pribumi** 내국 출신 종족	kaum / pribumi "종족, 인종, 민족 / 원주민, 내국인"
118 **alasan** "원칙, 증거, 이유"	alas "기초, 기본"
119 **jalan damai** "합의, 협의 방법"	jalan / damai 길 / 평화로운
120 **tanpa** ~없이	tanpa ~없이
121 **paksaan** "강제, 강압"	paksa "강압, 압박"
122 **sistem kasta** 카스트 제도	sistem / kasta "제도, 체계 / 카스트"
123 **upacara ritual** 종교 의식	upacara / ritual "의례, 의식,예식 / 종교적 의식"
124 **syarat** "조건, 자격"	syarat "조건, 자격"
125 **amat** "매우, 정말로"	amat "매우, 정말로"
126 **menyesuaikan diri** "~에 순응하다, ~에 적응하다"	sesuai / diri "맞은, 어울리는 / 자신"
127 **setempat** 현지	tempat 장소
128 **kesultanan** 술탄이 통치하는 지역	sultan 술탄
129 **mesjid** 회교 사원	mesjid 회교 사원
130 **keraton** 궁전	keraton 궁전
131 **batu nisan** 묘비	batu / nisan 돌 / 묘비
132 **karya sastra** 문학작품	karya / sastra "일, 작업, 작품 / 문학"
133 **idul Fitri** 이둘 피트리	Idul Fitri 이둘 피트리
134 **idul Adha** 이둘 아드하	Idul Adha 이둘 아드하
135 **hari raya korban** (이슬람교에) 신에게 제물을 드리는 명절	hari / raya / korban "날, 하루 / 큰, 위대한 / 제물, 희생물"
136 **letak** "위치, 장소"	letak "위치, 장소"
137 **humor pendek** "짧은 우스개 이야기, 짧은 유머"	humor / pendek "우스개, 유머 / 짧은"
138 **bebek** 오리	bebek 오리
139 **kali (sungai)** 강	kali "회, 강"
140 **bersaudara** 형제가 있는	saudara 형제
141 **katak** 개구리	katak 개구리
142 **huruf** 글자	huruf 글자
143 **merem** 눈을 감은 채로	merem 눈을 감은 채로
144 **teks** 텍스트	teks 텍스트
145 **kera** 원숭이	kera 원숭이
146 **heboh** 소란스러운	heboh 소란스러운
147 **repot** "번잡한, 분주한"	repot "번잡한, 분주한"
148 **semut** 개미	semut 개미
149 **kesemutan** "마비되다, 저리다"	semut 개미
150 **burung** 새	burung 새
151 **bertengger** 걸터앉다	tengger (새가) 앉다
152 **ditembak** 총격을 받다	tembak 쏘다

kosa kata (단어) arti (의미)		kata dasar (어근) arti (의미)
153	**sisa** 나머지	sisa 나머지
154	**kabur** "흐린, 잘 보이지 않는, 뚜렷이 보이지 않는"	kabur "흐린, 잘 보이지 않는, 뚜렷이 보이지 않는"
155	**pendapatan** "수입, 소득"	dapat "할 수 있다, 얻다"
156	**rencanakan** 계획을 세우다	rencana 계획
157	**kecil-kecilan** "규모가 작은, 소박한"	kecil 작은
158	**pindah rumah** 이사	pindah "이전하다, 옮기다"
159	**diam-diam** 비밀리에	diam "조용한, 과묵한"
160	**lega** 안심이 되는	lega "안심이 되는, 널널한, 널찍한"
161	**berdiskusi** 토론하다	diskusi 토론
162	**humor** 유머	humor 유머
163	**cerita rakyat** 민속 이야기	cerita / rakyat "이야기 / 국민, 대중, 민중"
164	**singkat** 간략한	singkat 간략한
165	**rejeki** 생계	rejeki 생계
166	**tak terduga** "예측하지 못한, 생각지 못한, 예측할 수 없는"	tak / duga 아닌 / 추정
167	**lampu ajaib** 요술램프	lampu / ajaib 램프 / 신비로운
168	**permintaan** "부탁, 요청"	minta "청하다, 부탁하다"
169	**mainan** 장난감	main 놀다
170	**disayangi** 사랑받다	sayang "가여운, 사랑하다"
171	**masa kecil** 어린 시절	masa / kecil "기간, 때 / 작은, 어린"
172	**pembicaraan** "토의, 토론"	bicara 말하다
173	**dianggap** 여겨지다	anggap "믿다, 여기다"
174	**tabu** 금기	tabu 금기
175	**meminjamkan** 빌려주다	pinjam 빌리다
176	**bersyukur** 감사드리다	syukur 감사함을 느끼다

	kosa kata (단어) arti (의미)	kata dasar (어근) arti (의미)
1	perpisahan "이별, 송별"	pisah "분리된, 헤어진"
2	berkibar "휘날리다, 펄럭이다"	kibar 펄럭이다
3	bendera "기, 깃발"	bendera "기, 깃발"
4	lambang 상징	lambang 상징
5	suci "깨끗한, 순수한, 신성한"	suci "깨끗한, 순수한, 신성한"
6	gagah perwira 위풍당당	gagah / perwira "힘센, 건장한, 당당한 / 용감한, 영웅, 장교"
7	pantai "해안, 바다"	pantai "해안, 바다"
8	pujaan "숭배, 찬양"	puja "숭배, 찬양"
9	berani 용감한	berani 용감한
10	menurunkan ~을 내리다	turun 내려가다
11	serentak 동시에	serentak 동시에
12	membela 보호하다	bela 돌보다
13	selama-lamanya 영원히	lama 긴
14	imut "귀여운, 깜찍한, 아담한"	imut "귀여운, 깜찍한, 아담한"
15	PD (percaya diri) 자신감을 갖다	percaya / diri 믿다 / 자신
16	semaput 기절한	semaput 기절한
17	cicak 찌짝(도마뱀)	cicak 찌짝(도마뱀)
18	bahaya 위험	bahaya 위험
19	pucat 창백한	pucat 창백한
20	ember "양동이, (구어체) 당연하지"	ember "양동이, (구어체) 당연하지"
21	buaya 악어	buaya 악어
22	nangkring "쪼그려 앉다, 걸터 앉다"	nangkring "쪼그려 앉다, 걸터 앉다"
23	katak dalam tempurung 우물 안 개구리	katak / dalam / tempurung 개구리 / 안 / 야자 열매 껍질
24	terserah "맡겨지다, ~의 마음대로 하다"	serah 맡기다
25	lemot (lemah otak) "(구어체) 형광등 (머리), 이해력이 약한"	lemah / otak 약한 / 뇌
26	mempersiapkan 준비시키다	siap 준비된
27	kata sambutan 환영사	kata / sambut 단어 / 환영
28	penutupan "닫음, 마감, 마무리"	tutup 닫힌
29	naskah "원고, 초안"	naskah "원고, 초안"
30	adat "관습, 풍습"	adat "관습, 풍습"
31	mengenang "회상하다, 떠올리다"	kenang "기억, 회상"
32	mengingat 떠올리다	ingat 기억하다
33	berpuas diri 스스로 만족하다	puas / diri "흡족한, 만족한 / 자신"
34	mewakili ~를 대표하다	wakil 대리
35	tak lupa 잊어버리지 않다	tak / lupa 아니다 / 잊어버리다
36	menghaturkan "정리하다, 배열하다"	atur 정돈(된)

	kosa kata (단어) arti (의미)	kata dasar (어근) arti (의미)
37	berjerih lelah "열심히 노력한, 애쓰다, 힘쓰다"	jerih / lelah "노력하다 / 피곤한, 지친"
38	membimbing "안내하다, 지도하다"	bimbing "지도하다, 돌보다"
39	puncak 꼭대기	puncak 꼭대기
40	semester genap "2학기, 짝수 학기"	semester / genap 학기 / 짝수
41	kenangan manis "달콤한 추억, 좋은 추억"	kenang / manis 추억하다 / 달콤한
42	akhir kata "(연설에서) 마지막으로, 끝으로"	akhir / kata "끝 / 말, 단어"
43	sekian (연설에서) 이상	sekian "이 정도, (연설에서) 이상"
44	durian 두리안	duri 가시
45	berduri 가시가 있는	duri 가시
46	asia tenggara 동남아시아	asia / tenggara 아시아 / 남동쪽
47	bau 냄새	bau 냄새
48	khas 독특한	khas 독특한
49	ampas 찌꺼기	ampas 찌꺼기
50	kulit "피부, 가죽"	kulit "피부, 가죽"
51	air 물	air 물
52	mencuci tangan 손을 씻다	cuci / tangan 씻다 / 손
53	berkumur 입을 헹구어내다	kumur 입을 헹구어내다
54	kuat 힘센	kuat "힘센, 강한"
55	berkurang 감소하다	kurang "적은, 모자란"
56	pada umumnya 일반적으로	umum "일반의, 공중의"
57	menyukai "~를 좋아하다, 사랑하다"	suka 좋아하다
58	dodol 도돌(인도네시아식 카라멜)	dodol 도돌(인도네시아식 카라멜)
59	permen 사탕	permen 사탕
60	es buah 과일화채	es / buah 얼음 / 과일
61	pepatah 속담	pepatah 속담
62	segar 신선한	segar 신선한
63	matang "잘 익은, 성숙한"	matang "잘 익은, 성숙한"
64	ranum "너무 익은, 잘 익은"	ranum "너무 익은, 잘 익은"
65	kelelahan "지침, 피곤"	lelah "지친, 피곤한"
66	panjang 긴	panjang 긴
67	terlelap "숙면하다, 곤히 잠들다"	lelap "숙면하다, 없어진"
68	mencium "냄새를 맡다, 입맞추다"	cium 입맞춤
69	bantal 베개	bantal 베개
70	tertidur 잠들어 버리다	tidur 자다
71	dipasang 설치되다	pasang "짝, 쌍"
72	langit-langit 천장	langit 하늘
73	terperanjat 깜짝 놀라다	peranjat 깜짝 놀란
74	reptil 파충류	reptil 파충류
75	melekat 딱 달라붙다	lekat "끈적끈적한, 끈끈한"
76	jerit 절규	jerit 절규
77	tergopoh-gopoh 서두르다	gopoh 서두르는

	kosa kata (단어) arti (의미)	kata dasar (어근) arti (의미)
78	**mendatangi** ~에 오다	datang 오다
79	**seru** "외침, 고함"	seru "외침, 고함"
80	**kadal** 도마뱀	kadal 도마뱀
81	**lapor** "통지하다, 보고하다"	lapor "통지하다, 보고하다"
82	**tersenyum** 미소 짓다	senyum 미소
83	**menenangkan** 진정시키다	tenang "고요한, 평온한"
84	**gigit** 물다	gigit 물다
85	**manusia** "인간, 인류"	manusia "인간, 인류"
86	**memakan** "먹다, 섭취하다"	makan "먹다, 섭취하다"
87	**serangga** "곤충, 벌레"	serangga "곤충, 벌레"
88	**nyamuk** 모기	nyamuk 모기
89	**tidak ada cerita** 이야기가 없다	tidak / ada / cerita 아니다 / 있다 / 이야기
90	**melata** 뱀 따위가 기어가다	lata 뱀 따위가 기어가다
91	**sahabat** 친한 친구	sahabat 친한 친구
92	**meninggalkan** "남겨두다, 떠나다"	tinggal "머무르다, 살다"
93	**mengecoh** 속이다	kecoh "사기, 속임수"
94	**merayap** "기어가다, 서서히 움직이다"	rayap 기어가다
95	**kejadian** "현상, 사건"	jadi ~가 되다
96	**malahan** 오히려	malah 오히려
97	**memperhatikan** "주목하다, 관심을 두다"	hati "가슴, 마음"
98	**pemangsa** 포식자	mangsa "먹이, 표적"
99	**diawali** ~로 시작되다	awal "시초의, 처음의"
100	**natal** "크리스마스, 출생, 예수 탄생일"	natal "크리스마스, 출생, 예수 탄생일"
101	**kelahiran** 출생	lahir 태어나다
102	**paskah** 부활절	paskah 부활절
103	**kebangkitan** 부활	bangkit 부활하다
104	**Eropa** 유럽	Eropa 유럽
105	**emas** 금	emas 금
106	**kekayaan** "부유함, 재산"	kaya 부유한
107	**keharuman nama** 명예	harum / nama 향기로운 / 이름
108	**kejayaan** "영광, 승리, 성공"	jaya "승리(의), 성공(의)"
109	**kekuasaan** "힘, 권한"	kuasa "힘, 권위"
110	**pertama kali** "처음, 첫 번째"	pertama / kali "제 1의, 처음의 / ~번"
111	**mencapai** "~에 이르다, 도달하다"	capai "이르다, 도달하다"
112	**rempah-rempah** "향신료, 양념"	rempah "향신료, 양념"
113	**bersekutu dengan** ~ "~와 동료가 되다, 연합을 맺다"	sekutu "동료, 친구"
114	**perang** 전쟁	perang 전쟁
115	**perjanjian** "약속, 계약"	janji "약속, 협약"
116	**bergerak** 움직이다	gerak 움직임
117	**merosot** "줄다, 감소하다"	rosot "내리다, 감소하다"
118	**diambil alih** 교체되다	ambil 취하다

kosa kata (단어) arti (의미)	kata dasar (어근) arti (의미)
119 **agama** 종교	agama 종교
120 **protestan** 개신교	protestan 개신교
121 **wilayah** 지역	wilayah 지역
122 **meliputi** "~를 덮다, 포함하다"	liput "덮다, ~에 걸치다"
123 **keseluruhan** "전체, 총계"	seluruh 전체(의)
124 **selat** 해협	selat 해협
125 **koalisi** "연합, 합동"	koalisi "연합, 합동"
126 **hubungan** 관계	hubungan 관계
127 **membaik** 좋아지다	baik 좋은
128 **goyah** 흔들거리는	goyah 흔들거리는
129 **gerakan nasional** 민족운동	gerak 움직임
130 **mendorong** 밀다	dorong 밀다
131 **dibom** 폭격을 당한	bom 폭탄
132 **nyenyak** 푹 잠들다	nyenyak 푹 잠들다
133 **perampok** "강도, 약탈자"	perampok "강도, 약탈자"
134 **senjata tajam** 날카로운 무기	senjata 무기
135 **bunuh** 죽이다	bunuh 죽이다
136 **korban** "희생물, 희생자"	korban "희생물, 희생자"
137 **insomnia** 불면증	insomnia 불면증
138 **dokter spesialis** 전문의	dokter / spesialis "의사 / 전문, 전문가"
139 **sebaliknya** 반면에	balik "반대쪽의, 뒤편"
140 **gila** 미친	gila 미친
141 **biaya** 비용	biaya 비용
142 **pertemuan** 만남	temu 만나다
143 **luar biasa** "특별한, 남다른"	luar / biasa "바깥쪽, ~외에, ~이상 / 보통"
144 **berpapasan** 마주치다	papas 마주치다
145 **klinik** 진료소	klinik 진료소
146 **tukang sayur** 야채 장수	tukang "~하는 사람, ~장이(꾼)"
147 **memotong** 조각내다	potong "조각, 덩어리, 조각내다"
148 **kencang** 팽팽한	kencang 팽팽한
149 **terpingkal-pingkal** 박장대소하다	pingkal 배꼽을 쥐고 웃다
150 **rel kereta api** 기차 선로	rel / kereta api "철로, 레일 / 기차"
151 **ketawa** (구어체) 웃다	ketawa (구어체) 웃다
152 **menenangkan diri** 진정하다	tenang 침착한
153 **mengantar** "데려가다, 데려다주다"	antar "데려가다, 데려다주다"
154 **mengeriting** 파마하다	keriting 곱슬곱슬한
155 **gaya** "힘, 멋, 스타일"	gaya "힘, 멋, 스타일"
156 **terbaru** 최신의	baru 새로운
157 **memaksa** 강요하다	paksa "강압, 강제"
158 **komentar** "코멘트, 논평"	komentar "코멘트, 논평"
159 **peliharaan** 돌보는 대상	pelihara "지키다, 돌보다"
160 **menurut teladan** "모범을 따라,	turut / teladan "따르다, 합류하다,

kosa kata (단어) arti (의미)	kata dasar (어근) arti (의미)
표본을 따라"	동참하다 / 모범, 표본"
161 **pahlawan** 영웅	pahlawan 영웅
162 **tembus pandang** "투명한, 투시가 가능한 ~"	tembus "꿰뚫다, 관통하다"
163 **mendidik** 교육시키다	didik 교육
164 **anak bandel** "장난꾸러기, 말썽 꾸러기"	anak / bandel "아이 / 완고한, 고집 센"
165 **canggih** 말이 많은	canggih 말이 많은
166 **internet** 인터넷	internet 인터넷
167 **instan** "즉석의, 인스턴트"	instan "즉석의, 인스턴트"
168 **uang kertas** 지폐	uang / kertas 돈 / 종이
169 **uang logam** 동전	uang / logam 돈 / 금속
170 **kartu debit** 직불카드	kartu / debit "카드 / 채권, 입금"
171 **kartu kredit** 신용카드	kartu / kredit "카드 / 신용, 신뢰"

Bagian C : Daftar Kata

	kosa kata (단어) arti (의미)	kata dasar (어근) arti (의미)
1	**adik** 동생	adik 동생
2	**adjektiva** 형용사	adjektiva 형용사
3	**akan** ~할 것이다	akan ~할 것이다
4	**akhir minggu** 주말	akhir / minggu "끝, 마지막, 종말 / 주, 일요일"
5	**aku** 나	aku 나
6	**anak** "자식, 아이"	anak "자식, 아이"
7	**anak anjing** 강아지	anak / anjing 아이 / 개
8	**anda** 당신	anda 당신
9	**anda sekalian** 당신들	anda / kalian 당신 / 너희들
10	**anda semua** 당신들	anda / semua "당신 / 모두의, 모든"
11	**april** 4월	april 4월
12	**ayam** 닭	ayam 닭
13	**bahasa indonesia** 인도네시아어	bahasa / indonesia "말, 언어, 예절바름 / 인도네시아"
14	**bahasa inggris** 영어	bahasa / inggris "말, 언어, 예절바름 / 영어, 영국의"
15	**baik hati** 착한	baik / hati "좋은, 유용한, 착한/ 간, 심장, 마음, 관심"
16	**bank** 은행	bank 은행
17	**baru saja** 방금	baru / saja "새로운, 최신의, 오래지 않은 / 단지, 항상, -는 커녕, (선행 단어 강조)"
18	**batik** 인도네시아 전통의상	batik "인도네시아 전통의상, 천"
19	**bekerja** 일하다	kerja 일하다
20	**belajar** 공부하다	ajar "교육, 지도, 훈육"
21	**beliau** 그 분	beliau 그 분
22	**berangkat** 출발하다	angkat "들어올리다, 가져오다, 입양하다 / 시대, 세대"
23	**berasal** ~에서 오다	asal "기원, 친자관계, 출신지"
24	**berkunjung** 방문하다	kunjung "방문하다, 찾아가다"
25	**berlibur** "쉬다, 방학하다"	libur "휴가, 방학"
26	**bermain** "놀다, 연주하다, (불 등 위험한 것으로) 놀다"	main "놀다, 공연하다, 놀아나다, 도박하다, (기계 따위가) 작동하다"
27	**bernyanyi** 노래하다	nyanyi 노래하다
28	**bertemu** 만나다	temu "만나다, 마주치다, 발견하다"
29	**besar** 큰	besar "큰, 성숙한"
30	**besok** 내일	besok "내일, 나중에"

	kosa kata (단어) arti (의미)	kata dasar (어근) arti (의미)
31	**bisa** ~할 수 있다	bisa "~할 수 있는, 독 = racun"
32	**buah** 과일/ −개(수량사)	buah "열매, 성과, −개(수량사)"
3	**buku** 책	buku 책
34	**bulan** "달, 월(month)"	bulan "달, 월(month)"
35	**bulan depan** 다음 달	bulan / depan "달, 월(month) / 앞, (시간적) 바로 뒤"
36	**cantik** 예쁜	cantik 예쁜
37	**dalam** ~안에 (in) / 깊은	dalam "~안에 (in) / 깊은, (위치, 시간)~에"
38	**dan sebagainya** 기타 등등	dan / bagai "그리고 / 종류, 동등한, ~와 같은"
39	**dapat** ~가 가능하다	dapat "~가 가능하다, ~해도 좋다"
40	**dari** ~로부터	dari "~부터, ~보다, ~의"
41	**datang** "오다, 도착하다"	datang "오다, 도착하다"
42	**dengan** ~와 함께	dengan "~와 함께, ~에 (더하여)"
43	**depan** ~ 앞에	depan "~앞, 전방"
44	**derajat celsius** 섭씨온도	derajat / celsius "정도, 온도, 수준, 표준, 위신 / 섭씨온도"
45	**di** ~에	di ~에 (전치사) / ~되다(수동 접두사)
46	**di bawah ini** "이 밑에, 아래"	di / bawah / ini "~에, ~되어지다 / 밑, 아래/ 이 것"
47	**di depan** ~ 앞에 (있다)	di / depan "~에, ~되어지다 / 앞, 앞쪽에"
48	**dia** "그, 그녀 (3인칭)"	dia "그, 그녀, 그녀의"
49	**digunakan** "쓰여지다, 사용되다"	guna "이용, 쓸모, 목적(~을 위해)"
50	**direktur** "감독, 사장"	direktur "감독, 사장, 임원, 이사"
51	**dokter** 의사	dokter 의사
52	**dosen** 교수	dosen 교수
53	**ekor** 꼬리 / ~마리 (동물 수량 단위)	ekor 꼬리 / ~마리 (동물 수량 단위)
54	**enak** "맛있는, 좋은"	enak "맛있는, 좋은"
55	**engkau** 너	engkau "너, 당신"
56	**gadis** "아가씨, 숙녀"	gadis "아가씨, 소녀, 숙녀"
57	**ganteng** 잘 생긴	ganteng "멋진, 잘 생긴"
58	**goreng** "튀김, 튀기다"	goreng "튀김, 튀기다"
59	**guru** "선생님, 스승"	guru "선생님, 스승"
60	**hari ini** 오늘	hari / ini "하루, 낮, 날(日) / 이 것"
61	**hari ulang tahun** 생일	hari / ulang/ tahun "하루, 낮, 날 / 반복하는 / 해, 년(年)"
62	**ia** "그, 그녀 (3인칭)"	ia "그, 그녀 (3인칭)"
63	**ibu** 어머니	ibu "어머니, (여성 존칭어) 부인"
64	**ini** 이 것	ini 이 것
65	**itu** 저 것	itu 저 것
66	**jamak** 복수	jamak "평범한/ 다수의, 복수의"
67	**juga** ~또한	juga "~또한, 역시"

	kosa kata (단어) arti (의미)	kata dasar (어근) arti (의미)
68	**jurusan indonesia** 인도네시아과	jurus / indonesia "방향, 방식, (쭉 뻗은) 방향 / 인도네시아(국가)"
69	**kakek** 할아버지	kakek "할아버지, 조부"
70	**kalian** "너희들, 모두를"	kali "~회, ~배(곱하기)"
71	**kalimat** 문장	kalimat 문장
72	**kamar** (작은) 방	kamar (작은) 방
73	**kami** 우리 (청자 미포함)	kami 우리 (청자 미포함)
74	**kampus** 캠퍼스	kampus "캠퍼스, 교정"
75	**kamu** "당신, 너"	kamu "당신, 너"
76	**kamu semua** 너희들	kamu / semua "너 / 모두, 모두의"
77	**kantin** 매점	kantin "매점, PX, BX"
78	**kantor** 사무실	kantor "사무실, 사무소, ~국"
79	**karyawan baru** 신입 사원	karyawan / baru "일꾼, 사무원 / 새로운, 처음의, 최근의"
80	**kata** 단어	kata "단어, 낱말"
81	**kata depan / preposisi** 전치사	kata / depan / preposisi "단어, 낱말 / 앞쪽에 / 전치사의"
82	**kata ganti orang** 인칭대명사	kata / ganti / oran "단어, 낱말/ 대신, 대차 / 사람"
83	**kau** 너	kau "당신, 너"
84	**kaya** 부유한	kaya "부유한, 풍부한"
85	**ke** ~로	ke "~로, ~를 향하여"
86	**kecil** 작은	kecil "작은, 어린, 사소한"
87	**kemarin** 어제	kemarin 어제
88	**kembali** "돌아오다, 반복하다"	kembali "돌아오다, 반복하다"
89	**keterangan tempat** 장소 부사	terang / tempat "밝은, 확실한, 명백한 / 장소, 공간"
90	**keterangan waktu** 시간 부사	terang / waktu "밝은, 확실한, 명백한 / 시간, 때"
91	**kita** 우리 (청자 포함)	kita 우리 (청자 포함)
92	**komputer** 컴퓨터	komputer 컴퓨터
93	**kuliah** "강의, 수업"	kuliah "강의, 수업"
94	**kumal** "남루한, 지저분한"	kumal "남루한, 지저분한, 구겨진"
95	**kurang** "덜~하다, 부족한"	kurang "덜~하다, 부족한"
96	**lahir** 태어나다	lahir "태어나다, 속세의"
97	**laki-laki** 남자	laki-laki "남자, 남편"
98	**lalu** "~한 다음, 이후"	lalu "~한 다음, 이후, 지나간"
99	**lapangan** "운동장, 넓은 장소"	lapang "넓은, 여유로운, 널널한"
100	**lari** 뛰다	lari "뛰다, 달리다"
101	**latihan** 연습	latih "연습하다, 훈련하다"
102	**lengkapilah** 완성하라!	lengkap "완전한, 완벽한, 준비된"
103	**liburan** 휴일	libur "휴가, 방학"

kosa kata (단어) arti (의미)	kata dasar (어근) arti (의미)
104 **lima** 5	lima "5, 다섯"
105 **lulus** "졸업하다, 이수하다"	lulus "통과하다, 합격하다"
106 **mahasiswa** 대학생	mahasiswa 대학생
107 **makan** 먹다	makan 먹다 / (시간이) 걸리다
108 **malam** 밤	malam 밤
109 **maling** 도둑	maling 도둑
110 **mana** 어디	mana "어디로, 어디에"
111 **manis** 달콤한 / 귀여운	manis "달콤한 / 귀여운, 매력적인"
112 **mari** ~하자!	mari ~하자!
113 **melahirkan** "낳다, 출산하다"	lahir "낳다, 출산하다, 태어나다, 외부의"
114 **memakai** 입다	pakai "입다, 착용하다 / ~을 넣다 (커피&설탕)"
115 **membawa** "가져오다, 챙기다"	bawa "나르다, 운반하다, 가져오다"
116 **membeli** 구입	beli "구입, 구매(행위)"
117 **membuat** 만들다	buat "만들다, ~을/를 만들다"
118 **menangkap** 잡다	tangkap "잡힌, 붙잡힌, 체포된"
119 **mendapat** "받다, 얻다"	dapat ~할 수 있다 / 얻다
120 **mengantuk** 졸린	antuk 부딪히다 / 졸린
121 **menulis** 쓰다	tulis "(글씨가) 쓰여있는, 쓴"
122 **menunggu** 기다리다	tunggu "기다리다, 지키다"
123 **menyanyi** 노래하다	nyanyi 노래하다
124 **mereka** 그들	mereka "그들, 그들의"
125 **minggu lalu** 지난 주	minggu / lalu "주, 일요일 / 지나다, 지난"
126 **minum** 마시다	minum "마시다, 빨아들이다"
127 **miskin** 가난(한)	miskin "가난(한), 부족한, 결핍한"
128 **mobil** 자동차	mobil 자동차
129 **muda** "젊은, 어린"	muda "젊은, 어린, 대리의, 부(副)의, 덜익은, 제2의, 수확하기에 아직 이른, (색깔이) 옅은"
130 **nasi** 밥	nasi 밥 / 생계
131 **nomina** 명사	nomina 명사
132 **objek** 목적어	objek "대상, 사물 / 목적어"
133 **orang tua** "부모, 노인"	orang / tua "사람 / 늙은, 낡은, 오래된"
134 **pacar** 애인	pacar "애인, 좋아하는 것"
135 **pada** ~에	pada "~에, ~에게"
136 **pagi** 아침	pagi 아침 / 이른
137 **paling** 가장 (최상급)	paling "가장, 최고의, 최상의"
138 **pasar** 시장	pasar 시장
139 **(mem)pelajari** "(진심을 다해)~를 배우다, 학습하다, 연구하다"	ajar "가르치다, 교육, 훈육"
140 **pelayan** 종업원	layan "봉사, 접대, 시중"
141 **perempuan** 여자	perempuan 여자
142 **pergi** "가다, 떠나다"	pergi "가다, 떠나다"

kosa kata (단어) arti (의미)	kata dasar (어근) arti (의미)
143 **perpustakaan** 도서관	pustaka "책, 서적"
144 **pesawat** "비행기, 기계"	pesawat "비행기, 구내전화, 기계"
145 **pola kalimat** 문장 패턴	pola / kalimat "문양, 본, 모형, 구조, 형식 / 문장"
146 **polisi** 경찰	polisi 경찰
147 **pramugari/a** 승무원 (여자) / (남자)	pramugari/a 스튜어디스/ 스튜어드
148 **predikat** 서술어	predikat "인용, 예시 / 서술어"
149 **presiden** 대통령	presiden 대통령
150 **pria** 남성	pria "남성, 남자"
151 **pulang** 돌아오다	pulang "돌아오다, 귀가하다"
152 **pulau** 섬	pulau 섬
153 **ramah** 친절한	ramah "친절한, 친근한"
154 **rambutan** 람부딴 (과일)	rambut "털, 머리카락"
155 **restoran** 식당	restoran "식당, 레스토랑"
156 **roti** 빵	roti "빵, 빵조각"
157 **ruang** "방, 공간"	ruang "넓은 방, 공간"
158 **rumah** 집	rumah 집
159 **rumah sakit** 병원	rumah / sakit "집, 건물 / 병에 걸린, 아픈"
160 **sahabat** (절친한) 친구	sahabat (절친한) 친구
161 **sangat** "매우, 몹시"	sangat "매우, 몹시, 대단히"
162 **saudara** "형제, 당신(존칭)"	saudara "형제, 자매, 동포"
163 **saya** "나, 저"	saya "나, 저"
164 **sebentar lagi** 잠시 후	bentar / lagi "잠깐, 순간 / 아직, ~하는 중인, 다시"
165 **seharian** (하루) 종일	hari "하루, 낮, 날"
166 **sekarang** 지금	sekarang "지금, 현재"
167 **semua** 모두	semua "모든, 모두의"
168 **sepak bola** 축구	sepak / bola "차기, 발로 때리기 / 공"
169 **sepeda** 자전거	sepeda 자전거
170 **seperti** ~처럼	seperti "~처럼, ~와 같이, ~로서"
171 **sepuluh** "10, 열"	puluh "열, 십의"
172 **siang** 낮	siang 낮 (11 AM ~ 3 PM)
173 **siapa** 누구	siapa 누구
174 **SMP**(Sekolah Menengah Pertama) 중학교	sekolah / tengah / pertama "학교, 수업 / 중앙, 가운데, 도중에 / 처음의"
175 **sore** 오후	sore 오후(3 PM ~ 7 PM)
176 **soto ayam** 음식 종류의 하나	soto / ayam "수프, 국종류 / 닭"
177 **subjek** 주어	subjek 주관적인 / 주어
178 **suhu** "온도, 기후"	suhu "체온, 온도, 기온"
179 **sungai** 강	sungai 강
180 **supermarket** 슈퍼마켓	supermarket 슈퍼마켓
181 **supir** 운전기사	supir 운전기사

kosa kata (단어) arti (의미)	kata dasar (어근) arti (의미)
182 **tadi** "조금 전, 아까"	tadi "조금 전, 아까"
183 **tahun** "해, 년(年)"	tahun "해, 년(年)"
184 **tahun depan** 내년	tahun / depan "내년 / 앞, 앞쪽에"
185 **tahun lalu** 작년	tahun / lalu "해, 년 / 지나가다, 지나간"
186 **taksi** 택시	taksi 택시
187 **tata bahasa** 문법	tata / bahasa "배열, 순서, 조직 / 말, 언어"
188 **teman** 친구	teman "친구, 동료"
189 **tinggal** "살다, 머물다"	tinggal "살다, 머물다, 나머지, 남은"
190 **toko** 가게	toko 가게
191 **tunggal** 유일한	tunggal "혼자, 독신의 유일한"
192 **pameran** 전시회	pamer "자랑하다, 내보이다"
193 **ujian** 시험	uji "어떠한 질을 알아내기 위해 시도하는 모든 행위, 시도, 시험"
194 **universitas** 대학교	universitas 대학교
195 **untuk** ~를 위하여	untuk ~를 위하여
196 **wanita** 여성	wanita 여성

kosa kata (단어) arti (의미)	kata dasar (어근) arti (의미)
1 **berikut ini** 다음과 같은	ikut "쫓아가다, 따르다"
2 **kalimat tanya** 의문문	kalimat / tanya "문장 / 요청, 질문하다"
3 **apa** 무엇	apa "무엇, 어떤 것"
4 **adalah** ~는 ~이다	ada "있다, 존재하다"
5 **kata tanya** 의문사	kata / tanya "낱말, 단어 / 요청, 질문하다"
6 **apakah** "예, 아니오를 나타내는 의문사"	apa "무엇, 어떤 것"
7 **mengapa/kenapa** 왜	apa "무엇, 어떤 것"
8 **berapa** "얼마, 몇 개"	apa "무엇, 어떤 것"
9 **di mana** (어디)~에	mana "어디로, 어디에"
10 **ke mana** (어디)~로	mana "어디로, 어디에"
11 **dari mana** (어디)~에서	mana "어디로, 어디에"
12 **bagaimana** 어떻게	mana "어디로, 어디에"
13 **kapan** 언제	kapan "언제, 어느때에"
14 **contoh** "예시, 물건의 샘플"	contoh "예시, 물건의 샘플"
15 **posisi** 위치(하다)	posisi 위치(하다)
16 **berada** "있다, 위치하다"	ada "있다, 존재하다"
17 **belakang** 뒤	belakang 뒤
18 **bahkan** "오히려, 게다가"	bahkan "오히려, 게다가"
19 **tengah** "중간, 가운데"	tengah "중간, 가운데"
20 **kecuali** ~를 제외한	kecuali ~를 제외한
21 **serba-serbi** "여러가지, 다양한"	serba-serbi "여러가지, 다양한"
22 **ditambah** "추가되다, 합쳐지다"	tambah "첨가, 증가"
23 **akhiran** 접미사	akhir "끝, 마지막"
24 **berfungsi** 어떤 기능을 하다	fungsi "직무, 기능"
25 **memperhalus** 더 부드럽게 하다	halus "섬세한, 부드러운"
26 **atau** 또는	atau 또는
27 **menegaskan** 강조하다	tegas "분명한, 명백한"
28 **jawaban** 답	jawab "대답, 응답"
29 **(hal) yang diinginkan** 원하는 것	hal / yang / ingin "일, 사건, 사물 / ~에 관하여 / 원하다, 갈망하다"
30 **lebih dari** 훨씬 더한	lebih / dari "더 많은, 더 큰 / ~로 부터"
31 **biasa** 보통	biasa 보통
32 **lingkup** 범위	lingkup 범위
33 **pilihan** 선택	pilih "선택하다, 고르다"
34 **luas** 넓이	luas 넓이
35 **warna** 색	warna 색
36 **keluarga** 가족	keluarga 가족
37 **silakan** "~하세요, 부디"	silakan "~하세요, 부디"
38 **duduk** 앉다	duduk 앉다
39 **suka** 좋아하다	suka 좋아하다

#	kosa kata (단어) arti (의미)	kata dasar (어근) arti (의미)
40	**uang** 돈	uang 돈
41	**menerima** 받다	terima "받다, 받아들이다"
42	**sumbangan** "기증, 기부"	sumbang "기부하다, 원조하다"
43	**boleh** ~해도 되는	boleh "허용되는, ~가 가능한"
44	**berulang** 반복하다	ulang 반복하다
45	**maka** "그래서, 그러므로"	maka "그래서, 그러므로"
46	**menjadi** ~가 되다	jadi "~가 되다, ~하게 되다"
47	**berikut** 다음	ikut "따르다, 쫓아가다"
48	**terlihat** 보여지다	lihat 보다
49	**bergabung** "합쳐지다, 합류하다"	gabung "다발, 묶음"
50	**kata negasi** 부정어	kata / negasi "낱말, 단어 / 부정"
51	**sesuai dengan** "~에 맞춰서, 상호하게"	sesuai / dengan "적당한, 부합하는 / ~와 함께"
52	**penggunaan** "이용, 사용"	guna "이용, 사용, 쓸모"
53	**buatlah** 만들어라!	buat "만들다, ~을/를 위해"
54	**pertanyaan** 질문	tanya "질문, 묻다, 질문하다"
55	**bergaris bawah** 밑줄 친	garis / bawah "선, 줄 / 아래, 밑바닥"
56	**durian** 두리안	duri 가시
57	**kantor swasta** 개인 사무실	kantor / swasta "사무실 / 개인, 사립, 민간의"
58	**sapi** 소	sapi 소
59	**berasal dari** 어디 출신이다	asal / dari "기원, 근원 / ~로부터"
60	**sate ayam** 닭꼬치	sate / ayam 꼬치 / 닭
61	**karena** 왜냐하면	karena 왜냐하면
62	**macet** (길이) 막힌	macet (길이) 막힌
63	**sekali** 매우 ~하다 / 한 번	kali "~회, 번, 곱하기"
64	**jalan terus** 직진하다	jalan / terus "길, 방법 / 곧바로, 줄곧, 항상"
65	**belok** "꺾다, 회전하다"	belok "꺾다, 회전하다"
66	**kiri** 왼쪽	kiri 왼쪽
67	**kanan** 오른쪽	kanan 오른쪽
68	**di sana** 저기	di / sana "~에 / 저쪽, 저기"
9	**di sini** 여기	di / sini "~에 / 이쪽, 여기"
70	**pakaian** 옷	pakai "입다, 착용하다, 사용하다"
71	**ayah** 아버지	ayah 아버지
72	**mempunyai** 소유하다	punya "소유하다, 가지다"
73	**kamera** 카메라	kamera 카메라
74	**setelah** ~한 후	telah "이미, 벌써, 이미~했다"
75	**berolahraga** 운동하다	olahraga "체육, 스포츠"
76	**kelihatan** "보기에, 보여지다"	lihat 보다
77	**senang** "기쁘다, 좋다"	senang "기쁘다, 좋다"
78	**cara** 방법	cara 방법
79	**binatang** "짐승, 동물"	binatang "짐승, 동물"
80	**kesukaan** 좋아하는 것	suka 좋아하다
81	**tidak ada** 없다	tidak / ada (형용사) ~가 아니다 / 있다

	kosa kata (단어) arti (의미)	kata dasar (어근) arti (의미)
1	**bukan** ~가 아니다 (명사 앞)	bukan ~가 아니다
2	**dipakai** 사용되다	pakai "사용하다, 착용하다"
3	**kata kerja** 동사	kata / kerja "말, 단어 / 일하다"
4	**kata sifat** 형용사	kata / sifat "말, 단어 / 특징, 성격, 모양"
5	**menanam** 심다	tanam "재배하다, 심다"
6	**bunga** "꽃, 이자"	bunga "꽃, 이자"
7	**berani** 용감한	berani "용기있는, 겁내지 않는"
8	**bodoh** 멍청한	bodoh "어리석은, 멍청한"
9	**kata benda** 명사	kata / benda "낱말, 단어 / 물건, 물체"
10	**sini** 이 곳	sini "이 곳, 여기"
11	**sana** 저 곳	sana "저 쪽, 저기"
12	**terkadang** 가끔씩	kadang "가끔씩, 때때로"
13	**tetapi** 그러나	tetapi 그러나
14	**bubur** 죽	bubur 죽
15	**marah** 화난	marah "화난, 성이 난"
16	**kecewa** 실망한	kecewa "실망한, 기대가 어긋난"
17	**malas** "게으른, 귀찮은"	malas "나태한, 게으른"
18	**sakit** 아프다	sakit "병든, 아픈"
19	**adverbia** 부사	adverbia 부사
20	**berbicara** 말하다	bicara "생각, 말(하다)"
21	**cepat** 빠르다	cepat "빠른, 급속한"
22	menyetir 운전하다	setir "(선박) 키, (탈 것) 핸들"
23	sedang ~하는 중이다	sedang ~하는 중이다
24	ingin ~하고 싶다	ingin "~하고 싶다, 바라다, 원하다"
25	mandi "씻다, 목욕하다, 샤워하다"	mandi "씻다, 목욕하다, 샤워하다"
26	pernah ~한 적이 있다	pernah ~한 적이 있다
27	harus ~해야 한다	harus ~해야 한다
28	perlu ~가 필요한	perlu "~가 필요한, ~해야 한다"
29	vitamin 비타민	vitamin 비타민
30	basket 농구	basket 농구
31	cukup "충분하다, 꽤 ~한"	cukup "충분한, 족한, 꽤 ~한"
32	pandai "똑똑한, 능숙한"	pandai "똑똑한, 능숙한, 슬기로운"
33	anggur 포도 / 일 안하고 놀다	anggur "포도, 포도주 / 일 안하고 놀다"
34	tepat 정확한	tepat "정확한, 바른, 정각"
35	pilih 고르다	pilih "고르다, 뽑다, 선택하다"
36	swasta "개인, 사립"	swasta "개인, 사립, 민간, 사유의"
37	pemilik "소유자, 주인"	milik "소유, 재산"
38	suami 남편	suami 남편
39	**istri** 아내	istri 아내
40	**telur** 달걀	telur 달걀

kosa kata (단어) arti (의미)	kata dasar (어근) arti (의미)
41 **harga** 가격	harga "가격, 가치"
42 **mahal** 비싸다	mahal "비싸다, 귀한, 드문"
43 **murah** "값싼, 저렴한"	murah "값싼, 저렴한"
44 **mengerti** 이해하다	erti "의미, 뜻"
45 **cuaca** 날씨	cuaca "날씨, 기후"
46 **cerah** "(날씨, 색) 밝은, 맑은, 화창한"	cerah "맑은, 청명한, 화창한"
47 **nakal** 짓궂은	nakal "개구장이의, 버릇없는"
48 **sandal** 샌들	sandal "샌들, 슬리퍼"
49 **pelit** 구두쇠	pelit "인색한, 구두쇠"
50 **melihat** 보다	lihat "쳐다보다, 바라보다"
51 **topi** 모자	topi 모자
52 **tengah malam** 한밤중	tengah / malam 한가운데 / 밤
53 **capek** "지친, 피곤한"	capek "지친, 피곤한"
54 **pendapat** 의견	dapat "~할 수 있다, 받다, 얻다"
55 **menyelesaikan** "해결하다, 끝내다, 마무리짓다"	selesai "완료되다, 끝나다"
56 **masalah** 문제	masalah "문제, 문제 거리"
57 **mendengar** 듣다	dengar 듣다
58 **perkataan** "말, 말씀"	kata "낱말, 단어"
59 **perusahaan** "회사, 주식회사"	usaha "노력, 노동, 사업"
60 **milik** 소유	milik "소유, 재산"
61 **palsu** "가짜, 위조"	palsu "가짜, 위조, 모조의"
62 **berita** "뉴스, 소식"	berita "소식, 공고, 뉴스"
63 **pesan** "(식당) 주문, 메시지 / 예약하다"	pesan "주문, 지시, 당부"
64 **maaf** "미안합니다, 실례합니다"	maaf "용서, 용서를 빌다"
65 **makanan** 음식	makan "먹다, 복용하다"
66 **mengandung** "내포하다, 임신하다"	kandung "자궁, 주머니"
67 **sama sekali** 전혀	sama / kali "같은, 동시에 / ~회, 곱하기"
68 **penyedap rasa** 조미료	sedap / rasa "맛좋은, 향긋한 / 감정, 맛"
69 **bohong** 거짓말하다	bohong "거짓말, 거짓말하는"
70 **model** 모델	model 모델
71 **terbaru** 최신의	baru "새로운, 처음의, 최근의"
72 **masuk kantor** 입사하다 / 출근하다	masuk / kantor 들어가다 / 사무실
73 **naik** "타다, 오르다"	naik "타다, 오르다"
74 **kurus** 마르다 (skinny)	kurus "마른, 여윈"
75 **gemuk** 살 찐	gemuk 뚱뚱한 / 비계의
76 **olahraga** "스포츠, 운동하다"	olahraga "스포츠, 운동"
77 **suara** 소리	suara "소리, 음성 / 투표, 표"
78 **keras** 단단한	keras "단단한, 강한"
79 **lemah** "약한, 힘이 없는"	lemah "약한, 부드러운"
80 **merdu** "(소리) 듣기 좋은, 청아한"	merdu "(소리) 듣기 좋은, 낭랑한"
81 **celana** 바지	celana 바지

kosa kata (단어) arti (의미)	kata dasar (어근) arti (의미)
82 **hijau** "초록색, 설익은"	hijau "초록색, 설익은"
83 **biru** 파란색	biru 파란색

kosa kata (단어) arti (의미)	kata dasar (어근) arti (의미)
1 **partikel** "불변화사, 소사"	partikel "불변화사, 소사"
2 **diketahui** 알게 되다	tahu "이해하다, 알다"
3 **akhirnya** "결국, 마침내"	akhir "끝, 종결"
4 **membentuk** "휘게 하다, 형성하다, (의회 등을) 구성하다"	bentuk "굽음, 형태, 형성"
5 **pendefinisi** 정관사	definisi "설명, 정의"
6 **menunjuk** 가리키다	tunjuk 보여주다
7 **penutur** 화자	tutur 말하다
8 **pendengar** 청자	dengar 듣다
9 **menghaluskan** 부드럽게 하다	halus "미세한, 부드러운"
10 **menjelaskan** "밝히다, 설명하다"	jelas "명백한, 분명한"
11 **menggosok** "닦다, 문지르다"	gosok "비비다, 문지르다"
12 **penting** 중요한	penting 중요한
13 **hilang** "사라진, 없는, 소멸된"	hilang "사라진, 없는, 소멸된"
14 **dompet** 지갑	dompet 지갑
15 **tadi pagi** 오늘 아침	tadi / pagi 방금 / 아침
16 **pencuri** 도둑	curi 훔치다
17 **mencari tahu** 알아내다	cari (방법 등을) 찾다
18 **berencana** 계획을 갖다	rencana "계획, 플랜"
19 **mampir** ~에 들르다	mampir ~에 들르다
20 **awalnya** "처음에, 애초에"	awal "시초의, 초기의"
21 **memutuskan untuk** ~하기로 결정하다	putus "끊기다, 끝나다"
22 **mencari** 찾다	cari 서로 찾다
23 **menemukan** 발견하다	temu "만나다, 마주치다"
24 **piring** 접시	piring 접시
25 **kue** 과자	kue 과자
26 **coba** 시도하다	coba 시도하다
27 **sendiri** "자신, 혼자"	diri "자신, 스스로"
28 **pinjam** 빌리다	pinjam 빌리다
29 **menyenangkan** 기쁘게 하다	senang 즐거운
30 **agak** "약간, 조금, 다소"	agak "약간, 조금, 다소"
31 **cinta** 사랑하다	cinta 사랑하다
32 **fondasi** 기초	fondasi 기초
33 **menceritakan** 이야기하다	cerita "이야기하다, 이야기"
34 **indah** 아름답다	indah 아름답다
35 **dikenal** 알려지다	kenal "알다, 이해하다"
36 **dunia** "세상, 세계"	dunia "세상, 세계"
37 **langit** 하늘	langit 하늘
38 **masakan** 요리	masak "요리하다, (과일 등을) 수확할 때가 된, 익은, 성숙한"

	kosa kata (단어) arti (의미)	kata dasar (어근) arti (의미)
39	bukan main "엄청나게, 장난 아니게"	bukan main "엄청나게, 장난 아니게"
40	bersih 깨끗한	bersih 깨끗한
41	pabrik 공장	pabrik 공장
42	penjelas 한정사	jelas "명백한, 분명한"
43	mengutamakan 우선시하다	utama 가장 중요한
44	membedakan 구별하다	beda "차이점, 차이"
45	sombong "교만한, 잘난 체하는"	sombong "교만한, 잘난 체하는"
46	belum 아직 ~않다	belum 아직 ~않다
47	merokok 흡연하다	rokok 담배
48	wajah 얼굴	wajah 얼굴
49	pokok "필수적인, 기초적인"	pokok "필수적인, 기초적인"
50	badan 몸	badan 몸
51	merah 빨간	merah 빨간
52	madu 꿀	madu 꿀
53	ginseng 인삼	ginseng 인삼
54	hutan 숲	hutan 숲
55	tinggi "키가 큰, 높은"	tinggi "키가 큰, 높은"
56	busuk "썩은, 부패한"	busuk "썩은, 부패한"
57	botol 병	botol 병
58	kecap asin 간장	kecap / asin 간장 / 짠
59	terminum "이미 마신, 모르고 마신, 마실 수 있는"	minum 마시다
60	kosong 비어 있는	kosong 비어 있는
61	berbelanja 쇼핑하다	belanja "쇼핑하다, 장을 보다, 지출비용"
62	stasiun 역	stasiun 역
63	kereta api 기차	kereta / api "기차 / 불, 열정"
64	desa 마을	desa 마을
65	jarang 드물게	jarang 드물게
66	mencuci rambut 머리를 감다	cuci "목욕, 세면"
67	emas 금	emas 금
68	pintar "똑똑한, 능숙한"	pintar "똑똑한, 능숙한"
69	luar negeri 외국	luar negeri 외국
70	asing 낯선	asing 낯선
71	tetangga 이웃	tetangga 이웃
72	cerdas "명석한, 건전한"	cerdas "명석한, 건전한"
73	diplomat "외교, 외교관"	diplomat "외교, 외교관"
74	cerewet 수다스러운	cerewet 수다스러운
75	penduduk "주민, 국민, 인구 수"	duduk "앉다, 살다"
76	budaya 문화	budaya 문화
77	kaki gunung "산자락, 산기슭"	kaki / gunung 발 / 산
78	sejuk "시원한, 서늘한"	sejuk "시원한, 서늘한"
79	rajin 열심히	rajin 열심히

	kosa kata (단어) arti (의미)	kata dasar (어근) arti (의미)
80	bersemangat 열정적인	semangat "열정, 정열"
81	sabar "참을성이 있다, 어려움을 인내하다"	sabar "참을성이 있다, 어려움을 인내하다"
82	mengajar 가르치다	ajar "교수, 교육, 지도"
83	berenang 수영하다	renang "수영하다, 헤엄치다"
84	terkenal 유명한	kenal "알다, 이해하다"
85	kampung halaman 고향	kampung / halaman 빈민가 / 집 마당
86	museum 박물관	museum 박물관
87	berlokasi 위치하다	lokasi "지역, 장소"
88	rok 치마	rok 치마
89	habis "소진되다, 없어지다, 소멸되다"	habis "소진되다, 없어지다, 소멸되다"
90	dipakai 쓰여지다	pakai "입다, 착용하다, 사용하다"
91	menyimpan 보관하다	simpan 보관하다
92	lemari "장, 찬장, 벽장"	lemari "장, 찬장, 벽장"
93	baju 옷	baju 옷
94	raya "위대한, 큰"	raya "위대한, 큰"
95	kebangsaan "민족, 민족의, 민족성"	bangsa "민족, 종, 종류"
96	ringan 가벼운	ringan 가벼운
97	diteliti 연구되다	teliti "정확한, 주의하는"
98	ilmuwan 학자	ilmuwan 학자
99	merupakan "~는 ~이다 (필자의 주관적 해석), ~을 이루다, ~을 형성하다, ~이 되다"	rupa "형태, 얼굴 모습"
100	sarana 시설	sarana 시설
101	utama "최우선, 가장 중요한"	utama "최우선, 가장 중요한"
102	berkomunikasi 소통하다	komunikasi 대화하다
103	gambar 그림	gambar 그림
104	kehidupan "생활, 삶"	hidup "살아있는, 거주하다"
105	sumber 원천	sumber 원천
106	inspirasi 영감	inspirasi 영감
107	batu bara 석탄	batu / bara "돌 / 연소물, 불덩이"
108	ramai 시끄러운	ramai 시끄러운
109	pengusaha 사업가	usaha "노력, 활동"
110	komoditi 상품	komoditi 상품
111	ekspor 수출	ekspor 수출
112	rusak 망가진	rusak 망가진
113	tertinggal "남겨지다, 뒤떨어지다"	tinggal "머물다, 남아있다"
114	memukuli 계속 때리다	pukul "때림, 때리다"
115	menggigiti 계속 물어 뜯다	gigit 물어뜯다
116	tentang ~에 대하여	tentang ~에 대하여
117	ekonomi 경제	ekonomi 경제
118	mengumpulkan "모으다, 동원하다, 제출하다"	kumpul "단합하다, 모으다"
119	patih "귀족, 주인님"	patih "귀족, 주인님"

	kosa kata (단어) arti (의미)	kata dasar (어근) arti (의미)
120	**kerajaan** 왕국	raja "왕, 임금, 통치자"
121	**gajah** 코끼리	gajah 코끼리
122	**jatuh cinta** 사랑에 빠지다	jatuh / cinta 떨어지다 / 사랑
123	**internasional** 국제	internasional 국제
124	**dipelajari** 연구되다	ajar "교수, 교육, 지도"
125	**tim** 팀	tim 팀
126	**saputangan** 손수건	sapu / tangan 빗자루 / 손
127	**sebenarnya** 사실은	benar "옳은, 정직한"
128	**hadiah** 선물	hadiah 선물
129	**gendong** "업다, 안다"	gendong "업다, 안다"
130	**musibah** 재난	musibah 재난
131	**terkena** "잃다, 당하다"	kena "~에 닿다, (재난 등을) 경험하다"
132	**pertolongan** 도움	tolong 돕다
133	**sulit** 어려운	sulit 어려운
134	**kopi** 커피	kopi 커피
135	**gula** 설탕	gula 설탕
136	**masuk** 들어가다	masuk 들어가다
137	**alasan** "이유, 변명"	alas "기초, 깔개"
138	**kesempatan** 기회	sempat 기회가 있다
139	**waktu** 시간	waktu 시간
140	**mengetahui** 알다	tahu "이해하다, 알다"
141	**rekan** "친구, 동료"	rekan "친구, 동료"
142	**bisnis** 비즈니스	bisnis 비즈니스
143	**penyanyi** 가수	nyanyi 노래하다
144	**membaca** 읽다	baca 읽다
145	**novel** 소설	novel 소설
146	**memberitahu** "알려주다, 공개하다"	beri / tahu 주다 / 이해하다
147	**susu** 우유	susu 우유
148	**kucing** 고양이	kucing 고양이
149	**hampir** 거의	hampir 거의
150	**memelihara** "키우다, 돌보다"	pelihara "지키다, 돌보다"
151	**menghilangkan** "없애다, 제거하다"	hilang "잃어버리다, 소멸된"
152	**kebiasaan** 습관	biasa "보통의, 일반적인"
153	**menyembah** 숭배하다	sembah "경배, 인사말"
154	**raja** 왕국	raja 왕국
155	**percaya** "신뢰하다, 믿다"	percaya 믿다
156	**mengubah** "바꾸다, 변경하다"	ubah "변화되다, 바뀌다"
157	**sukar** "어려운, 어렵다"	sukar "어려운, 어렵다"
158	**barang** "물건, 사물"	barang "물건, 사물"
159	**belakangan ini** 최근	belakang "뒷면, 등"
160	**ditabung** "저축된, 예치된"	tabung 저금하다
161	**menunda** "연기하다, 늦추다"	tunda 지연시키다

kosa kata (단어) arti (의미)	kata dasar (어근) arti (의미)
162 **tugas** "과제, 의무, 업무"	tugas "과제, 의무, 업무"
163 **asrama** 기숙사	asrama 기숙사
164 **melalui** "~를 지나, 지나가다"	lalu 지나가다
165 **nyaman** "편안한, 건강한"	nyaman "편안한, 건강한"
166 **membersihkan** 청소하다	bersih 깨끗한
167 **mengerjakan** "일하다, 작업하다"	kerja "일, 직업"
168 **PR** "Pekerjaan Rumah의 약자, 숙제"	kerja / rumah 일하다 / 집

	kosa kata (단어) arti (의미)	kata dasar (어근) arti (의미)
1	**awalan** 접두사	awal "시초의, 처음의"
2	**pada dasarnya** "본질적으로, 근본적으로"	pada / dasar "~에, ~를 / 배경, 기초, 원리"
3	**arti** "의미, 뜻"	arti "의미, 의의, 뜻"
4	**melakukan** "~를 행하다, ~을 하다"	laku "행동, 행위, 태도, 자세"
5	**kegiatan** 활동	giat "열심인, 적극적으로 하는"
6	**sipit** (눈이) 작은	sipit (눈이 크지 않고) 째진
7	**mengendarai** "타다, 운전하다"	kendara "탈 것에 앉다, 올라타다"
8	**menghasilkan** 산출하다	hasil "수확, 생산물, 결과"
9	**mengeluarkan** "꺼내다, 산출하다"	keluar "밖으로 나가다, 나타나다"
10	**sesuatu** 어느 것	suatu "하나, 어떤 한 ~ 것"
11	**keadaan** "상태, 상황"	ada "있다, 존재하다, ~에 있다"
12	**sukacita** "기쁨, 즐거움"	suka / cita "좋아하다 / 감각, 감정"
13	**khusus** 특별한	khusus "특별한, 특수한"
14	**gugur** "탈락되다, 떨어지다, 죽다"	gugur "탈락되다, 떨어지다, 죽다"
15	**kata dasar** 어근	kata / dasar "낱말, 단어 / 배경, 기초"
16	**mesin** "엔진, 기계"	mesin "엔진, 기계"
17	**diesel** 디젤	diesel 디젤
18	**pirang** (머리카락) 노랑	pirang "(머리카락) 노랑, 금발의"
19	**rambut** 머리카락	rambut 머리카락
20	**jerawat** 여드름	jerawat 여드름
21	**cincin** 반지	cincin "반지, 고리"
22	**sanggul** 비녀 머리	sanggul "상투 튼 머리, 비녀 머리"
23	**pita** 리본	pita 리본
24	**merah muda** 분홍색	merah / muda "빨간 / 밝은, 옅은, 연한"
25	**mulut besar** "입이 큰, 허풍을 떠는"	mulut / besar 입 / 큰
26	**kumis** 콧수염	kumis 콧수염
27	**hidung** 코	hidung 코 / 물체의 앞머리 끝부분
28	**mancung** (코가) 오똑한	mancung "(코가) 오똑한, 뾰족한"
29	**dasi** 넥타이	dasi 넥타이
30	**kacamata** 안경	kaca / mata "유리, 유리로 된, 거울 / 눈"
31	**kebaya** (전통의상) 블라우스	kebaya (전통의상) 블라우스
32	**gigi** 치아	gigi 치아
33	**otot** 근육	otot "근육, 근력"
34	**lomba** 시합	lomba "시합, 경기, 경쟁"
35	**siap** 준비하다	siap 준비된
36	**sedih** 슬픈	sedih "슬픈, 비극적인"
37	**gerak** "움직임, 움직이다"	gerak "움직임, 동작"
38	**sujud** 무릎을 꿇은	sujud 무슬림식 무릎 꿇는 기도
39	**sembunyi** 숨다	sembunyi "숨은, 숨겨진, 비밀의"
40	**kibar** 펄럭이다	kibar "펄럭이다, 나부끼다"

kosa kata (단어) arti (의미)	kata dasar (어근) arti (의미)
41 **dagang** 장사하다	dagang "장사, 통상, 무역, 거래"
42 **keledai** 당나귀	keledai 당나귀
43 **kapal** "배, 함대"	kapal "큰 배, 함대"
44 **selancar** 서핑하다	selancar 서핑하다
45 **sepeda motor** 오토바이	sepeda / motor "자전거 / 모터, 발동기"
46 **bercanda** 변덕을 부리다 / 농담하다	canda "농담, 익살"
47 **berkemah** "야영하다, 천막을 치다"	kemah "천막, 텐트, 차일"
48 **artis** "예술가, 연예인"	artis "예술가, 연예인"
49 **berdandan** "화장하다, 치장하다, (격식있게) 차려입다"	dandan "화장하다, 치장하다, (격식있게) 차려입다"
50 **berobat** "병원에 가다, 투약하다, 복용하다"	obat "약, 약품, 화학약품"
51 **berjanji** 약속하다	janji "약속, 동의, 협약, 동의하다"
52 **bersikap** 차렷 자세를 취하다 / ~한 태도를 지니다	sikap "자세, 몸가짐, 태도"
53 **sopan** "공손한, 점잖은"	sopan "공손한, 점잖은, 얌전한"
54 **gerobak** 수레	gerobak 수레
55 **kuda** 말(馬)	kuda 말(馬)
56 **perahu** "(작은) 배, 소형 보트"	perahu "소형(배), 보트"
57 **hobi** 취미	hobi 취미
58 **setiap kali** 매번	setiap / kali "매~, ~마다 / ~회, 번"
59 **helikopter** 헬리콥터	helikopter 헬리콥터
60 **sepatu roda** 롤러스케이트	sepatu / roda "신, 구두 / 바퀴"
61 **rakit** 뗏목	rakit 뗏목

kosa kata (단어) arti (의미)	kata dasar (어근) arti (의미)
1	**mempengaruhi** 영향을 끼치다	pengaruh "영향, 세력"
2	**huruf awal** 첫 글자	huruf / awal 문자 / 초기
3	**sebuah** 한 개	sebuah 한 개
4	**melompat** "(위, 아래로) 뛰다"	lompat "(위, 아래로) 뛰다"
5	**menilai** 평가하다	nilai "가격, 가치"
6	**menganga** 입을 크게 열다	nganga 입을 크게 열다
7	**meraba** "더듬다, 만져보다"	raba 만지다
8	**mewangi** "향기로운, 향기로운 상태가 되다"	wangi 향기로운
9	**meyakinkan** "확신하다, 사진을 찍다"	yakin "확신하는, 진실로"
10	**memfoto** "입증하다, 납득시키다"	foto 사진
11	**memaku** 못을 박다	paku 못
12	**menduga** "예측하다, 헤아리다"	duga "예측하다, 짐작하다"
13	**mencebur** "물에 풍덩하고 들어가다, 물을 튀기다"	cebur 첨벙 소리
14	**menutup** 덮다	tutup "뚜껑, 마개"
15	**menziarahi** "(묘지 등을) 참배하다, 성지순례하다"	ziarah "참배하다, 성지순례"
16	**mengekspor** 수출하다	ekspor 수출
17	**menghukum** 벌하다	hukum "법, 법률"
18	**mengikis** "마모시키다, 부식시키다, 조금씩 긁어내다"	kikis "사라진, 소진되다"
19	**menyisir** 빗질하다	sisir "빗, 써레"
20	**mengetik** 타자하다	tik "비, 손목시계의 초심이 틱틱거리는 소리, 타자기"
21	**mengecat** 칠하다	cat "페인트, 칠"
22	**mengepel** 닦다	pel 걸레
23	**perangko** 우표	perangko 우표
24	**dinding** "벽, 칸막이"	dinding "벽, 칸막이"
25	**menggunung** "산을 이루다, 산처럼 쌓여 있다"	gunung "산, 산악"
26	**menganaksungai** 계속해서 흐르다	anaksungai 지류
27	**membatu** 굳어지다	batu "돌, 보석 알"
28	**mengudara** "뜨다, 공중에서 날다"	udara "공기, 대기"
29	**melaut** 항해하다	laut "바다, 해양"
30	**menepi** 한쪽으로 비켜주다	tepi "가장자리, 물가"
31	**memerah** 빨개지다	merah 빨간
32	**memanjang** "뻗다, 길어지다"	panjang "길이가 긴, 길이"
33	**semakin** 점점 더	makin "점차, 특히나"
34	**minyak** "기름, 지방"	minyak "기름, 지방"
35	**menyatu** "통합되다, 통일시키다"	satu 하나

kosa kata (단어) arti (의미)	kata dasar (어근) arti (의미)
36 **mendua** "갈라지다, 2개가 되다"	dua 둘
37 **hati** "마음, 간"	hati "마음, 간"
38 **numeralia** 수사	numeralia 수사
39 **menjemput** 마중나가다	jemput 마중하다
40 **bandara** 공항	bandara 공항
41 **lebat** "빽빽한, 무성한, 세차게 내리는, 억수같이 퍼붓는"	lebat "빽빽한, 무성한, 세차게 내리는, 억수같이 퍼붓는"
42 **menerobos** 뚫다	terobos 밀치고 가다
43 **melewati** "통과하다, 지나가다"	lewat "~을 경유하여, 지나친"
44 **gedung** "건물, 빌딩"	gedung "건물, 빌딩"
45 **mengarak** ~을 행진시키다	arak "증류술, 곡주, 일렬로 걷다, 혼잡한"
46 **pengantin baru** "새신랑, 신부"	pengantin / baru "신랑, 신부 / 새로운"
47 **menyiram** "물뿌리다, 물을 주다"	siram ~을 씻어내다
48 **lupa** 잊다	lupa 잊다
49 **melayang** 날다	layang "비행, (하늘을) 나는"
50 **udara** 공중	udara 공중
51 **terus** "곧바로, 지속적으로"	terus "곧바로, 지속적인"
52 **mengejar** "쫓아다니다, 추격하다"	kejar 서로 쫓아다니다
53 **pengemis** 거지	tidak tahu 거지
54 **meminta** 요청하다	minta 요청하다
55 **mengusir** 몰아내다	usir 추방하다
56 **malang** "불행한, 불운의"	malang "불행한, 불운의"
57 **membantu** "돕다, 도와주다"	bantu 돕다
58 **mencari** "~을 찾다, ~을 구하다"	cari 찾다
59 **nakal** "버릇이 없는, 개구장이"	nakal "버릇이 없는, 개구장이"
60 **sering** "자주, 종종"	sering "자주, 종종"
61 **menghilang** "없어지다, 사라지다"	hilang "없어진, 사라진"
62 **malu** 부끄러운	malu 부끄러운
63 **menggigit** 물다	gigit 물다
64 **kuku** "손톱, 발톱"	kuku "손톱, 발톱"
65 **mengarang** "작문하다, 작곡하다, 엮다, 꾸미다"	karang "배열하다, 엮다, 만들다, 창조하다, 구성하다"
66 **melawan** 대항하다	lawan "상대, 상대방"
67 **semprot** "살포하다, 뿌리다"	semprot "살포하다, 뿌리다"
68 **obat nyamuk** 모기약	obat / nyamuk 약 / 모기
69 **koran** 신문	koran 신문
70 **sepupu** 사촌	sepupu 사촌
71 **rawat** 보살피다	rawat 보살피다
72 **kunci** 자물쇠	kunci 자물쇠
73 **berdiri** 일어서다	diri "자신, 스스로"
74 **air** 물	air 물
75 **nomor** 번호	nomor 번호

kosa kata (단어) arti (의미)	kata dasar (어근) arti (의미)
76 **catat** "필기하다, 기록하다"	catat "필기하다, 기록하다"
77 **kirim** 보내다	kirim 보내다
78 **cium** 입맞추다	cium "입맞추다, 냄새를 맡다"
79 **pagar** 울타리	pagar 울타리
80 **cat** "물감, 페인트"	cat "물감, 페인트"
81 **geser** "밀다, 움직이다, 비켜주다"	geser "밀다, 움직이다, 비켜주다"
82 **cubit** 꼬집다	cubit 꼬집다
83 **pipi** 볼	pipi 볼
84 **hingga** "~에 이르기까지, ~할 정도로"	hingga "~에 이르기까지, ~할 정도로"
85 **buru-buru** 서두르다	buru-buru 서두르다
86 **lauk pauk** 여러가지 반찬	lauk / pauk "반찬 / 반찬, 부식"
87 **hukum** "법, 법률"	hukum "법, 법률"
88 **surat lamaran kerja** 구직신청서	surat / lamaran / kerja "문서 / 청혼, 제안 / 일, 직업"
89 **gusur** 이전시키다	gusur 이전시키다
90 **pemandangan** "경치, 경관"	pandang "바라보다, 응시하다"
91 **lempar** 던지다	lempar 던지다
92 **sayur** "채소, 야채"	sayur "채소, 야채"
93 **pelaku** "실행자, 행위자"	laku "행동, (판매한 물건이) 팔린"
94 **kejahatan** 범죄	jahat "나쁜, 악한"
95 **duga** "추정하다, 예측하다"	duga "추정하다, 예측하다"
96 **hapus** 지우다	hapus 지우다
97 **tulisan** 글씨	tulis 쓰다
98 **lambai** 흔들다	lambai 흔들다
99 **seolah** 마치~처럼	olah "태도, 행동"
100 **memanggil** 부르다	panggil 부르다
101 **sadar** 의식이 있는	sadar 의식이 있는
102 **terkejut** 깜짝 놀라다	kejut 놀라 경직되다
103 **sepatu** 신발	sepatu 신발
104 **tunanetra** 눈이 먼	tunanetra 눈이 먼
105 **huruf braille** 점자	huruf / braille 문자 / 점자
106 **kikis** "마모시키다, 부식시키다, 조금씩 긁어내다"	kikis "마모시키다, 부식시키다, 조금씩 긁어내다"
107 **relief** "조각, 양각"	relief "조각, 양각"
108 **candi** 사원	candi 사원
109 **sedikit demi sedikit** "조금씩, 시나브로"	sedikit / demi 조금 / ~을 위하여

문법 단어집

Unit 7

	kosa kata (단어) arti (의미)	kata dasar (어근) arti (의미)
1	pelajaran 수업 / 과목	ajar "교육, 지도"
2	majemuk 혼합물	majemuk "합성의, 혼성의"
3	sebab 원인	sebab "원인, 동기, 이유"
4	akibat 결과	akibat "결과, 결말"
5	urutan "순서, 배열"	urut "정돈된, 순서대로 정렬된, 누르다, 맛사지하다"
6	tambahan "첨가, 추가된 것"	tambah "더, 더욱"
7	pertentangan "대립, 충돌"	tentang ~에 관하여 / 반대 측의
8	kata sambung "연결사, 접속사"	kata / sambung "단어 / 연결된, 이어지는"
9	kesiangan 늦잠 자다	siang 낮
10	berteriak 소리치다	teriak "소리치다, 비명"
11	membubuhkan 소량을 추가하다	bubuh "두다, 놓다, 추가하다, 걸다"
12	tanda koma 쉼표	tanda / koma "구둣점, 표시 / 쉼표"
13	menuliskan 쓰다	tulis "쓰다, 쓰여진"
14	mencuci piring 설거지하다	cuci / pring 씻다 / 접시
15	menari 춤추다	tari "춤, 무용"
16	diubah "바뀌다, 변경되다"	ubah "다른, 차이"
17	kata penghubung 연결사	kata / hubung "낱말, 단어 / 관련있는"
18	fakta 사실	fakta "현실, 사실"
19	berlawanan "반대되다, 상호 적이 되다"	lawan "적수, 반대편"
20	saling 서로	saling 서로
21	pemakaian "사용, 이용"	pakai "사용하다, 입다, 착용하다"
22	berbeda 다르다	beda "다름, 차이"
23	meskipun "비록, ~에도 불구하고"	meskipun "비록, ~에도 불구하고"
24	benci 증오하다	benci "싫어하다, 혐오하다"
25	menasehati 조언하다	nasehat "충고, 권고"
26	bandel "고집불통의, 짓궂은"	bandel 완고함
27	tetap 여전히	tetap "고정된, 변함없는"
28	mewah "화려한, 사치스러운"	mewah "화려한, 사치스러운"
29	pagi-pagi "아침, 일찍, 새벽"	pagi 아침
30	bersiap 준비하다	siap 준비된
31	piagam "(감사, 공로, 학위, 증서) 패"	piagam "패, 증서"
32	bangga "뿌듯한, 자랑스러워 하다"	bangga "뿌듯한, 자랑스러워 하다"
33	memilih "뽑다, 선택하다"	pilih "뽑다, 고르다"
34	kehabisan "남지 않은, 여분이 없는, (표, 자리, 등)을 얻지 못한"	habis "없어진, 소모된"
35	tiket "표, 티켓"	tiket "표, 티켓"
36	menonton "(영화, 드라마)를 시청하다"	tonton "관찰하다, 구경하다"
37	sebentar 잠시	bentar "잠시, 잠깐, 순간"
38	konser "콘서트, 연주, 합주"	konser 콘서트

kosa kata (단어) arti (의미)	kata dasar (어근) arti (의미)
39 **semalam suntuk** 밤새	malam / suntuk "밤 / 너무 늦은, ~내내"
40 **bertekad** 의지를 갖다	tekad 굳은 의지
41 **tertidur** (나도 모르게) 잠들다	tidur 자다
42 **terus terang** 솔직한	terus / terang "곧바로, 곧장 / 분명한"
43 **masa kecil** "어린, 유년시절"	masa / kecil "기간, 시기 / 작은, 어린"
44 **bahagia** "행복한, 기쁜"	bahagia "행운, 행복"
45 **mengurung** 가두다	kurung "적은, 부족한"
46 **menghabiskan** "없애버리다, 소비하다"	habis "끝난, 써버린"
47 **isi** "내용, 속, 요소"	isi "내용, 내용물"
48 **membuang** 버리다	buang "던지다, 버리다"
49 **tong sampah** 쓰레기통	tong / sampah "통, 드럼통 / 쓰레기"
50 **banci** 여장 남자	banci "성도착의, 양성체"
51 **penumpang** 승객	tumpang "승차하다, 동행하다"
52 **budiman** 친애하는~	budiman "현명한, 신중한"
53 **formulir** 양식	formulir "서식, 양식"
54 **awak kapal** 승무원	awak / kapal "몸, 승무원 / (큰) 배"
55 **mengunyah** 씹다	kunyah "씹다, 깨물다 / 음미하다"
56 **permen karet** 껌	permen / karet "사탕, 과자 / 고무"
57 **gagal** "실패한, 실패하다"	gagal "실패한, 실패하다"
58 **memeluk** 포옹하다	peluk "포옹, 껴안음"
59 **buku petunjuk** 안내서	buku / tunjuk "책 / 보이다, 보여주다"
60 **memasang** 설치하다	pasang "짝, 쌍 / 설치하다"
61 **sabun** 비누	sabun 비누
62 **membasuh** 씻다	basuh (물로) 씻다
63 **muka** 얼굴 / 앞쪽	muka "얼굴, 앞쪽, 표면"
64 **pembunuhan** 살해	bunuh "죽이다, 살해하다"
65 **berbohong** 거짓말하다	bohong "거짓말, 허위"
66 **riang** "즐거운, 밝은"	riang "즐거운, 유쾌한, 기쁜"
67 **amat** 매우	amat "매우, 지나치게 ~한"
68 **pesta** 축제	pesta "잔치, 축제"
69 **musim semi** 봄	musim / semi "계절, 때 / 새싹"
70 **kesal** 짜증난	kesal "진저리치다, 기분 나쁨"
71 **sesuap** 한 숟갈	suap "한 입, 한 숟가락"
72 **sempat** "시간 있는, 여유가 있는, ~한 적이 있는"	sempat "시간 있는, 여유가 있는, ~한 적이 있는"
73 **wortel** 당근	wortel 당근
74 **kelinci** 토끼	kelinci 토끼
75 **menggerogoti** 갉아먹다	gerogot 갉아먹다
76 **memandikan** 씻기다	mandi "씻다, 씻기다"
77 **bungsu** 막내	bungsu 막내
78 **sulung** 맏이	sulung 맏아이의
79 **melirik** "힐끔보다, 곁눈질하다"	lirik "훔쳐보다, 곁눈질하다"

kosa kata (단어) arti (의미)	kata dasar (어근) arti (의미)
80 memoles 발라주다	poles "광택, 윤택"
81 lipstik 립스틱	lipstik 립스틱
82 mencium 뽀뽀하다	cium "키스, 입맞춤"
83 kemeja 와이셔츠	kemeja "셔츠, 내의"
84 mengabsen 출석을 확인하다	absen "결석한, 부재의"
85 ketua jurusan 학과장	tua / jurusan "늙은, 오래된 / 학과"
86 mendatangi (~를 위해) 방문하다	datang "오다, 도착하다"
87 kelaparan 굶주린	lapar "공복, 배고픈"
88 menggigil 덜덜 떨다	gigil "떨다, 몸서리치다"
89 kedinginan 추위를 탐 (명사형)	dingin "추운, 찬"
90 lurus "똑바른, 직선"	lurus "바른, 똑바른, 올바른"
91 jelek "못생긴, 보기 흉한"	jelek "못생긴, 보기 흉한"
92 menjemur 햇볕에 말리다	jemur 일광욕
93 mendengar 듣다	dengar 듣다
94 wajib militer 입대하다	wajib / militer "의무적인, 의무 / 군인의"
95 rendah hati 겸손하다	rendah / hati "낮은, 겸손한 / 마음"
96 masih 여전히	masih "아직, 여전히"
97 jantan 수컷 / 남성스러운	jantan 수컷 / 남성스러운
98 betina 암컷 / 여성 비하적 표현	betina 암컷 / 여성 비하적 표현
99 mencapai 도달하다	capai "이루다, 달성하다"
100 kelakuan 행동	laku "행동, 행위"
101 kanak-kanak 어린아이들 (영유아)	kanak "어린아이, 꼬마"
102 menjawab 대답하다	jawab "대답, 응답"
103 pandangan "의견, 시선"	pandang 바라봄
104 menatap 응시하다	tatap "마주보다, 응시하다"
105 menggaruk "긁다, 파다"	garuk "긁다, 긁적거리다"
106 menyetrika 다림질하다	setrika 다리미
107 radio 라디오	radio 라디오
108 drama 드라마	drama 드라마
109 kesayangan "가장 좋아함, 사랑, 애정"	sayang 가엾게도 / 사랑하다
110 membujuk "부추기다, 달래다, 꼬시다"	bujuk "감언이설, 꾀는 말"
111 rewel "보채다, 요구만 하는"	rewel "성가신, 귀찮게 하는"
112 merengek 칭얼대면서 ~를 요구하다	rengek "재촉하다, 칭얼대면서 ~를 요구하다, 애걸하다"
113 sakit kepala 두통	sakit / kepala 아픈 / 머리
114 membaik 좋아지다	baik "좋은, 착한"
115 mempersiapkan 준비하다	siap 준비된
116 mati-matian "죽도록 (~하다), 죽은 체하다"	mati 죽다
117 puas 만족하다	puas "흡족한, 만족한"
118 meninggalkan "~를 두고가다, 남겨두다"	tinggal "살다, 머물다, 남겨둔"
119 secepat mungkin 가능한 빨리	cepat / mungkin 빠른 / 가능한

kosa kata (단어) arti (의미)	kata dasar (어근) arti (의미)
120 **menangis** 울다	tangis "눈물을 흘리는, 우는"
121 **menghajar** 후들겨 패다	hajar "돌 / 때리다, 징벌하다"
122 **licin** "미끄러운, 교활한"	licin "미끄러운, 교활한"

#	kosa kata (단어) arti (의미)	kata dasar (어근) arti (의미)
1	perintah 명령	perintah 명령
2	kata bantu "부사, 조동사"	kata / bantu 단어 / 돕다
3	larangan 금지	larang 금지
4	ajakan "청함, 요청, 끌어들임"	ajak 청하다
5	tanda titik 마침표	tanda / titik "표시 / 마침표, 점"
6	kata jadian 파생어	kata / jadian 단어 / 모조품
7	berimbuhan 접사를 가지다	imbuh "부과, 첨부, 부과"
8	terlebih dulu 우선	lebih "과하다, ~보다 더"
9	bentuk dasar "어근, 어근형태, 간단한 간소한, 평범한"	bentuk / dasar "굽음, 형태 / 물건의 아랫부분"
10	sederhana 단순한	sederhana 단순한
11	kalimat langsung 직접문	kalimat / langsung "문장 / 지속되다, 곧장"
12	kebaikan "유익, 이득"	baik "정리가 잘된, 회복하다"
13	keuntungan "이유, 유익"	untung "숙명, 이득"
14	bagi "~위해, 나누다"	bagi "~위해, 나누다"
15	kadang-kadang 가끔	kadang-kadang 가끔
16	slogan 슬로건	slogan 슬로건
17	digugurkan "탈락된, 떨어진"	gugur "지다, 취소되다"
8	berbakti "충성하다, 순종하다"	bakti "충성, 헌신"
19	membangun 세우다	bangun "일어서다, 깨다"
20	menghemat 절약하다	hemat "절약하는, 아끼는"
21	energi 에너지	energi 에너지
22	meningkatkan 향상시키다	tingkat "층, 급"
23	pendidikan 교육	didik "훈육, 교육"
24	anak negeri 이 나라의 젊은이들	anak / negeri "아이 / 나라, 국토"
25	sepatu "신발, 구두"	sepatu "신발, 구두"
26	bedak "분, 파우더"	bedak "분, 파우더"
27	kotor 더러운	kotor 더러운
28	kuda poni 조랑말	kuda / poni 말 / 조랑말
29	menggambar 그림을 그리다	gambar 그림
30	menggosok gigi 이를 닦다	gosok / gigi "비비다, 문지르다 / 이빨"
31	bersih-bersih 깨끗하다	bersih-bersih 깨끗하다
32	swasta 개인	swasta 개인
33	lantai "층, 바닥"	lantai "층, 바닥"
34	siram 물을 뿌리다	siram 물을 뿌리다
35	telur 계란	telur 계란
36	butir (수량사) 구	butir (수량사) 구
37	perkawinan 결혼식	kawin "결혼하다, 혼사"
38	bereskan 정리하다	beres "잘 정리된, 깔끔한"
39	rumit 어려운	rumit 어려운

kosa kata (단어) arti (의미)	kata dasar (어근) arti (의미)
40 **putihkan** 하얗게 하다	putih 흰색의
41 **rebut** 쟁탈하다	rebut 쟁탈하다
42 **juara utama** 최우승자	juara / utama "우승자, 가장 중요한"
43 **pertandingan** 시합	tanding "맞상대, 일대 일"
44 **nyamuk** 모기	nyamuk 모기
45 **secukupnya** 충분히	cukup "충족한, 완벽한"
46 **optimis** 긍정적인	optimis 긍정적인
47 **kekasih** 애인	kasih "정, 사랑, 주다"
48 **memukul** "치다, 때리다"	pukul "때림, 때리다"
49 **lonceng** "종, 커다란 벽시계"	lonceng "종, 커다란 벽시계"
50 **es krim** 아이스크림	es krim 아이스크림
51 **menempel** 붙이다	tempel 붙이다
52 **sembuh** 회복하다	sembuh 회복하다
53 **mengangkat** 들어올리다	angkat ~을 들어올리다
54 **idaman** "소망, 갈망, 열망"	idam 간청
55 **giat** 열심인	giat 열심인
56 **jenaka** "재미있는, 익살맞은"	jenaka "재미있는, 익살맞은"
57 **tertawa** 웃다	tawa 소리내어 내는 웃음
58 **terhidang** 차려진	hidang "제공하다, 차려주다"
59 **segera** "즉시, 당장"	segera "즉시, 당장"
60 **ruangan** "공간, 방"	ruang "공간, 넓은 방"
61 **dokumen** 서류	dokumen 서류
62 **teliti** "정확한, 세밀한, 자세한"	teliti "정확한, 세밀한, 자세한"
63 **pahit** 쓴	pahit 쓴
64 **menabung** 저축하다	tabung "대나무통, 저금통"
65 **berbaikan** "화해하다, 다시 화목해지다"	baik 좋은
66 **merapikan** 정리하다	rapi "깔끔한, 잘 정리된"
67 **menghafal** 외우다	hafal "암기한, 외우는"
68 **semut** 개미	semut 개미
69 **bersalaman** 상호 인사하다	salam "인사, 안부"
70 **memperbaiki** 고치다	baik "정리가 잘된, 회복하다"
71 **jembatan** 다리	jembatan 다리
72 **pemilihan** 선거	pilih "고르다, 선택하다"
73 **lagu** 곡	lagu 곡
74 **nasional** 국립의	nasional 국립의
75 **menjaga** 보존하다	jaga "잠이 깨다, 지키다, 경계하다"
76 **kesehatan** 건강	sehat "건강한, 건전한"
77 **rumput** 잔디	rumput 잔디
78 **aneh** 이상한	aneh 이상한
79 **atap** 지붕	atap 지붕
80 **berpangku tangan** "일을 하지 않는, 게으름 피우는"	pangku / tangan "무릎, 무릎에 위치하다 / 손"

kosa kata (단어) arti (의미)	kata dasar (어근) arti (의미)
81 **melamun** "멍한, 정신이 나간 듯한"	lamun 생각에 잠기다
82 **menyetel** ~을 틀다	setel "설치하다, 틀다, 켜다"
83 **acuh tak acuh** 관심을 두지 않는	acuh / tak 관심을 갖다 / 아니다
84 **hewan** 짐승	hewan 짐승
85 **lingkungan** 환경	lingkung "주변, 영역"
86 **gerombolan** (부정적인) 무리	gerombol "(부정적인) 무리, 단체, 집단"
87 **curang** 부정행위	curang 부정행위

	kosa kata (단어) arti (의미)	kata dasar (어근) arti (의미)
1	**harus** "절대, ~해야 한다"	harus ~ 해야만 한다
2	**tindakan** "조치, 단계"	tindak "걸음, 단계, 행위, 조치"
3	**terhadap** ~에 관하여	hadap "앞, 전방, 측면, ~와 대면하는"
4	**mendengarkan** "경청하다, 청취하다"	dengar 듣다
5	**menyanyikan** 노래를 부르다	nyanyi 노래
6	**mendudukkan** "앉게 하다, 앉히다"	duduk "앉다, 자리잡다, 상황, 위치"
7	**menidurkan** 재우다	tidur "자다, 눕다"
8	**membacakan** ~에게 읽어주다	baca "읽다, 낭독하다"
9	**membuatkan** 만들어주다	buat "~하다, 만들다, ~를 위하여"
10	**memasukkan** "등록하다, 들여보내다, 가두다, 들여놓다"	masuk "들어가다, 포함되다"
11	**mengalengkan** "양철에 담다, 통조림화 하다"	kaleng 양철 깡통
12	**ikan** "물고기, 생선"	ikan "물고기, 생선"
13	**memenjarakan** "교도소에 넣다, 수감하다"	penjara "감옥, 교도소"
14	**mengarahkan** "겨누다, ~로 향하게 하다"	arah "방향, 목적, 의도"
15	**mendaratkan** "~을 상륙시키다, 육지에 놓다"	darat "육지, 땅"
16	**menepikan** 가장자리로 가져가다	tepi "육지, 가장자리"
17	**memberikan** "주다, 전해 주다"	beri "주다, ~ 할 것을 허용하다, 제기하다"
18	**kepada** ~에게	pada "~에, ~에게"
19	**menghadiahkan** "선물을 주다, ~로 보답 하다, 상으로 ~을 주다"	hadiah "상, 상품, 선물"
20	**menitikkan** "떨어뜨리다, 똑똑 떨어지게 하다"	titik "(액체) 방울, 점"
21	**air mata** 눈물	air / mata 물 / 눈
22	**meneteskan** ~을 떨어뜨리다	tetes "방울, 물방울"
23	**tangan** "손, 팔"	tangan "손, 팔"
24	**darah** "피, 혈육"	darah "피, 혈육"
25	**merasa** 느끼다	rasa "감정, 감각, 맛"
26	**menakutkan** ~을 무서워하다	takut "무서워하는, 두려워하는"
27	**mengosongkan** "비우다, 떠나다"	kosong "빈, 비어있는, 공석의"
28	**berulang-ulang** "계속, 반복해서 일어나다"	ulang 반복하는
29	**jumlah** "합계, 총액"	jumlah "합계, 총액, 숫자"
30	**banyak** 많은	banyak 많은
31	**selalu** "늘, 자주"	lalu "지나가다, 지나간"
32	**menulisi** ~에 쓰다	tulis "~에 쓴, 쓰여진"
33	**dengan sengaja** "의도적으로, 고의적으로"	dengan / sengaja "~와, ~와 같이 / 일부러, 고의로"
34	**tujuan tertentu** 특정한 목표	tuju / tentu "방향, 목적 / 확정된, 일정한"

kosa kata (단어) arti (의미)	kata dasar (어근) arti (의미)
35 **membisiki** "조용히 알려주다, 은밀히 지시하다"	bisik "속삭이다, 음모를 꾸미다"
36 **bertindak** "조치를 취하다, 행동하다"	tindak 걸음 / 행위
37 **mengurui** "~에게 강의하다, 가르치다"	guru "교사, 교원, 선생님"
38 **menemani** "동반하다, 동행하다"	teman "친구, 동료, 벗"
39 **menguliti** "가죽을 벗기다, 껍질을 벗기다"	kulit "피부, 가죽, 껍질"
40 **menyisiki** 비늘을 벗기다	sisik 비늘
41 **memagari** "~주위에 울타리를 치다, 보호하다"	pagar "담, 울타리, 장애물"
42 **meracuni** "독살하다, 건강을 해치다"	racun "독, 독약"
43 **memarahi** "야단치다, 책망하다"	marah "화난, 분노, 화나다"
44 **menyayangi** "동정하다, 사랑하다"	sayang 가엾게도 / 사랑하다
45 **membasahi** "축이다, 적시다"	basah "젖은, 축축한"
46 **mengotori** "더럽히다, 불결하게 하다"	kotor "더러운, 불결한"
47 **perubahan** "변화, 개정, 변화량"	ubah "다른, 차이"
48 **menyukakan** "좋아하게 하다, 기쁘게 하다, 사랑하게 하다"	suka "쾌락, 기쁨, 좋아하다"
49 **memasuki** "들어가다, 간섭하다"	masuk "들어가다, 포함하다"
50 **menyukai** "좋아하다, 사랑하다"	suka "쾌락, 기쁨, 좋아하다"
51 **menanyakan** "~에 대하여 물어보다, 질문하다, 청혼하다"	tanya 질문하다
52 **membiarkan** "허가하다, 내버려두다"	biar "괜찮다, 허락하다"
53 **meluruskan** "정리하다, 올바르게 하다"	lurus "바른, 곧바른"
54 **memikirkan** "숙고하다, 생각하다, 고려하다"	pikir "생각, 사상"
55 **menjalankan** "작동시키다, 운전하다, 수행하다, 복역하다"	jalan "길, 보도"
56 **memundurkan** "후진하다, 돌리다"	mundur "후퇴하다, 감소하다, 쇠퇴하다"
57 **membetulkan** "고치다, 바로잡다"	betul "정확한, 올바른"
58 **memasarkan** "판매하다, 시장에 내놓다"	pasar "시장, 거래, 상거래"
59 **membelikan** (~에게) 사주다	beli "구매, 구입 "
60 **menawarkan** "제안하다, 무미하게 만들다"	tawar "무미건조한, 흥정하다"
61 **isi hati** "느낌, 속마음"	isi / hati "내용, 본론 / 마음, 감정, 심장"
62 **menyampaikan** "전하다, 배달하다, 보내다"	sampai "~ (에) 까지, 닿다, 도착하다"
63 **menyembunyikan** "숨기다, 감추다"	sembunyi "숨은, 숨겨진, 비밀의"
64 **mencurahkan** "~를 퍼붓다, (시간, 노력 등을) 들이다"	curah 퍼붓다
65 **selembar** 한 장	lembar (수량사) 장
66 **mengetikkan** "~를 타자치다, 두드리다"	ketik "똑딱거리는 소리, 타자치다"
67 **mengirimkan** "보내다, 부치다"	kirim "보내다, 전하다"
68 **mengantarkan** "데려가다, 전달하다"	antar "데려가다, 전달하다"
69 **menangisi** "울다, ~때문에 슬퍼하다"	tangis 눈물을 흘리는
70 **membohongi** ~에게 거짓말하다	bohong "거짓말, 거짓말하는"

kosa kata (단어) arti (의미)	kata dasar (어근) arti (의미)
71 **mengiringi** "(호위를 목적으로)~을 따르다, 동반하다"	iring "연속적인, 계속되는"
72 **menakuti** "겁을 주다, 무섭게 하다"	takut "무서워하는, 두려워하는"
73 **menertawai** "~를 비웃다, ~에 대해 웃다"	tertawa "(소리내서) 웃다, 웃음"
74 **kertas berwarna** 색종이	ketas / warna 종이 / 색
75 **memotongi** (반복해서) 자르다	potong "조각, 자르다"
76 **melipat** 접다	lipat "접다, 주름, ~배 (곱셈)"
77 **merobek** 찢다	robek 찢다
78 **menempeli** "(반복해서) 붙이다, ~에 붙이다"	tempel "달라 붙다, 접하다"
79 **menggunting** 가위질하다	gunting 가위
80 **membumbui** ~에 양념을 치다	bumbu "양념, 조미료"
81 **menggarami** "~에 소금을 치다, (소금에) 절이다"	garam 소금
82 **mencicipi** ~를 시식하다	cicip "맛보다, 시식하다"
83 **mewakili** ~를 대표하다	wakil "대리인, 차석의"
84 **mengepalai** ~를 이끌다	kepala "머리 / 우두머리, 지도자"
85 **menanyai** "~에게 묻다, 취조하다"	tanya 질문하다
86 **mencintai** ~를 사랑하다	cinta "사랑, 애정"
87 **memanasi** "화나게 하다, 덥게 하다, 뜨겁게 하다, 데우다"	panas "더운, 뜨거운, 열이 있는"
88 **mengajari** ~에게 가르치다	ajar "교수, 교육, 지도, 훈육"
89 **mencemburui** ~에게 질투하다	cemburu "질투하는, 시샘하는"
90 **menerangi** "비추어주다, 가르쳐주다"	terang "분명한, 명확한, 밝은"
91 **poster** "포스터, 벽보"	poster "포스터, 벽보"
92 **susah** 어려운	susah "곤란, 어려운"
93 **jasa** "봉사, 공로, 서비스"	jasa "봉사, 공로, 서비스"
94 **kursi** "의자, 걸상"	kursi "의자, 걸상, 지위, 위치"
95 **mahal** 비싼	mahal "값이 비싼, 값이 높은"
96 **nasi** 밥	nasi "밥, 생계"
97 **gelas** "유리, 유리잔"	gelas "잔, 유리잔"
98 **selendang** 스카프	selendang "어깨띠, 어깨걸이, 스카프"
99 **pintu** 문	pintu "문, 창구, 통로"
100 **penyakit** 질병	sakit "병에 걸린, 아픈"
101 **berkelahi** "말다툼하다, 몸싸움하다"	kelahi "말다툼, 몸싸움"
102 **pisah** "갈라지다, 헤어지다"	pisah "갈라지다, 헤어지다"
103 **gerakan** "동작, 행동"	gerak "움직임, 동작"
104 **lem** "풀, 접착제"	lem "풀, 접착제"
105 **pesan** "명령, 주문"	pesan "명령, 지시, 주문"
106 **pengalaman** 경험	alam "세계, 국토, 자연"
107 **alkohol** 알코올	alkohol "알코올, 주정"
108 **usap** "문지르다, 쓰다듬다, 펴 바르다"	usap "문지르다, 쓰다듬다, 펴 바르다"

kosa kata (단어) arti (의미)	kata dasar (어근) arti (의미)
109	**sejauh mungkin** 가능한 멀리	jauh / mungkin "먼, 원거리의 / 아마, 가능한 한"
110	**katak** 개구리	katak "개구리, 두꺼비"
111	**keranjang** 바구니	keranjang "바구니, 광주리"
112	**bolpen** 볼펜	bolpen 볼펜
113	**pidato** 연설	pidato "연설, 강론"
114	**canting** (바띡 작업용) 염료 주입기	canting (바띡 작업용) 염료 주입기
115	**mengunjungi** ~를 방문하다	kunjung "방문하다, 찾아가다"
116	**menjuluki** ~에게 별명을 붙이다	juluk ~라고 부르다
117	**mengamati** 관찰하다	amat "매우, 지나치게"
118	**menemui** ~를 만나다	temu "만나다, 마주치다, 발견하다"
119	**menyertai** "참석하다, 동반하다"	serta "그리고, 따르다, 따라가다"
120	**menggantikan** "~를 대신하다, 교체하다"	ganti "대신의, 대용품, 교대"
121	**memandangi** "~을 향해 보다, 주시하다"	pandang "(바라)보는 것, 바라보다"
122	**mengagumkan** "~을 탄복시키다, ~를 놀라게 하다"	kagum "놀라는, 경이로운"
123	**membuyarkan** "흩뿌리다, 흩어지게 하다"	buyar "(구름 따위가) 흩어지다, (잉크 등이) 퍼지다"
124	**pangeran** 왕자	pangeran 왕자
125	**berjualan** "행상을 하다, 장사를 하다"	jual "팔다, 판매하다"
126	**pekerjaan** "일, 업무, 직업"	kerja 일하다
127	**tak heran** "이상하지 않다, 놀랍지 않다"	tak / heran "~가 아니다 / 놀란, 이상한"
128	**kampung** "시골, 마을"	kampung "마을, 촌락, 시골"
129	**permata** "보석, 귀금속"	permata "보석, 귀금속"
130	**semula** 처음에	mula "처음, 시초"
131	**bawahan** "부하, 아랫사람"	bawah "아래, 밑, 바닥"
132	**kesalehan** 경건함	saleh "경건한, 신앙심이 깊은"
133	**menyamar** "변장하다, 신분을 감추다"	samar "위장된, 숨긴, 흐린"
134	**pemuda** "젊은이, 청년"	muda "젊은, 대리의, 덜 익은"
135	**perjalanan** "여행, 노정"	jalan "길, 보도, 도로"
136	**warung** "노점, 가게"	warung "노점, 가게 "
137	**milik** "소유, 권리"	milik "소유, 소유물, 재산"
138	**tempat tinggal** 거주지	tempat / tinggal "장소, 위치 / 살다, 머물다"
139	**pertama kali** "우선적인, 먼저"	pertama / kali "으뜸의, 첫번째의 / ~회, ~배(곱)"
140	**lepas** "풀린, 벗어난"	lepas "속박되지 않은, 벗어난, 자유로운"
141	**senyum** 미소	senyum 미소
142	**merdu** "(목소리가) 듣기 좋은, 부드러운"	merdu "(목소리가) 듣기 좋은, 낭랑한"
143	**berdegup** (심장의) 고동	degup 심장 고동소리
144	**kencang** "팽팽한, 속도가 빠른"	kencang "팽팽한, 속도가 빠른"
145	**terpana** "마취된/ 이상하다, 놀라다"	terpana 마취된
146	**lamunan** "공상, 환상"	lamun 멍한

147	melarutkan "녹이다, 용해시키다"	larut "(밤이) 깊어가는, 병이 심해지는, 녹다"
148	biskuit 비스킷	biskuit 비스킷
149	bencana "재앙, 재해"	bencana "재앙, 재해, 큰 사고"
150	menggemparkan "아수라장을 만들다, 물의를 일으키다"	gempar "혼비백산하다, 몹시 동요하다"
151	melarikan diri "달아나다, 자신을 구하다"	lari / diri "뛰다, 도망치다 / 자기, 자신"
152	keindahan 아름다움	indah "(자연, 환경, 등)이 아름다운, 멋진"
153	mengabadikan ~을 지속시키다	abadi "영원한, 영구의, 무한한"
154	mendendangkan "노래를 부르다, 읊조리다"	dendang "콧노래, 흥얼거림"
155	nina bobo 자장가	nina bobo "자장가, 정신을 연약하게 하는 물질"
156	menggigiti 물어 뜯다	gigit 물어 뜯다
157	tegang "팽팽한, 굳은, 긴장된"	tegang "팽팽한, 굳은, 긴장된"
158	terlalu 지나치게 ~한	lalu "지나가다, 지나간"
159	tenang "조용한, 고요한"	tenang "조용한, 고요한, 평안한"
160	mengambili "~을 계속해서 먹다, 계속해서 집다"	ambil "취하다, 얻다"
161	menjahili "~을 괴롭히다, ~에게 장난치다, ~을 귀찮게 하다"	jahil "무지한, 멍청한, 괴롭히다, 귀찮게 하다"
162	bervariasi "변화하다, 변이형을 갖다"	variasi "변화, 변동, 변이"
163	membanjiri "~을 물에 잠기게 하다, 쇄도하다"	banjir "홍수, 범람하다, 넘치다"
164	pasar malam 야시장	pasar / malam 시장 / 밤
165	merambati "퍼지게 하다, ~로 번지다"	rambat "퍼지다, 만연하다"
166	atlet 운동선수	atlet 운동선수
167	melompati "뛰어넘다, 덮치다"	lompat "뛰다, 도약하다"
168	penghalang "방해물, 장애물"	halang "방해하다, 막다"
169	lincah "활동적인, 원기 왕성한"	lincah "활동적인, 원기 왕성한"

kosa kata (단어) arti (의미)	kata dasar (어근) arti (의미)
1 **ditampilkan** 드러나다	tampil "나가다, 드러내다"
2 **penulis** 작가	tulis 쓰다
3 **remaja** 젊은	remaja 젊은
4 **alat** "도구, 수단"	alat "도구, 수단"
5 **pembuat** 생산자	buat "해내다, 행하다, 만들다"
6 **pengangkut** 운송자	angkut 운송하다
7 **gemar** 좋아하다	gemar 좋아하다
8 **perokok** 흡연자	rokok 담배
9 **pecandu** 애호가	candu "아편, 니코틴"
10 **penyebab** 이유	sebab "원인, ~때문에"
11 **penerang** 등불	terang "확실한, 환한"
12 **pemanas** "난로, 히터"	panas "더운, 열이 있는"
13 **pemalas** 게으름뱅이	malas "게으른, 내키지 않는"
14 **pelupa** 건망증이 심한	lupa "기억을 못하다, 잊다"
15 **pertanian** 농업	tani 농사
16 **truk** 트럭	truk 트럭
17 **persiapan** 사전 준비	siap "준비되다, 이미 끝난"
18 **permainan** "경시, 시합"	main "놀다, 연주하다, 장난치다"
19 **petak umpet** 숨바꼭질	petak / umpet "사각 구획, 칸막이 / 숨다"
20 **penggorengan** 후라이팬	goreng "볶다, 튀기다"
21 **indera** 감각	indera 감각
22 **penglihatan** "시각, 시력"	lihat 보다
23 **memburuk** 더 나쁘게 되다	buruk "낡은, 썩은, 부패한"
24 **pendirian** "건립, 창설"	diri "자신, 스스로"
25 **perdagangan** 상업	dagang "통상, 무역, 거래"
26 **bidang** "분야, 부서"	bidang "분야, 부서"
27 **tertarik** 관심을 갖게 되다	tarik "끌다, 잡아당기다"
28 **peristirahatan** "휴게실, 휴게소"	istirahat 휴식을 취하다
29 **pembuangan** "추방, 제거"	buang "던지다, 내보내다"
30 **menimbulkan** "야기시키다, 초래하다"	timbul "부상하다, 나타나다"
31 **bau** "냄새, 악취"	bau "냄새, 악취"
32 **penyulingan** "정제, 정련"	sulingan 증류된 것
33 **pengaspalan** 아스팔트 포장	aspal 아스팔트
34 **terlambat** 늦은	lambat "느린, 천천히"
35 **pertokoan** "가게들이 밀접한 곳, 상가"	toko "상점, 가게"
36 **perumahan** 주택가	rumah "집, 가옥, 주택"
37 **perhentian** "멈추는 곳, 정류소"	henti "정지, 멈춤"
38 **tempat** "장소, 용기, 공간"	tempat "장소, 용기, 공간"
39 **setiap** "매, 각각의"	setiap "매, 각각의"
40 **sistem** 시스템	sistem 시스템

kosa kata (단어) arti (의미)	kata dasar (어근) arti (의미)
41 **pemanasan** "가열, 난방"	panas "더운, 열이 있는"
42 **otomatis** 자동의	otomatis 자동의
43 **pelabuhan** "정박장, 항구"	labuh "늘어진, 매달린"
44 **pengajaran** 가르침	ajar "교수, 교육, 지도"
45 **perobatan** 의학	obat 약
46 **pemakan** ~을 잡아먹는 사람이나 동물	makan "먹다, 섭취하다"
47 **mahir** 숙련된	mahir 숙련된
48 **tembak** "쏘다, 발사하다"	tembak "쏘다, 발사하다"
49 **misterius** 신비한	misterius 신비한
50 **istimewa** 특별한	istimewa 특별한
51 **mabuk** 술에 취한	mabuk 술에 취한
52 **bangkrut** 파산하다	bangkrut 파산하다
53 **jurang** 계곡	jurang 계곡
54 **galak** "사나운, 매서운, 잔인한"	galak "사나운, 매서운, 잔인한"
55 **subuh** 새벽	subuh 새벽
56 **sibuk** "바쁜, 분주한, 할 일이 많은"	sibuk "바쁜, 분주한, 할 일이 많은"
57 **babi hutan** 산돼지	babi / hutan "돼지 / 숲, 야생"
58 **ladang** "경작지, 밭"	ladang "경작지, 밭"
59 **jerat** "덫, 고리, 올가미"	jerat "덫, 고리, 올가미"
60 **terampil** 능력있는	terampil 능력있는
61 **alih bahasa** "번역하다, 통역하다"	alih / bahasa "이전하다, 교체하다 / 말, 언어"
62 **memastikan** "확정하다, 단언하다"	pasti "명확한, 확실한"
63 **kerajinan** 근면	rajin "부지런한, 자주, 줄곧"
64 **tembikar** 도기	tembikar 도기
65 **megah** "웅장한, 고귀한"	megah "웅장한, 우아한, 고귀한"
66 **wawancara** 인터뷰	wawancara 인터뷰
67 **sinetron** "영화, 연속극, 드라마"	sinetron "영화, 연속극, 드라마"
68 **demostrasi** "시위운동, 데모"	demostrasi "시위운동, 데모"
69 **pena** 펜	pena 펜
70 **wisatawan** "여행자, 관광객"	wisata "여행, 관광"
71 **toilet** 화장실	toilet 화장실
72 **harum** "향기, 향기로운"	harum "향기, 향기로운"
73 **ziarah** "챔배, 성묘"	ziarah "챔배, 성묘"
74 **pasukan** "군대, 부대"	pasuk "무리를 지어, 떼를 이루어"
75 **lamar** 청혼하다	lamar 청혼하다
76 **amplop** 편지봉투	amplop "편지봉투, 뇌물"
77 **mencantumkan** "봉합하다, 박다"	cantum "접목, 접붙이기"
78 **kampanye** 캠페인	kampanye 캠페인
79 **suara** "목소리, 투표"	suara "목소리, 투표"
80 **sebanyak mungkin** 가능한 만큼	banyak / mungkin ~와 같은 만큼의 / 아마
81 **dukung** "등에 업다, 지지하다, 지원하다"	dukung "등에 업다, 지지하다, 지원하다"
82 **hasil** "수확, 소득"	hasil "수확, 소득"

kosa kata (단어) arti (의미)	kata dasar (어근) arti (의미)
83	**ulung** "솜씨 있는, 능력 있는"	ulung "솜씨 있는, 능력 있는"
84	**agama** 종교	agama 종교
85	**sesat** "길을 잃다, 타락한"	sesat "길을 잃다, 타락한"
86	**mendekam** "은거하다, 갇혀 있다"	dekam "은둔하다, 갇혀 있다"
87	**masyhur** 유명한	masyhur 유명한
88	**doa** 기도	doa 기도
89	**terkena** "병에 걸리다, 사고를 당하다"	kena "~에 닿다, (어려운 일을) 경험하다"
90	**kanker** 암	kanker 암
91	**paru-paru** 폐	paru 폐
92	**reda** "(상황, 병 등이) 완화되다"	reda "(상황, 병 등이) 완화되다"
93	**murung** 슬픈	murung 슬픈
94	**adaptasi** "적응, 순응"	adaptasi "적응, 순응"
95	**dagangan** "상품, 거래물품"	dagang "통상, 무역, 거래"
96	**roboh** 무너지다	roboh 무너지다
97	**simpan** "보존하다, 저축하다"	simpan "보존하다, 저축하다"
98	**kocok** 흔들다	kocok 흔들다
99	**tunggu** 기다리다	tunggu 기다리다
100	**pengumuman** 공고	umum "일반적인, 대중"
101	**perhitungan** 계산	hitung 셈을 하다
102	**meleset** "미끄러지다, 미끄러 넘어지다"	meleset "미끄러지다, 미끄러 넘어지다"
103	**tambang** "광산, 나룻배, 승객, 밧줄"	tambang "광산, 나룻배, 승객, 밧줄"
104	**minyak bumi** 석유	minyak / bumi "기름 / 지구, 땅"
105	**terkontrol** 통제할 수 있는	kontrol "감독, 통제, 단속"
106	**pelaksanaan** "실행, 수행"	laksana "징표, 성격, 행위, 특질"
107	**eksperimen** "실험적인, 실험"	eksperimen "실험적인, 실험"
108	**bahaya** 위험	bahaya 위험
109	**menyimpulkan** 묶어 매듭을 짓다	simpul "매듭, 마디"
110	**membuktikan** ~을 증명하다	bukti "증명, 증거"
111	**tajam** 예리한	tajam 예리한
112	**kentang** 감자	kentang 감자
113	**rapi** 깔끔한	rapi 깔끔한
114	**sesama jenis** 같은 종류	sama / jenis "동일한, 같은 / 종류"
115	**barisan** 줄	baris "줄, 줄서다"
116	**komandan** 지휘자	komandan 지휘자
117	**militer** "군대, 부대"	militer "군대, 부대"
118	**pembacaan** 낭독	baca 읽다
119	**menghibur** "위안하다, 위로하다"	hibur 위안을 주는
120	**pencobaan** 시도 과정	coba "부디, 시도하다"
121	**menggeledah** "수색하다, 검색하다"	geledah "수색, 검색"
122	**pelacuran** 매춘	lacur "부도덕한, 추잡한, 음란한"
123	**seminar** 세미나	seminar 세미나
124	**membahas** 토의하다	bahas "조사, 연구"

	kosa kata (단어) arti (의미)	kata dasar (어근) arti (의미)
125	**bakat** "자국, 흔적, 재능"	bakat 재능
126	**makam** 묘지	makam 묘지
127	**cuci uang** 돈세탁	cuci / uang "빨다, 세척하다 / 돈"
128	**angkut** "나르다, 운반하다"	angkut "나르다, 운반하다"
129	**pancing** "낚시 바늘, 낚싯대"	pancing "낚시 바늘, 낚싯대"
130	**aliran listrik** 전류의 흐름	alir / listrik "흐르다 / 전기,전류"
131	**kualitas** 품질	kualitas 품질
132	**bupati** 군수	bupati 군수
133	**paling sedikit** 적어도	paling / sedikit "가장, 최상의 / 조금, 약간"
134	**memperhatikan** "주목하다, 관찰하다"	hati "마음, 간, 가슴"
135	**materi** "우표, 인지, 증지"	materi "우표, 인지, 증지"
136	**turut campur** "간섭하다, 끼어들다"	turut / campur "함께하다 / 섞인, 혼합된"
137	**syarat** "조건, 자격, 규정"	syarat "조건, 자격, 규정"
138	**warna kulit** 피부색	warna / kulit "색 / 껍질, 살"
139	**pelopor** "개척자, 선구자"	pelopor "개척자, 선구자"
140	**berantas** (~와 대항하여) 싸우다	berantas (~와 대항하여) 싸우다
141	**buta huruf** 문맹	buta / huruf "눈 먼 / 문자, 글자"
142	**tetas** "깨다, 부수다, 쪼개다"	tetas "깨다, 부수다, 쪼개다"
143	**kura-kura** 거북이	kura-kura 거북이
144	**pusat** "중심, 핵심"	pusat "중심, 핵심"
145	**psikologi** 심리학	psikologi 심리학
146	**beras** "쌀, 현미"	beras "쌀, 현미"
147	**membayangkan** "상상하다, 생각 속에 그리다"	bayang 그림자
148	**bakar** 불에 태우다	bakar 불에 태우다
149	**curi** 도둑질하다	curi 도둑질하다
150	**inap** 숙박하다	inap 숙박하다
151	**sekongkol** "공모하다, 나쁜 일을 꾀하다" 공모자	kongkol "공모자, 공모하다, 나쁜 일을 꾀하다"
152	**industri** 산업	industri 산업
153	**kewalahan** "감당할 수 없는, 대책이 서지 않는"	walah "아이고!, 와!, 감당할 수 없는"
154	**konsumen** 소비자	konsumen 소비자
155	**luar biasa** 대단한	luar / biasa "외부, 외면 / 보통의"
156	**rektor** 총장	rektor 총장
157	**jalan raya** 고속도로	jalan / raya "도로, 길 / 큰, 위대한"
158	**jauh** 먼	jauh 먼
159	**tertentu** 특정한	tentu "확정된, 분명한"
160	**laboratorium** 실험실	laboratorium 실험실
161	**tengkar** "다툼, 논쟁, 분쟁"	tengkar "다툼, 논쟁, 분쟁"
162	**antar teman** 친구 사이	antar / teman ~사이에 / 친구
163	**mafia** 마피아	mafia 마피아
164	**narkoba** 마약	narkoba 마약

kosa kata (단어) arti (의미)	kata dasar (어근) arti (의미)
165 **pejabat pemerintah** 정부관리	jabat / perintah "잡다, 점유하다 / 지시, 명령"
166 **aparat keadilan** 공정기구	aparat / adil "아파트 / 공정, 정의"
167 **sempit** 좁은	sempit 좁은
168 **kacamata minus** 졸보기(근시안 안경)	kacamata / minus 안경 / 마이너스
169 **merosot** "미끄러내리다, 떨어지다"	merosot "미끄러내리다, 떨어지다"
170 **lowongan kerja** "일할 기회, 취업 기회"	lowong / kerja 빈 / 일
171 **imunisasi** 예방접종	imunisasi 예방접종
172 **bahasa isyarat** 수화어	bahasa / isyarat "말, 언어 / 신호, 암호"
173 **razia** 긴급 단속	razia 긴급 단속
174 **mandiri** "독립적인, 자립한"	mandiri "독립적인, 자립한"
175 **suku cadang** 부품	suku / cadang "부족, 종족 / 준비하다, 저축하다"
176 **gerutu** "불만, 투덜거리는"	gerutu "불만, 투덜거리는"
177 **empuk** "폭신폭신한, 말랑말랑한"	empuk "폭신폭신한, 말랑말랑한"

kosa kata (단어) arti (의미)	kata dasar (어근) arti (의미)
1 **ingusan** "콧물이 나다, 철부지의, 코흘리개, 코찔찔이"	ingus 콧물
2 **mainan** 장난감	main "놀다, 연주하다, 장난치다"
3 **bermacam-macam** 여러가지의	macam "종류, 품질 / ~와 유사한"
4 **rasa** "감정, 의견, 맛, 느낌"	rasa "감정, 의견, 맛"
5 **asin** 짠	asin "짠, 소금물의"
6 **perkiraan** "견적, 추측, 예상"	kira "~라고 생각하다, 추측하다, 예상하다"
7 **penuh** "가득찬, 충분한, 완전한"	penuh "가득찬, 충분한, 완전한"
8 **ratus** "100, 백"	ratus "100, 백"
9 **juta** "1000000, 백만"	juta "1000000, 백만"
10 **restorasi** "복구, 재건"	restorasi "복구, 재건"
11 **kedudukan** "위치, 지위"	duduk 앉다
12 **kesadaran** "의식, 각성, 경각심"	sadar "의식이 있는, 깨어나다"
13 **rokok** 담배	rokok 담배
14 **berhubungan** 관련있는	hubung 관계있는
15 **mata** 눈	mata "눈, 핵심"
16 **tidak sengaja** "고의가 아닌, 실수로"	tidak / sengaja "~가 아닌 / 일부러, 고의적으로"
17 **juru** "전문가, 숙련가"	juru "전문가, 숙련가"
18 **tersipu** "수줍어하는, 부끄러워하는"	sipu "수줍은, 부끄러운"
19 **unsur** "요소, 성분, 원소"	unsur "요소, 성분, 원소"
20 **alam** "세계, 자연"	alam "세계, 우주, 자연"
21 **celana** 바지	celana 바지
22 **jaga** 지키다	jaga "경계하다, 지키다"
23 **hancur** "부서진, 용해된"	hancur "부서진, 파괴된, 용해된"
24 **nikah** 결혼	nikah "결혼, 결혼하다"
25 **memang** "물론, 실로, 참으로"	memang "물론, 다행히, 실로"
26 **ukir** 조각가	ukir "새긴, 새겨진 / 조각가"
27 **tumbuh** "자라다, 번성하다, 돋아나다"	tumbuh "자라다, 번성하다, 돋아나다"
28 **bimbing** 지도하다	bimbing "협력하다, 지도하다"
29 **kliping** (신문 기사 등) 스크랩	kliping (신문 기사 등) 스크랩
30 **tepuk** "손뼉치다, 박수치다"	tepuk "손뼉치다, 박수치다"
31 **meriah** "장엄한, 유쾌한"	meriah "장엄한, 유쾌한"
32 **berkat** "축복, ~덕분에"	berkat "축복, ~덕분에"
33 **ramu** "성분, 요소, 집단, 모임"	ramu "성분, 요소, 집단, 모임"
34 **tradisional** "전통적인, 전통에 따른"	tradisional "전통적인, 전통에 따른"
35 **masuk angin** 감기에 걸리다	masuk/angin 들어가다 / 바람
36 **rampas** "강탈하다, 몰수하다"	rampas "강탈하다, 몰수하다"
37 **rintih** "신음하다, 끙끙거리다"	rintih "신음하다, 끙끙거리다"
38 **suntik** "주입하다, 주사기"	suntik "주입하다, 주사기"

kosa kata (단어) arti (의미)	kata dasar (어근) arti (의미)
39 jerit "절규, 소리 지르다"	jerit "절규, 소리 지르다"
40 letus "폭발성의, 터지는"	letus "폭발성의, 터지는"
41 pancaran "분사, 유출, 방송"	pancar "분사되다, 유출되다"
42 berwarna-warni 다양한 색깔의	warna-warni 다양한 색깔
43 kenangan 추억	kenang "회상하다, 추억하다"
44 idap 지병을 앓다	idap 지병을 앓다
45 tekanan darah tinggi 고혈압	tekan / darah / tinggi "압력, 누르다 / 피, 혈액 / 높은"
46 napas "숨, 호흡, 숨결"	napas "숨, 호흡, 숨결"
47 mengatur siasat 전략을 구상하다	atur / siasat "정돈하다, 정리하다 / 조사, 전략"
48 serangan 공격	serang "공격하다, 습격하다"
49 genit "새초롬한, 교태부리는"	genit "새초롬한, 교태부리는"
50 kosmetik 화장품	kosmetik 화장품
51 kerutan 주름	kerut 주름지다
52 menyeberang "건너다, 항복하다"	seberang "건너편, 앞쪽"
53 tuntun "(손을 잡아) 끌다, 안내하다"	tuntun "(손을 잡아) 끌다, 안내하다"
54 termakan "(무의식 중에) 삼켜버리다, (거짓말에) 당하다"	makan 먹다
55 rayuan "간청, (이성의) 꼬임"	rayu "동정심을 갖는, 유혹하다"
56 dorongan "밀어붙임, 의지, 응원"	dorong 밀다
57 menyerah "항복하다, 포기하다"	serah "항복하다, 몸을 맡기다"
58 menirukan 흉내내다	tiru "흉내내다, 모방하다"
59 jelas 명백한	jelas 명백한
60 rencana 계획	rencana "계획, 도안"
61 jempolan "챔피언, 우승자, 최상의"	jempol 엄지 손가락
62 oleh-oleh 기념품	oleh-oleh "선물, 기념품"
63 wisata 여행	wisata "관광, 여행"
64 gantungan kunci 열쇠고리	gantung / kunci "고리, 매달리는 것 / 자물쇠, 열쇠"
65 kembang api 불꽃놀이	kembang / api "꽃, 화초 / 불, 불길"
66 cuaca 날씨	cuaca "날씨, 기후"
67 rekaman "기록, 녹음"	rekam "기록하다, 녹음하다"
68 kejutan "서프라이즈, 충격"	kejut "깜짝 놀라는, 질겁한"
69 ramalan "예언, 예보, 점"	ramal 예언하다
70 lezat "맛있는, 감칠맛나는"	lezat "맛있는, 감칠맛나는"
71 bintang 별	bintang 별
72 mengharapkan "기다리다, 기대하다, 바라다"	harap "요청하다, 바라다"
73 tukang 장인	tukang "숙련공, 장인"
74 berkeliling 돌아다니다	keliling "근처, 돌아다니다"
75 timun 오이	timun 오이
76 mengukur 측정하다	ukur "측정하다, 재다"

kosa kata (단어) arti (의미)	kata dasar (어근) arti (의미)
77 **berat badan** 몸무게	berat "몸무게, 몸무게 / 몸, 신체"
78 **kilogram** 킬로그램	kilogram 킬로그램
79 **ramadan** 라마단	ramadan 라마단
80 **menteri** "장관, 고관대신"	menteri "장관, 고관대신"
81 **impor** 수입	impor 수입
82 **candu** "아편, 마약"	candu "아편, 마약"
83 **jenius** 천재	jenius 천재
84 **kuning** "노란, 황색의"	kuning "노란, 황색의"
85 **kenyang** 만족한	kenyang "만족한, 충만하게 "
86 **yakin** 확신하다	yakin 확신하다
87 **menenangkan** 진정시키다	tenang "고요한, 조용한, 진정된"
88 **cacing tanah** 지렁이	cacing / tanah "벌레 / 땅, 육지"
89 **meningkat** "오르다, 상승하다"	tingkat "층, 계급, 수준"
90 **repot** "바쁜, 분주한, 번거로운"	repot "바쁜, 분주한, 번거로운"
91 **meragukan** "의심스러운, 의혹을 갖다"	ragu "주저하는, 의심하는"
92 **bersorak-sorai** 환호하다	sorak-sorai "함성, 환호, 갈채"
93 **korupsi** "타락, 부패"	korupsi "타락, 부패"
94 **berbakat** 재능이 있는	bakat 재능
95 **onar** "시끄러운, 떠들썩한"	onar "시끄러운, 떠들썩한"
96 **letih** "피곤한, 지친"	letih "피곤한, 지친, 기진맥진한"
97 **pasti** "명확한, 확실한"	pasti "명확한, 확실한"
98 **pasien** 환자	pasien 환자
99 **otak** "뇌, 지력, 지능"	otak "뇌, 지력, 지능"
100 **memancing** "낚시질하다, 유발하다, 탐색하다"	pancing "낚싯바늘, 낚싯대"
101 **kulit** "껍질, 피부, 가죽"	kulit "껍질, 피부, 가죽, 표지"
102 **tantangan** "도전, 저항"	tantang "도전, 저항"
103 **angka** 숫자	angka "숫자, 부호, 점수, 등급"
104 **kriminalitas** "범죄, 유죄인"	kriminalitas "범죄, 유죄인, 범죄와 관련된"
105 **berhubungan erat** 밀접한 (관계)	hubung / erat "관련 있는 / 단단한, 가벼운"
106 **dikerahkan** "소집되다, 동원되다"	kerah "동원, 소집, 징용"
107 **patroli** 순찰	patroli 순찰
108 **permen** 사탕	permen 사탕
109 **bagian personalia** 인사과	bagi / personalia "~를 위한, 부분 / 인사의"
110 **jujur** "정직한, 올바른"	jujur "정직한, 올바른, 곧은"
111 **rezeki** "살림, 생계"	rezeki "살림, 생계, 호구지책"
112 **hutang** "빚, 부채"	hutang "빚, 부채"
113 **jatuh cinta** 사랑에 빠지다	jatuh / cinta "떨어지다, ~한 상태가 되다 / 사랑"
114 **memesona** "관심을 끌다, 황홀한"	pesona "마법, 매력, 유혹"
115 **logat** "어조, 말투, 억양"	logat "방언, 어조, 말투, 억양"
116 **meremehkan** 얕보다	remeh "사소한, 하찮은"
117 **masuk akal** "합당한, 이성적인"	masuk / akal "들어가다 / 지혜, 기지"

kosa kata (단어) arti (의미)	kata dasar (어근) arti (의미)
1 **arab** "아랍국가 명, 아랍 민족"	arab "아랍국가 명, 아랍 민족"
2 **lain** "다른, 제외하고, 차이가 나는"	lain "다른, 제외하고, 차이가 나는"
3 **seluruh** "전부의, 전체의, 모두"	seluruh "전부의, 전체의, 모두"
4 **bidadari** "선녀, 미녀"	bidadari "선녀, 미녀"
5 **monyet** 원숭이	monyet 원숭이
6 **berayun** "흔들리다, 진동하다"	ayun 앞뒤로 흔들리다
7 **mandi** "목욕하다, 샤워하다"	mandi "목욕하다, 샤워하다"
8 **teriak** 외침	teriak 외침
9 **takut** "무서운, 두려운"	takut "무서운, 두려운"
10 **reduplikasi** 반복	reduplikasi 반복
11 **maaf** 용서	maaf 용서
12 **kutu buku** 독서광	kutu buku 독서광
13 **dosen** 강사	dosen 강사
14 **delima** 석류	delima 석류
15 **kijang** 사슴	kijang 사슴
16 **macan tutul** 표범	macan / tutul "호랑이 / 점, 얼룩점"
17 **segenap tenaga** 전체의 힘	segenap / tenaga "모든, 전체 / 힘, 파워"
18 **seragam** 같은 종류의	seragam 같은 종류의
19 **pantas** 적당한	pantas 적당한
20 **bakteri** "박테리아, 균"	bakteri "박테리아, 균"
21 **antrean** 늘어선 줄	antre 줄을 서다
22 **lekas** "빨리, 서둘러 ~하다"	lekas "빨리, 서둘러 ~하다"
23 **tanggung jawab** 책임	tanggung / jawab "확실히 정리되다, 받치다, 짊어지다 / 대답, 응답"
24 **terserah Anda** "당신에게 일임되었다, 당신 마음대로 하라"	terserah / Anda "맡겨지다,양도되다 / 너, 당신"
25 **gratis** 무료로	gratis 무료로
26 **dandan** "치장하다, 꾸미다, 화장하다"	dandan "치장하다, 꾸미다, 화장하다"
27 **kencan** "약속, 데이트"	kencan "약속, 데이트"
28 **menjamu** 대접하다	jamu "손님, 내방객"
29 **keong** 큰 달팽이	keong 큰 달팽이
30 **layang** 연	layang 연
31 **hukuman** 처벌	hukum "법, 법률"
32 **penjara** 감옥	penjara 감옥
33 **nelayan** "어부, 고기잡이"	nelayan "어부, 고기잡이"
34 **berlayar** 돛을 사용하다	layar "돛, 차일"
35 **menutup mata** 눈을 감다	tutup "덮개, 마개"
36 **menyaksikan** "확인하다, 목격하다"	saksi "목격자, 증인"
37 **pesona alam** 자연의 아름다움	pesona / alam "매력, 아름다운 / 자연"
38 **merpati** 비둘기	merpati 비둘기

	kosa kata (단어) arti (의미)	kata dasar (어근) arti (의미)
39	sarang "(새, 곤충, 짐승 등의) 집"	sarang "(새, 곤충, 짐승 등의) 집"
40	menggentarkan 악기 줄을 튕기다	gantar "빠른 진동, 두려운"
41	pencurian 도둑질	curi 도둑질하다
42	(bau) tercium 냄새를 맡다	bau / cium "냄새/ 냄새를 맡다, 입맞추다"
43	visi "비젼, 시각, 상상력"	visi "비젼, 시각, 상상력"
44	daging "살, 고기"	daging "살, 고기"
45	mendung "비구름, 흐린, 우중충한"	mendung "비구름, 흐린, 우중충한"
46	melingkupi ~에 덮다	melingkupi ~에 덮다
47	denda 벌금	denda 벌금
48	rahasia 비밀	rahasia 비밀
49	mengantuk 부딪히다	kantuk 졸음
50	lebar 폭이 넓은	lebar 폭이 넓은
51	motif 문양	motif 문양
52	kasih sayang 연민	kasih / sayang "정, 사랑 / 가여운, 안타까운"
53	menyesal 유감스럽다	sesal "유감, 후회"
54	telepon genggam "휴대폰, 핸드폰"	telepon / genggam 전화 / 한줌
55	desain 디자인	desain 디자인
56	baju 웃옷	baju 웃옷
57	tebal 두꺼운	tebal 두꺼운
58	seenak perut 멋대로	enak / perut "맛있는, 편안한 / 배"
59	sariawan "혓바늘, 구강염"	sariawan "혓바늘, 구강염"
60	kecewa 실망한	kecewa 실망한
61	mawar 장미	mawar 장미
62	layu 시든	layu 시든
63	bergegas 서두르다	gegas 서두르다
64	kutub utara 북극	kutub / utara 지구의 양극 / 북
65	lapisan es 얼음층	lapis / es 층 / 얼음
66	wilayah 지역	wilayah 지역
67	bangku "좌석, 긴 의자, 걸상"	bangku "좌석, 긴 의자, 걸상"
68	menggonggong "입으로 물고 가다, 개가 짖다"	gonggong 개가 짖다
69	kafilah 사막의 대상그룹	kafilah 사막의 대상그룹
70	berlalu 지나가다	lalu 지나가다
71	memotret 사진 찍다	potret "사진, 상"
72	asli 순수한	asli 순수한
73	merangkai 연결되도록 구성하다	rangka "골격, 구조, 뼈대, 설계도면"
74	lupa "기억을 못하다, 잊다"	lupa "기억을 못하다, 잊다"

kosa kata (단어) arti (의미)	kata dasar (어근) arti (의미)
1 **menganggap** "여기다, 간주하다"	anggap "생각하다, 간주하다"
2 **mengambil sebagai** ~로서 얻다	ambil / bagai "취하다, 얻다 / ~와 같은, 동등한"
3 **memperistri** "결혼하다, 아내를 얻다"	istri "처, 아내, 부인"
4 **memperbudak** 노예로 부리다	budak 노예
5 **mempercantik** 더 아름답게 하다	cantik "아름다운, 예쁜"
6 **mempercepat** "빠르게 하다, 가속화하다"	cepat "빠른, 급하게"
7 **mempekerjakan** "일을 시키다, 업무를 부여하다"	kerja "일, 작업, 직업"
8 **mempersandingkan** 가까이 붙여놓다	sanding "가까이, 근처"
9 **berbuat sesuatu** "무언가를 만들다, 무언가를 행하다"	buat / suatu "만들다 / 한~, 어떤 ~것"
10 **mempercakapkan** ~에 대해 이야기를 나누다	cakap "~할 수 있는, 유능한, 능력"
11 **memperdebatkan** ~에 관하여 논하다	debat "논쟁, 논의, 토론"
12 **pendapat** "의견, 견해, 판단"	dapat "~할 수 있다, 얻다, 받다"
13 **mempermalukan** 부끄럽게 하다	malu "수줍어하는, 부끄러하는"
14 **memperistrikan** "결혼시키다, ~에 아내가 되게 하다"	istri 아내
15 **memperhambakan** 종으로 삼다	hamba "노예, 종"
16 **mempersatukan** 통일시키다	satu "일(1), 하나의"
17 **memperduakan** 두 개로 만들다	dua "이(2), 둘의"
18 **bangsa** "나라, 민족"	bangsa "나라, 종족, 국적"
19 **daya** "힘, 영향, 노력"	daya "힘, 영향, 노력"
20 **ingat** "생각해내다, 기억하다"	ingat "생각해내다, 기억하다"
21 **baik** 좋은	baik "좋은, 착한"
22 **baru** "새 것의, 새로운"	baru "새로운, 최초의"
23 **lengkap** "완벽한, 완전한, 준비된"	lengkap "완벽한, 완전한, 준비된"
24 **mempelajari** "공부하다, 배우다, 연구하다"	ajar "교수, 교육, 지도, 훈육"
25 **memperingati** 기념하다	ingat "생각해내다, 기억하다"
26 **memperbarui** "수선하다, 새롭게 하다, 혁신하다"	baru "새로운, 최초의"
27 **model rambut** 헤어 스타일	model / rambut "모델, 모형, 양식 / 머리카락"
28 **kebapakan** "부성의, 자상한"	bapak 아버지
29 **yatim** (아버지 없는) 고아	yatim (아버지 없는) 고아
30 **kecepatan** "속도, 속력 / 너무 빠른"	cepat "빠른, 급하게"
31 **langkah kaki** 보폭	langkah / kaki "보폭 / 발, 다리"
32 **transportasi** "교통, 운송, 수송"	transportasi "교통, 운송, 수송"
33 **toko serba ada** 백화점	toko / serba / ada "가게 / 전부, 모조리 / 있다"
34 **jenis** 종류	jenis 종류

	kosa kata (단어) arti (의미)	kata dasar (어근) arti (의미)
35	**berusaha** 노력하다	usaha "노력, 분발"
36	**tuan** "~씨 / 주인, 소유자"	tuan "~씨 / 주인, 소유자"
37	**kolesterol** 콜레스테롤	kolesterol 콜레스테롤
38	**pembuluh darah** 혈관	buluh / darah "대나무, 대나무 속 같은 관 / 피"
39	**warna** 색	warna 색
40	**bertujuan** "목적하다, ~할 의도이다"	tuju "방향, 진로"
41	**hubungan** "관련, 연관"	hubung "관련있는, 연결"
42	**kesebelasan** "11명의 팀을 이룬, 축구팀"	sebelas "열하나, 11"
43	**kemenangan** "승리, 우세, 우월"	menang "승리하다, 상금을 받다, 합격하다"
44	**olok** "조롱, 풍자"	olok "조롱, 풍자"
45	**padat** 고체 물질	padat "치밀한, 빽빽한, 조밀한"
46	**populasi** 인구	populasi 인구
47	**salep** "연고, 고약"	salep "연고, 고약"
48	**luka** "상처, 다친"	luka "상처, 다친"
49	**lengah** 부주의한	lengah "부주의한"
50	**musuh** "적, 상대방, 경쟁자"	musuh "적, 상대방, 경쟁자"
51	**langkah** "보폭 / 수단, 행위, 방법"	langkah "보폭 / 수단, 행위, 방법"
52	**timbang** "균형, 평형, 무게를 재는"	timbang "균형, 평형, 무게를 재는"
53	**untung rugi** 손익	untung / rugi "이윤, 운, 행운, 운명 / 손실, 손해"
54	**mempertaruhkan** "담보잡히다, 내기에 걸다"	taruh "판돈, 저당, 두다"
55	**nyawa** "생명, 영혼"	nyawa "생명, 목숨, 영혼"
56	**korban** "희생, 희생자"	korban "희생, 희생자"
57	**nama baik** 좋은 평판	nama / baik "이름 / 좋은, 착한"
58	**pertengkaran** "논쟁, 분쟁, (의견)불일치"	tengkar "다투다, 싸우다, 분쟁하다"
59	**album perdana** 첫 앨범	album / perdana "앨범, 사진첩 / 으뜸의, 최초의"
60	**hadiah utama** 최고의 선물	hadiah / utama "상, 상품, 선물 / 제일 좋은"
61	**teknologi** 기술	teknologi 기술
62	**robot** 로봇	robot 로봇
63	**rancangan** "계획, 의도"	rancang "막대기, 기둥"
64	**responden** 응답자	responden 응답자
65	**survei** 여론 조사	survei 여론 조사
66	**seni** "예술, 섬세한"	seni "예술, 섬세한"
67	**salah satu** ~중에 하나	salah satu "잘못된, 실수의 / 일(1), 하나의"
68	**harga** 가격	harga 가격
69	**langsung** "곧장, 직행하여 / 계속하다"	langsung "곧장, 직행하여 / 계속하다"
70	**nasib** "운, 운명"	nasib "운, 운명"
71	**kepala desa** "이장, 촌장"	kepala / desa "머리, 우두머리 / 시골, 촌락"
72	**memperjuangkan** "~을 위해 싸우다, ~을 위해 투쟁하다"	juang "싸우다, 투쟁하다"
73	**sengsara** "비애, 불행, 고통"	sengsara "비애, 불행, 고통"

	kosa kata (단어) arti (의미)	kata dasar (어근) arti (의미)
74	**bersedia** "~할 용의가 있다, 준비되다"	sedia "준비된, ~할 용의가 있는"
75	**dikurung** "괄호치다, ~에 가두다"	kurung "새장, 우리, 감옥 / 괄호"
76	**buruk rupa** 얼굴이 못생긴	buruk / rupa "낡은, 나쁜, 불결한 / 형태, 외모"
77	**tunang** 약혼하다	tunang 약혼하다
78	**menggenapi janji** "약속을 지키다, 이행하다"	genap / janji "완전히, 꼭 / 약속, 조약"
79	**lemah lembut** "친절한, 온화한"	lemah / lembut "부드러운, 유순한 / 상냥한"
80	**wafat** "서거하다, 사망하다"	wafat "서거하다, 사망하다"
81	**kalah** "패배한, 잃은"	kalah "패배한, 잃은"
82	**memperdayai** "~를 속이다, 갖고 놀다"	daya "힘, 능력, 재치, 수완"
83	**kemerdekaan** "독립, 자유, 해방"	merdeka "자유, 독립, 해방의"
84	**panduan** "안내, 호송"	pandu 안내인
85	**peneliti** "조사자, 연구가"	teliti "정확한, 철저한, 고찰하는"
86	**bengkel** "일터, 수리소, 정비소"	bengkel "일터, 수리소"
87	**politik** 정치	politik 정치
88	**benda cair** 액체 물질	benda / cair "물건, 물체 / 액체, 유체"
89	**benda padat** 고체 물질	benda / padat "물건, 물체 / 고체, 조밀한"
90	**senjata** 무기	senjata 무기
91	**rumus** 공식	rumus 공식
92	**perang** "적, 전투"	perang "적, 전투"
93	**masa** "기간, 시기"	masa "기간, 시기"
94	**bambu runcing** 죽창	bambu / runcing "대나무 / 날카로운, 뾰족한"
95	**kemampuan** "재주, 능력, 유복"	mampu "가능한, ~ 할 수 있는"

	kosa kata (단어) arti (의미)	kata dasar (어근) arti (의미)
1	**terpasang** 설치되어 있는	pasang "짝, 켤레, 물이 차다"
2	**papan** "명판, 판자"	papan "명판, 판자"
3	**tercatat** "기재된, 기록된"	catat 기록하다
4	**spontan** "즉시, 즉각, 무의식적인"	spontan "즉시, 즉각, 무의식적인"
5	**tersandung** (발이 걸려) 넘어지다	sandung 넘어지다
6	**batu** 돌	batu 돌
7	**terbaca** "읽을 수 있다, 읽혀지는"	baca 읽다
8	**terganteng** 가장 잘 생긴	ganteng "잘 생긴, 멋진"
9	**termiskin** 가장 가난한	miskin 가난한
10	**terdiri dari** ~로 구성되다	diri / dari "자신, 스스로 / ~로부터"
11	**membalikkan** "되돌리다, 반사하다, 뒤집다"	balik "뒤편, 뒤쪽, 돌아오다"
12	**peristiwa** "사건, 상태, 쟁점"	peristiwa "사건, 상태, 쟁점"
13	**kabar** "뉴스, 소식, 보고, 공문"	kabar "뉴스, 소식, 보고, 공문"
14	**berhati-hati** "조심하는, 조심성 있는"	hati "마음, 가슴"
15	**sejenak** "잠시, 잠깐, 일순간"	jenak 순간
16	**terapung** "부양하다, 부유하다"	apung 떠다니다
17	**seteguk** 한 모금	teguk (약 따위를) 들이키다
18	**sedak** "목에 걸리다, 목이 메이다"	sedak "목에 걸리다, 목이 메이다"
19	**rekomendasi** "추천, 권장, 추천서"	rekomendasi "추천, 권장, 추천서"
20	**petasan** "불꽃, 폭죽"	petas "불꽃, 폭죽"
21	**pikir** "의견, 주장, 생각"	pikir "의견, 주장, 생각"
22	**sama sekali** 전혀	sama / sekali "함께, 같은 / 매우, 한 번에"
23	**tersentuh** "조금 부딪힌, 닿은"	sentuh "만지다, 터치하다"
24	**terjerat** "꾀인, (함정에) 빠진"	jerat "덫, 계략"
25	**calon** "후보자, 지원자, 신청자"	calon "후보자, 지원자, 신청자"
26	**ketua mahasiswa** "학생 장, 학생 회장"	tua / mahasiswa "늙은, 나이 많은 / 학생"
27	**mutakhir** "최근의, 근래의"	mutakhir "최근의, 근래의"
28	**terpojok** 궁지에 몰린	pojok "구석, 외진"
29	**tertambat** "매인, 묶인 / 마음이 끌리는"	tambat "(밧줄로) 매인, 속박된"
30	**demam berdarah** "성홍열(病), 뎅기열"	demam / darah "발열, 몸살 / 피,혈육"
31	**tergenang** "물이 찬, 침수된"	genang "괴어 있는, 흐르지 않는"
32	**tertatih** "비틀거리며 걷다, 아장아장 걷는다"	tatih "걸음마를 하다, 아장아장 걷다"
33	**kardus** "상자 종이, 마분지"	kardus "상자 종이, 마분지"
34	**putus dengan pacar** "실연한, (이성과) 이별한"	putus / dengan / pacar 끊기다 / ~와 / 연인
35	**melerai** "분리하다, 떼어놓다"	lerai 분리된
36	**alot** "질긴, 끈질긴"	alot "질긴, 끈질긴, 지지 않는"
37	**terkejar** 쫓기다	kejar 쫓다
38	**terpukau** "매료된, 정신을 못 차리는"	pukau 매력
39	**terjepit** 압착된	jepit "압착되다, 압박되다"

kosa kata (단어) arti (의미)	kata dasar (어근) arti (의미)
40 **terlantar** 버려진	lantar "~의 원인이 되다, 버려지다"
41 **terhibur** "위로받다, 격려받다"	hibur 격려하다
42 **terhirup** "(공기, 액체 등을) 들이마신다"	hirup "(공기, 액체 등을) 마시다"
43 **terinjak** "밟힌, 짓밟힌"	injak 밟다
44 **terpekur** "생각에 빠진, 골똘히 생각하다"	pekur "곰곰히 생각하다, 명상하다"
45 **terbata-bata** "머뭇거리는, 더듬거리는"	bata "벽돌, 직사각형의"

kosa kata (단어) arti (의미)	kata dasar (어근) arti (의미)
1 **berkaca-kaca** "눈물이 그렁그렁한, 유리처럼 빛나다"	kaca "유리, 거울"
2 **bersenang-senang** 즐거운 시간을 보내다	senang "즐거운, 만족스러운"
3 **berdua-dua** 둘씩	dua "둘, 2의, 두 개"
4 **berguguran** "(나뭇잎 등이) 줄줄이 지다, 떨어지다"	gugur "떨어지다, (잎이) 지다"
5 **berlompat-lompatan** 계속 도약하다	lompat "뛰다, 도약"
6 **berpandang-pandangan** 계속 바라보다	pandang "바라봄, 바라보는 것"
7 **mesra** "융합한, 친근한, 좋아하는"	mesra "융합한, 친근한, 좋아하는"
8 **bersurat-suratan** (서로) 편지를 주고 받다	surat 편지
9 **bermandikan** "~로 가득 찬, ~로 뒤덮은, 투성인"	mandi "목욕하다, 샤워하다"
10 **cahaya** "빛, 광채, 광명"	cahaya "빛, 광채, 광명"
11 **beratapkan** ~을 지붕으로 한	atap 지붕
12 **berdasarkan** 근본으로 삼다	dasar "근본, 원리, 기초"
13 **asas** "원칙, 원리, 기초"	asas "원칙, 원리, 기초"
14 **opname** "입원 환자, 입원 치료"	opname "입원 환자, 입원 치료"
15 **bergantian** 번갈아서	ganti "대신, 교대"
16 **surya** 태양	surya 태양
17 **gaun** 가운	gaun 가운
18 **manik** "눈동자, 구슬"	manik "눈동자, 구슬"
19 **benang** "실, 털실"	benang "실, 털실"
20 **sentuh** "~와 접촉하다, 맞닿다"	sentuh "~와 접촉하다, 맞닿다"
21 **gandeng** "나란히, 팔짱낀, 연결된"	gandeng "나란히, 팔짱낀, 연결된"
22 **foya** "탕진하다, 향락하다"	foya "탕진하다, 향락하다"
23 **tabur** "(가루, 씨앗 등을)~을 뿌리다"	tabur "(가루, 씨앗 등을)~을 뿌리다"
24 **selimut** "담요, 이불"	selimut "담요, 이불"
25 **kabut** 안개	kabut 안개
26 **suit** "휘파람을 불다, 피리소리"	suit "휘파람을 불다, 피리소리"
27 **menggoda** 유혹하다	goda 유혹하다
28 **alas** "안감, 받침, 기초"	alas "기초, 받침, 깔개"
29 **danau** 호수	danau 호수
30 **binar** "빛나다, 반짝이다"	binar "빛나다, 반짝이다"
31 **kupu-kupu** 나비	kupu-kupu 나비
32 **sahut** (부름에) 대답하다	sahut (부름에) 대답하다